1 € => 800 Kwacha
5 € => 4000

MA[...]

Afrikas Vielfalt a[...]

Ilona Hupe Verlag
München

Nur wer sich auf den Weg macht,
wird neues Land entdecken

Hugo von Hofmannsthal (1874–1929)

Wissenswertes über Malawi

Geschichte

Bevölkerung

Kulturelles Leben

Wirtschaft

Natur und Tierwelt

Unterwegs in Malawi

Das Zentrum

Der Norden

Der Süden

Lower Shire Valley

Besondere Camps

Abstecher: South Luangwa Nationalpark

Wertvolle Reiseinformationen

Infos für die Reise

Praxistipps für Malawi

Geschichte

Malawis Geschichte vor Ankunft der Weißen

Zahlreiche Ausgrabungen belegen, dass die Ufer des Malawisees seit Jahrtausenden bewohnt wurden. Der bemerkenswerteste Fund gelang 1993 bei Karonga, als man Knochen des *Homo Rudolfensis*, der vor über 2 Mio. Jahren lebte, entdeckte. Die nächsten Spuren liegen etwa 10 000 Jahre zurück und stammen aus der frühen Steinzeit. Vermutlich war das Gebiet des heutigen Malawi zuerst von nomadisierenden, aus Ostafrika eingewanderten Buschleuten besiedelt. Auch von Pygmäen-Buschleuten aus dem Kongobecken ist die Rede, die vereinzelt bei Mulanje sogar bis in das 18. Jahrhundert überlebt haben sollen. Vor rund 2000 Jahren drangen dann die ersten **Bantu-Gruppen** aus dem heutigen Kongo und Angola in die Region vor und lebten mit den ansässigen Buschleuten in Koexistenz. Die Bantu waren Ackerbauern, hielten Vieh und kannten bereits die Eisenverarbeitung. Im Laufe der Jahrhunderte verstärkte sich ihre Überlegenheit; allmählich wurden die Buschleute assimiliert oder verdrängt. Ab dem 10. Jh. drangen von Norden und Westen neue Bantu-Einwanderer ein, die als die Vorfahren der heutigen Volksgruppen gelten, und das **Reich Maravi** gründeten (das Wort bedeutet „widerspiegelndes Licht“). Im 14. Jh. gelangten die Tumbuka, deren Nachfahren noch heute an der Nordspitze des Malawisees leben, von Ostafrika an den See. In den nächsten Jahrhunderten kam es zu weiteren **Völkerwanderungen** der Bantu, welche aus dem Kongobecken nach Süden zogen und dabei auch das heutige Malawi erreichten.

Händler und Sklaventreiber: Araber und Portugiesen

Im 15.Jh. gründeten die Portugiesen erste Stationen an der Küste des Indischen Ozeans und bald darauf die Kolonie Portugiesisch-Ostafrika (Mosambik). Sie zeigten wenig Entdeckerfreude und bereisten das Landesinnere nur bis Tete am Unterlauf des Sambesi. Von dort gelangte allerdings 1616 der Händler Caspar Bocarro in das Shiretal und bis an den Chilwasee. Unterwegs hörte er von einem riesigen See im Norden und jenem Königreich Maravi. Von nun an wurde der geheimnisvolle See zwar schon auf allen zeitgenössischen Landkarten eingezeichnet, es vergingen aber noch fast 250 Jahre, bis der erste Europäer ihn entdecken sollte.

Ab dem 18. Jh. breitete sich der **Sklavenhandel** von Ostafrika nach Süden aus. Die Küstenregionen Ostafrikas litten bereits seit Jahrhunderten unter dem Sklavenhandel, die menschliche Ware wurde dort allmählich knapp und teuer. Daher dehnten sich die Beutezüge und Handelsrouten immer tiefer in das noch unbekannte Innere Afrikas aus. Entlang des Malawisees gründeten die

Fotos rechts: Felsmalereien bei Dedza; Wandbild der Mua Mission swahili-arabischen Menschenhändler jetzt zahlreiche Handelsposten für Elfenbein und Sklaven und vermischten sich ganz nebenbei mit den am See lebenden Völkern.

Der Sklavenhandel war ein äußerst lukratives Geschäft und nahm im 19. Jh. noch deutlich zu. Die Sklavenjäger hatten zwei Dhaus (arabische Segelschiffe) am Malawisee stationiert, mit denen die geraubten Menschen über den See transportiert wurden. Bis zu 30 000 Sklaven nahmen jährlich diesen qualvollen Weg. Überlebten sie die Überfahrt, mussten sie den langen Marsch zu den Sklavenmärkten auf Sansibar antreten. Städte wie Nkhotakota und Karonga, wo tausende Sklaven zusammengetrieben und stationiert wurden, bildeten zeitweilig die größten menschlichen Ansammlungen in Afrika. Durch die furchtbaren Zustände wurde das Land weitgehend verwüstet. Die Völker bekriegten sich, um sich gegenseitig zu versklaven und lebten in ständiger Furcht vor den Raubzügen. Jegliche Entwicklung stagnierte und weite Landstriche wurden nahezu entvölkert. Blühende Kulturen wie das Reich Maravi brachen dabei zusammen und hinterließen kaum mehr als einen Namen.

In dieser Zeit erlebte das Land neue Zuwanderungen: Von der Ostküste wanderten die Yao ein und von Süden die vor dem blutrünstigen Zulu-Oberhaupt Shaka Zulu geflohenen Ngoni. Dank ihrer modernen Kampftechnik unterjochten die Ngoni im westlichen Hochland Malawis bald die schwächeren Chewa und Manganja. Die Yao siedelten wiederum im Süden des Malawi-sees und wurden unter arabischem Einfluss islamisiert. Schließlich betrieben sie selbst Sklavenhandel und überfielen systematisch die Siedlungen der Nachbarvölker. Durch den Handel mit den Arabern besaßen sie moderne Schusswaffen und beherrschten in der zweiten Hälfte des 19. Jh. die ganze Region südlich des Malawisees. Sie bekämpften sich mit den Zuluvölkern aus dem Hochland und rieben auf diese Weise das Land vollkommen auf. In dieses Chaos stießen dann die Briten.

Das vergangene Bantureich

Neueste Funde geben der Wissenschaft Rätsel auf, denn es wurden die Reste von Siedlungen entdeckt, die sich zwischen dem 10. und 16. Jh. in Ostafrika von Uganda über Kenia und Tansania bis weit nach Malawi hinein erstreckt haben sollen. Mit Feldterrassen, Dämmen Kanälen und historischen Verbindungsstraßen von 3–5 m Breite und bis zu 1000 km Länge. Ein festes Wegenetz durchzog offensichtlich das ganze Reich. Seine unbekannten Bewohner waren vermutlich Bauern mit einem starken Sozialgefüge, was auf Bantu-Gruppen schließen lässt. Wer diese Menschen genau waren und was mit ihrer blühenden Kultur geschah, ist unbekannt.

Großbritannien schickt Missionare und Forscher

Im Juni 1858 schipperte Dr. **David Livingstone** mit seinem Dampfschiff Ma Robert den Sambesi von der Küste landeinwärts. Er befand sich auf seiner zweiten Afrikareise und hatte sich mit dem schwerfälligen Dampfschiff ausgerüstet, um die Flüsse Afrikas als künftige Handelswege für britische Aktionen zu erkunden. Als tiefgläubiger Missionar und vehementer Gegner der Sklaverei sah er in der britischen Kolonisierung Afrikas die beste Chance, um den Sklavenhandel zu zerstören. Mit der Ma Robert wollte er zunächst dem mächtigen Sambesi bis ins innerste Afrika folgen, doch die Cahora-Bassa-Stromschnellen oberhalb von Tete setzten diesem Traum ein schnelles Ende. Der Sambesi war nicht weiter schiffbar. Also suchte der Forscher nach einer Alternative.

Nahe der Handelsstation Tete in der portugiesischen Kolonie mündet der Shire (sprich: *Schireh*) in den Sambesi. Die Portugiesen hatten den Verlauf des Shire nie erkundet und bisher auch keinen Anspruch auf die Region erhoben. So zog Livingstone im Januar 1859 den Shire flussaufwärts.

Livingstone gilt als „Entdecker" des Malawisees; vermutlich war er aber nicht der erste Europäer am See

Er durchquerte die Elephant Marsh, die er nach den vielen Elefantenherden benannte, und erreichte auch hier bald Stromschnellen und Wasserfälle, die ihn zur Umkehr zwangen. Zwei Monate später brach er erneut auf, ließ aber das Schiff in Tete zurück und erkundete das Shiretal zu Fuß bis zum Chilwasee. Im August unternahm er eine Expedition nach Norden und erreichte am 16. September 1859 den **Malawisee**. Er legte später großen Wert darauf, der erste Weiße gewesen zu sein, der den See entdeckte – ein kleiner eitler Zug dieses ansonsten so charakterstarken Mannes. Denn es ist auch die Geschichte eines gewissen Candido da Costa Cardoso überliefert, der bereits 1846 den See erreichte und dessen Überlieferungen Livingstone verwendet haben soll. Auf alle Fälle war David Livingstone schneller als der Deutsche Dr. Roscher, der von Norden kommend den See am 19. November 1859 erreichte (die exakte Stelle ist unbekannt, da er kurze Zeit später ermordet wurde).

Das Glasbild in der Kirche der Livongstonia Mission zeigt Dr. David Livingstones Ankunft am Malawisee; Ausstellung im Museum der Mua Mission; Loudon Mission Church in Embangweni

Von nun an wurde der See nicht mehr nach dem Reich Maravi, sondern Njassasee genannt. Livingstone kehrte in die portugiesische Kolonie Mosambik zurück und kam erst 1861 wieder an den Shire. Die Ma Robert war inzwischen gesunken und ein neues Schiff, die „Lady Nyassa", nach Afrika unterwegs. Doch auch sie sollte ihr eigentliches Ziel, den Njassasee, nie erreichen. Der unermüdliche David Livingstone war in der Zwischenzeit wieder zu Fuß unterwegs. Diesmal bereiste er die Westküste des Sees. Das Land hatte sich seit seiner ersten Reise völlig verändert. Seine Berichte hatten den Weg entlang des Shire für die Sklavenhändler geöffnet. Das Land der fleißigen Manganja war niedergebrannt, verwaist und zerstört. Im Shire trieben Leichen, er begegnete Sklavenkarawanen. Durch die Massenflucht der Bauern, die ihre Felder nicht mehr bestellten, brach eine Hungersnot aus. Die Menschen waren zum Skelett abgemagert und verzweifelt; das Elend war unbeschreiblich.

Livingstone reiste diesmal in Begleitung einer Handvoll Priester der **Universities Mission**, die in dieser Wildnis missionieren wollten. Angeführt wurde die Gruppe von einem Schotten, **Charles Mackenzie**, dem ersten Missionsbischof Zentralafrikas. Voller Enthusiasmus waren die Priester dem Ruf Livingstones nach Afrika gefolgt. Sie verzweifelten auch nicht angesichts der Tragödie, die sie umgab, und gründeten die erste Missionsstation Magomero in den Shire-Highlands. Dort begingen sie allerdings den Fehler, sich in die Stammesangelegenheiten einzumischen. Innerhalb eines Jahres schuf sich der Bischof Feinde, weil er undiplomatisch Partei ergriff, musste schließlich fliehen und starb auf der Rückreise bei Chiromo an Malaria.

Livingstone verließ die Region 1863 und kehrte für ein paar Jahre nach England zurück. Seine letzte Reise führte ihn dann nach Ostafrika und an den Kongo, wo er die Nilquellen vermutete. Er starb 1873 entkräftet nahe der Bangweulusümpfe im heutigen Sambia.

Fotos oben: Old Manager's (Mandala) House der Brüder Moir in Blantyre (S. 176) ist das älteste und berühmteste Haus des Landes. Darunter ein Wandbild der Mua Mission, welches ebendieses Haus und die frühen Handelsaktivitäten der African Lakes Company darstellt

Die **Free Church of Scotland**, der auch David Livingstone angehört hatte, plante sogleich, das Werk des berühmten verstorbenen Forschers fortzusetzen. Unter dem Namen **Livingstonia Mission** wurde eine Expedition nach Zentralafrika entsendet. Nach monatelanger Anreise, ausgestattet mit dem ersten zerlegbaren Dampfschiff namens Ilala, erreichten die schottischen Missionare 1875 den See. Kopf der Gruppe war der strenge **Dr. Laws**, der noch eine wichtige Rolle für die Kolonie spielen sollte. Die Priester ließen sich in der Bucht von Cape Maclear nieder. Für viele Jahre sollte die Livingstonia Mission dort nun unter einem schlechten Stern stehen. Der Standort erwies sich als schlecht gewählt, denn die Bucht war moskitoverseucht, und außer dem kleinen Fischerdorf Chembe war überhaupt kein Volk da, das missioniert werden konnte. Und der Sklavenhandel blühte noch immer. Nach fünf Jahren waren fünf Missionare dem Fieber erlegen und nur ein einziger Afrikaner „bekehrt". Dr. Laws entschloss sich, Cape Maclear zu verlassen und verlegte 1881 die Livingstonia Mission nach Bandawe am Westufer des Sees. Doch er sollte hier nicht froh werden, denn auch Bandawe litt unter fatalen Klimabedingungen, zudem waren die Missionare den Sklavenjägern jetzt noch näher gerückt, und die ganze Region wurde durch regelmäßige Kriegszüge der Ngoni aus dem Hochland terrorisiert. Nach zähem

Ringen durfte der schwarzafrikanische Missionar William Koyi 1882 in Njuyu im Ngoniland eine erste kleine „Missionszweigstelle" eröffnen. Die misstrauischen Ngoni nahmen den Missionar mit seinem Wissen und medizinischen Fähigkeiten aber nur sehr zögerlich auf. In den nächsten Jahren wurden weitere Missionsstationen gegründet und weitere schottische Missionare ins Land gerufen. 1894 verlegte Dr. Laws den Sitz der Mission zum letzten Mal; diesmal auf das sorgfältig ausgewählte, hoch gelegene Khondowe, wo die Livingstonia Mission bald zur berühmtesten Missionsstation des Landes erblühte (siehe S. 134).

Unten: Gräber der ersten Missionare in Bandawe; Dr. Laws' Haus in Khondowe, Livingstonia Mission

Im Jahr 1878 wurde die „Livingstone Central African Mission Company", die sich später zur **African Lakes Company** umwandelte, gegründet. Sie wurde von den Brüdern John und Frederic Moir geführt. Die Handelsgesellschaft vertrat das Gebiet vom Shire bis an den nördlichen Teil des Njassasees. Dort organisierte sie teure Seepassagen und handelte mit allerlei Waren, selbst mit Waffen. Bald wurde die Transport- und Handelsgesellschaft zum offenen Gegner der Araber und Sklaventreiber. Besonders der selbsternannte Sultan Mlozi, ein mächtiger Sklavenhändler, der nahe Karonga sein Unwesen trieb, bereitete der Gesellschaft Probleme. Bald kämpfte die African Lakes Company mit den widrigen Umständen, ohne ihre Position festigen zu können. Wie ein rettender Engel erschien ihr daher der forsche, imperialistische Premierminister der britischen Kapkolonie, **Cecil Rhodes**. Dieser hatte 1889 eine Gesellschaft zur Kolonisierung und wirtschaftlichen Ausbeutung Afrikas gegründet und starke Ambitionen, sich die Gebiete nördlich des Sambesi einzuverleiben. Sein älterer Bruder Herbert hatte das Shire-Hochland um 1870 bereist und davon geschwärmt. Rhodes überzeugte das britische Außenministerium, dass seine „British South Africa Company" (**BSAC**) Nyasaland binnen kürzester Zeit entwickeln und gewinnbringend verwalten könne. Am 21. September 1889 wurde das Gebiet daher zum Britischen Protektorat erklärt.

Zwei Jahre später ging es schließlich unter dem Namen **„British Central Africa Protectorate"** ganz in den Verwaltungsbereich der BSAC über.

Die Kolonialzeit

Im selben Jahr gründete die Dutch Reformed Church ihre erste Mission und auch die katholischen 'Weißen Väter' versuchten sich anzusiedeln, scheiterten zunächst aber. 1902 unternahmen sie einen neuen Versuch und gründeten drei Stationen: Likuni, Kachebere und die Mua Mission (siehe S. 108). Der Zustrom an Missionaren war in Nyasaland so stark, dass sich hier bald **das dichteste Missionsnetz Afrikas** entwickelte.

Die Briten setzten nun ihre Vorstellungen von einer Kolonie durch und stellten den Portugiesen ein Ultimatum, das Shiretal zu verlassen. Der britische Konsul errichtete Polizeiforts und forderte Kriegsschiffe an. Britische Siedler wurden ins Land gerufen und eine Telegrafenlinie von Salisbury (heute Harare) nach Blantyre verlegt. Es fanden viele Landenteignungen statt, zudem wurde 1898 eine **Hüttensteuer** eingeführt, wodurch die Afrikaner in Lohnabhängigkeit gerieten. Zur Ankurbelung der Wirtschaft entstanden Kautschuk- und Baumwollplantagen, doch die besten Erfolge brachte der Tabakanbau.

1895 hoben die Briten zum endgültigen Schlag gegen den Sklavenhandel aus. Zuerst wurden die Yao-Häuptlinge im Südosten des Njasasees geschlagen oder vertrieben. Danach brachen Hunderte Soldaten nach Karonga auf, um den gefürchteten **Sklavenhändler Mlozi** zu stellen, der als selbst ernannter „Sultan von Nakondeland" in einer wehrhaften Festung residierte und von dort seinen grausamen Handel organisierte. Nach langem Kampf wurde Mlozi gefangengenommen und öffentlich gehängt (s. S. 137). Damit war die Sklaverei im Protektorat beendet.

Oben: Zomba erlebte als erste Hauptstadt der Kolonie eine architektonische Blütezeit mit zahlreichen kolonialen und herrschaftlichen Bauten

Langsam entwickelte sich das koloniale Leben. Als 1895 das erste Hotel in Blantyre eröffnete, lebten 300 Europäer in der Kolonie. Zwei Jahre später hatte sich ihre Zahl bereits verdoppelt. Mehr als 6000 Malawier sahen sich da schon alljährlich zur Wanderarbeit in anderen britischen Kolonien gezwungen, um die auferlegten Steuern bezahlen zu können. 1907 wurde die Kolonie in Nyasaland umbenannt. Das erste Auto erreichte sie 1908, drei Jahre später gab es zwölf Autos und 200 Motorräder. Zu dieser Zeit betrug die afrikanische Bevölkerung rund 1 Mio. Menschen.

Der Erste Weltkrieg erwischt Afrika mit Verspätung

Der Ausbruch des Ersten Weltkriegs veränderte das beschauliche Leben. Im Norden der Kolonie stand das nun feindliche Deutsch-Ostafrika, mit dem man doch bislang freundschaftliche Kontakte pflegte. Es fand denn auch nur eine einzige Schlacht auf dem Malawisee statt; und über diese erste Seeschlacht des Ersten Weltkriegs kursiert eine Anekdote (siehe unten).

Unten: Heute zeigt die 2000-Kwacha-Note Reverend John Chilembwe

In allen Kolonien wurde jetzt mobil gemacht. Die jungen und gesunden Männer gingen nach Norden an die Front. Tausende Afrikaner wurden als Askaris (Soldaten) oder Tenga Tenga (Träger und Boten) eingezogen, sehr viele dienten bei den 'King's African Rifles'. Die Deutschen griffen zuerst Karonga an; sie wurden aber zurückgedrängt und gerieten schnell in die Defensive. Die Front schob sich bald immer weiter nach Deutsch-Ostafrika. Die 'Nyasaland Field Force' hatte bis Kriegsende 169 000 Träger beschäftigt. Ein Feudalkonzept namens Thangata ermöglichte es der Kolonialregierung, beliebig afrikanische Männer in den Kriegsdienst zu rufen. Dieses System wurde zum Auslöser des ersten afrikanischen Widerstands in der Geschichte der Kolonie: Am 23. Januar 1915, als sich der Großteil der britischen Truppen an der Front befand, begann im Süden der Kolonie ein Aufstand, der als **Chilembwe Rising** in die Geschichte einging. Etwa hundert Anhänger von **Reverend John Chilembwe**, einem aufgebrachten schwarzen Priester, stürmten einige Gebäude und Wohnhäuser und töteten dabei mehrere Europäer. Sie hatten zwar zunächst einen erfolgreichen Überraschungsangriff getätigt, waren den

Die erste und einzige Seeschlacht

Das Schiff Hermann von Wissmann hatte die deutsche Kolonialmacht bislang gegen den Sklavenhandel eingesetzt. Kapitän Berndt und sein britischer Kollege, Kapitän Rhoades vom Schiff Gwendolen, waren sich denn auch freundschaftlich verbunden. Als der erste Weltkrieg am 4. August 1914 ausbrach, wusste zunächst niemand in Afrika davon. In Zomba, dem britischen Verwaltungssitz, erfuhr man nach knapp einer Woche am 10. August vom Kriegsausbruch. Den Deutschen in Neu Langenburg am Malawisee war am 14. August noch immer nichts bekannt. Sie erfuhren es erst, als die Briten das deutsche Schiff in der Mambwe Bay beschossen und dessen Besatzung in Gefangenschaft nahmen – nachdem man zuvor noch einmal gemeinsam drei Tage lang gefeiert hatte, bis die Vorräte erschöpft waren!

John Chilembwe war ein gebildeter und weit gereister Mann, der von Missionar J. Booth ausgebildet und zu kritischem Denken angeregt worden war. Er gründete bei Chiradzulu die erfolgreiche Providence Industrial Mission, predigte dort und publizierte viele gesellschaftskritische Texte. Chilembwe forderte für die Afrikaner Gleichberechtigung, sah nicht ein, warum sie in europäischen Kriegen 'brüderlich' an der Front kämpfen sollten, wenn sie im Frieden dann doch Menschen zweiter Klasse blieben. Als seine Kritik ohne Resonanz blieb, entschloss er sich trotz der religiösen Gesinnung zum bewaffneten Aufstand. Am Sonntag nach dem 23. Januar predigte er neben dem abgeschlagenen Kopf eines Europäers. Größere Ziele als die Kolonialmacht aufzuschrecken schien er jedoch nicht gehabt zu haben.

bewaffneten Streitkräften, die sie sofort verfolgten und in eine heillose Flucht trieben, aber doch hoffnungslos unterlegen. John Chilembwe, der Anführer der Aufständischen, wurde am 3. Februar bei Mulanje gestellt und erschossen.

Im Jahre 1922 wurde die Bahnlinie nach Beira fertiggestellt, 1935 folgte auch die Verbindungsbrücke über den Sambesi. Die Rezession der 1930er Jahre brachte für die kleine Kolonie, die kaum eigene Ressourcen besaß, schwere Zeiten. Die Zahl der afrikanischen Wanderarbeiter nahm dadurch drastisch zu.

Politischer Wandel zeichnet sich ab

So kurz der erste Aufstand auch gewesen war, er war sicherlich nicht unbeteiligt daran, dass in Nyasaland relativ früh über eine politische Integration der Afrikaner nachgedacht wurde. Dies führte 1944 zur Gründung der ersten afrikanischen Partei, dem **Nyasaland African Congress**, NAC. Alle Gründungsmitglieder – Chipembere, Chisiza, Chirwa und Chiume – waren noch sehr jung und unerfahren.

Gegen den Willen der afrikanischen Bevölkerung in allen drei Kolonien Nord- und Südrhodesien und Nyasaland setzte Großbritannien 1953 die **Zentralafrikanische Föderation** durch, eine Vereinigung zugunsten der Europäer vor allem in Südrhodesien, die jetzt billige Arbeitskräfte aus Nyasaland und günstige Rohstoffe aus Nordrhodesien für ihre blühende Wirtschaft erhielten. Dies verstärkte den lokalen Widerstand und weckte den afrikanischen Nationalismus. 1956 konnten Chipembere und Chiume bei den Wahlen erstmals fünf Sitze im Legislativrat erringen.

Den afrikanischen Politikern war durchaus bewusst, dass sie aufgrund ihrer Jugend nicht das Vertrauen der ganzen schwarzen Bevölkerung gewinnen konnten. Sie suchten daher nach einem geeigneten 'seriösen Kopf' für ihre junge Partei und fanden ihn in einem schon fast 60-jährigen Londoner Arzt:

Ein charismatischer Arzt kehrt in seine afrikanische Heimat zurück und wird zum politischen Führer

Dr. Kamuzu Banda wurde um die Jahrhundertwende geboren. Seine Mutter war eine Chewa, der Vater vermutlich ein Tonga. Die Eltern trennten sich früh. Der hervorragende Schüler Kamuzu erhielt eine Ausbildung in der Missionsschule Livingstonia. Um 1915 verließ er wie so viele andere zu Fuß die Kolonie, um im Süden Afrikas Arbeit zu finden. In Johannesburg verdingte er sich in den Goldminen und lernte dort amerikanische Missionare kennen, die ihm eine Reise in die USA und ein Studium in Ohio finanzierten. Von 1928–1937 studierte er dort Geschichte und Medizin. Anschließend ging er nach Edinburgh, Liverpool und schließlich nach London, wo er als Arzt praktizierte. In dieser Zeit entstanden die ersten Kontakte zu afrikanischen Nationalisten wie Nkrumah, Kenyatta und Khama, und hier bemühten sich nun die jungen Politiker seiner Heimat um seine Gunst. Er ließ sich schließlich überzeugen, sich dem politischen Kampf um die Rechte seiner Landsleute anzuschließen. Als Dr. Banda 1958 nach über 40 Jahren Abwesenheit in seine Heimat zurückkehrte, wurde er dort triumphal empfangen. Bald darauf übernahm er die Führung des NAC. Schon im nächsten Jahr brachen Unruhen aus und die Kolonialmacht verkündete den Notstand. Es gab auf afrikanischer Seite 52 Todesopfer; Dr. Banda und seine Parteifreunde wurden daraufhin inhaftiert.

Ein Jahr, von März 1959 bis April 1960, verbrachte Banda im Gefängnis von Gwelo in Südrhodesien. Nach seiner Freilassung übernahm er die Führung der Nachfolgepartei *Malawi Congress Party*, MCP, die der Rechtsanwalt Chirwa inzwischen gegründet hatte. Die britische Regierung gab Nyasaland nun eine neue Verfassung, die eine afrikanische Mehrheit im Legislativrat vorsah. Danach fanden konstitutionelle Verhandlungen in London statt. Bei den nun folgenden Wahlen im August errang die MCP 22 der

Links: Typische Arbeitersiedlung auf landwirtschaftlichen Plantagen wie hier im Satemwa Tea Estate in Thyolo

33 Mandate. Am 1. Februar 1963 wurde Banda Regierungschef, Nyasaland erhielt innere Autonomie und die Zentralafrikanische Föderation brach auseinander. Am 6. Juli 1964 wurde die Kolonie Nyasaland unabhängig und hieß fortan Malawi.

Das unabhängige Malawi

Als die Unabhängigkeit erreicht ist, brechen interne Konflikte aus

Sein Primärziel, die Föderation zu beenden, hatte Dr. Kamuzu Banda, der neue Premierminister des Landes, erreicht. Weitere große Neuerungen plante er gar nicht. Das war seinen Parteifreunden von Anfang an zu wenig. Sie warfen ihm vor, zu proeuropäisch eingestellt zu sein. Als Banda einen Kredit der Volksrepublik China ablehnte und im September 1964 vier Minister entließ, trat das Zerwürfnis offen zutage. Mehrere seiner Minister traten in einen bewaffneten, aber aussichtslosen Widerstand, flüchteten schließlich nach Tansania und fanden dort Asyl. Dr. Banda konnte nach diesem internen, für sich entschiedenen Machtkampf seine Position festigen und beseitigte fortan jede Opposition. Sein Verhältnis zu den Nachbarländern blieb angespannt, besonders zu Tansania, das Anspruch auf Teile des Malawisees erhob.

1966 wurde Malawi zur Republik, zugleich Mitglied im Commonwealth und Dr. Banda zum Staatspräsident ernannt. Der ehemalige Innenminister Yatuta Chisiza, mit dem er sich überworfen hatte, rückte mit einer Untergrundtruppe aus dem Asyl in Malawi ein, wurde aber von Regierungstruppen getötet. Im gleichen Jahr nahm Malawi diplomatische Beziehungen zu Portugiesisch-Mosambik und Südafrika auf. Banda betrieb eine Politik des Dialogs mit den verbliebenen weißen Kolonialregimen Afrikas und empfing 1970 sogar den südafrikanischen Premierminister Vorster als Gast. Anschließend besuchte er persönlich Mosambik und Südafrika. Damit brüskierte er die OAU (Organisation für Afrikanische Einheit), weil er nicht mit den Kolonialregimen in Südafrika und Mosambik brach, sondern vor allem an der engen wirtschaftlichen Bindung zu Südafrika festhielt.

Dr. Banda ernennt sich selbst zum Präsidenten auf Lebenszeit

1971 ernannte er sich selbst zum Präsidenten auf Lebenszeit. Er hatte sich unter den afrikanischen Landesherren weitgehend isoliert und nur wenige Freunde. Die freie Presse war längst abgeschafft, Kritiker wurden verfolgt und hart bestraft. Alljährlich gab es bis zu 2000 Verschollene, vor allem unter den Intellektuellen und Journalisten. Landbesitz war meist in den Händen der Hauptstadtelite, Entwicklungsgelder wurden fehlgeleitet. Prestigeprojekten wie dem Bau der neuen Hauptstadt Lilongwe gab er den Vorzug vor wichtigen Bereichen wie dem Gesundheits- oder Bildungssektor. Trotzdem schien er ernsthaft am Wohl seines Landes interessiert zu sein. Banda schätzte die Möglichkeiten Malawis

realistisch ein. Die enge Bindung zu Südafrika bescherte dem Land einen regelmäßigen Touristenstrom aus dem Süden und gab den fleißigen Wanderarbeitern aus Malawi Arbeit in den Minen. Als eines der ärmsten Länder der Welt erlitt Malawi auch deshalb keine größeren Hungersnöte, weil sich Bandas Wirtschaftspolitik stets auf die Landwirtschaft konzentrierte. Erste Liberalisierungsversuche gab es 1977, als 2000 Gefangene amnestiert wurden. Doch zugleich wurde sein politischer Widersacher Chakuamba Phiri wegen Hochverrats zu 22 Jahren Haft verurteilt und drei Kabinettsmitglieder starben 1983 bei einem mysteriösen Autounfall, der viele Spekulationen auslöste. Stets behielt Banda die Macht fest in seiner Hand.

Opposition und Presse werden ausgeschaltet

Banda galt gemeinhin als charismatischer, feuriger Redner, war sehr religiös und hatte strenge Moralvorstellungen. Diese zwang er seinem Volk und Besuchern des Landes ohne Nachsicht auf. Während seiner Regierungszeit durften sich Frauen nicht in Hosen kleiden und mussten ihre Knie bedeckt halten. Dies betraf auch Ausländerinnen und Touristinnen. Bei den Männern waren lange Haare absolut verpönt, und so manchem Touristen wurden die Haare damals notfalls von den Staatsdienern direkt am Flughafen auf die zulässige Länge gekürzt.

Oben: Bei Kasungu ließ sich der Präsident einen Palast errichten

Götterdämmerung für den Despoten

Doch Ende der 1980er Jahre hatte sich die Welt verändert. Die alten Ost-West-Fronten waren gefallen und die Weltöffentlichkeit richtete ihr Augenmerk auf den exzentrischen Diktator, forderte demokratische Reformen und die Wahrung der Menschenrechte. Der Westen fror die Entwicklungshilfe ein und in den Städten brachen Unruhen aus – Banda musste demokratisieren.

Banda stellt sich freien Wahlen und muss Abschied nehmen

80 % der Wahlberechtigten gingen im Juni 1993 zur Abstimmung und forderten mehrheitlich die Einführung des Mehrparteiensystems. Da zog Banda tatsächlich pragmatisch die Konsequenzen und leitete Reformen ein. Bei den Wahlen im Mai 1994 wurde im Norden die *Alliance for Democracy* mit dem Gewerkschaftsführer Chihana die stärkste Partei, im Zentrum dominierte die alte MCP unter der Führung des nach 13 Jahren aus der Haft entlassenen Chakuamba Phiri, und im volkreichen Süden wurde die UDF, United Democratic Front, unter **Bakili Muluzi** die gesamtstärkste Partei und stellte damit den neuen Staatspräsidenten.

Doch auch die neue Regierung enttäuscht das Volk

Die neue Regierung gewährte Pressefreiheit und setzte ein strenges Strukturprogramm um. Für das Gros der Bevölkerung verschärften sich die Lebensbedingungen damit deutlich. Die Grundnahrungsmittelpreise verdoppelten sich, in den Städten nahm die Kriminalität zu. Die Hoffnung auf Fortschritt und bescheidenen Wohlstand wandelte sich für viele in Ernüchterung und Not. Bei den umstrittenen Wahlen von 1999 setzte sich Muluzis UDF denn auch nur noch knapp gegen eine Allianz der MCP und der AFORD durch. Korruptionsvorwürfe und die wirtschaftliche Notlage durch Dürre und Hunger im Jahr 2002 verstärkten die Verdrossenheit im Lande noch. Muluzis Versuch, durch eine Verfassungsänderung eine dritte Amtszeit anzustreben, rief im ganzen Land Unmut und Rebellion hervor. Zu den Wahlen im Mai 2004 stellte die Regierung daher den 70-jährigen Kandidaten Dr. **Bingu wa Mutharika** auf. Die Wahlkommission erklärte die UDF erneut zum Sieger (mit 35 % der Stimmen), internationale Wahlbeobachter hatten allerdings von „schweren Anomalien" während der Wahl gesprochen. Bingu wa Mutharika, ehemaliger Ökonom der Weltbank, wurde dennoch umgehend vereidigt. Er erhob schwere Korruptionsvorwürfe gegen seinen Vorgänger, verließ die UDF und gründete die Democratic Progressive Party (DPP), was chaotische innenpolitische Folgen hatte.

Malawi wird mehr und mehr zum Armenhaus

Gegen den Willen der Weltbank führte er Subventionen für Saatgut und Düngemittel ein, womit er die schwierige landwirtschaftliche Situation nach dem Hunger- und Dürrejahr 2005 in einen Aufschwung verwandeln konnte. Malawis Rekordernte 2007 stabilisierte die Landespolitik, und bei den nächsten Wahlen im Mai

2009 errang Mutharika einen deutlichen Sieg (66 %). Doch 2011 kam es in mehreren Städten zu gewalttätigen Unruhen aufgrund der steigenden Lebensmittelpreise und der Dieselknappheit. Während dieser angespannten Zeit erlitt Mutharika einen Herzanfall und starb am 05. April 2012. Verfassungsgemäß wurde die amtierende Vize-Präsidentin **Joyce Banda** umgehend als Nachfolgerin vereidigt. Es entstand eine paradoxe Situation, denn 2010 hatte sie sich mit dem Präsidenten entzweit und war aus der Regierungspartei ausgeschlossen worden. Die engagierte Frauenrechtlerin hatte daraufhin die sozialliberale People's Party gegründet. Ihre integre, Mutharika-kritische Haltung brachte ihr in dieser politisch aufgeheizten Stimmung viel Rückhalt bei der Bevölkerung. Sie verordnete dem Staat und seinen Repräsentanten einen rigiden Sparkurs und wertete die Landeswährung massiv ab, was die wirtschaftliche Notlage zumindest bremste und das Land befriedete. Doch anfänglicher Begeisterung folgte eine Ernüchterung, und bei den nächsten Wahlen im Mai 2014 zeichnete sich eine Schlappe für die Präsidentin ab. Daraufhin versuchte diese, die Auszählung zu stoppen und Neuwahlen auszurufen. Nach tagelangem politischen Chaos und juristischem Tauziehen setzte sich die Wahlkommission schließlich gegen die Präsidentin durch und ernannte deren stärksten Herausforderer, **Arthur Peter Mutharika**, der 36,4 Prozent der Wählerstimmen erlangen konnte, zum neuen Staatschef. Am 31. Mai 2014 legte der Ex-Außenminister und Bruder von Joyce Bandas verstorbenem Vorgänger Bingu wa Mutharika seinen Amtseid ab. „Um des Friedens Willens" verzichteten seine Kontrahenten auf eine Anfechtungsklage und ermöglichten einen friedlichen Regierungswechsel.

Eine Frau kommt an die Macht, verstrickt sich aber in Korruptionsskandale

Die Korruption ist in Malawi heute noch immer eines der drängendsten Probleme, insbesondere bei staatlichen Ausschreibungen und bei der Düngersubventionierung. Der größte Korruptionsskandal, bei dem wohl an die 300 Millionen US-Dollar systematisch veruntreut wurden, ließ den Staat 2013 erbeben und wird landläufig „**Cash Gate Skandal**" genannt. Da in Malawi in Fünfjahreszyklen gewählt wird, sind die nächsten Präsidentschaftswahlen für 2019 anberaumt.

Unten: Im Hinterland wie hier in Nsanje schlagen die Frauen Feuerholz im Wald und tragen es gebündelt auf dem Kopf nach Hause

Bevölkerung

Mit etwa 19,2 Mio. Einwohnern auf 118 484 km² Fläche zählt Malawi zu den am dichtesten bevölkerten Ländern Afrikas. Auch das Bevölkerungswachstum ist mit 3,3 % hoch. Im Durchschnitt leben hier 180 Menschen auf einem Quadratkilometer (im Vergleich: BRD 217 Einw./km²), und von Süden nach Norden nimmt die Besiedlung kontinuierlich ab.

Die meisten Malawier leben auf dem Land

Nur 17 % der Malawier leben in Städten. Die vier größten Bevölkerungszentren sind Blantyre und Lilongwe mit jeweils knapp einer Million Einwohner, Zomba mit etwa 100 000 und Mzuzu mit 170 000 Einwohnern. Malawi ist zudem ein „Kinderstaat", denn 45 % der Malawier sind jünger als 15 Jahre.

Eine Nation unterschiedlicher Volksgruppen

Wie in den meisten afrikanischen Kulturen ist auch in Malawi die Zugehörigkeit zu den verschiedenen ethnischen Gruppen enorm wichtig und identitätsstiftend.

Chewa

Die Chewa, zu denen auch die Nyanja zählen, bilden mit fast 40 % die größte Volksgruppe und leben überwiegend im Zentrum des Landes. Das stolze, selbstbewusste Volk entwickelte früh Geheimbünde wie den Nyau-Kult und ausdrucksstarke Tänze wie den berühmten Gule Wamkulu. Traditionell sind die Chewa Bauern und Viehzüchter. Südlich von Dwangwa siedeln sie direkt am See und gehen dort auch der Nutzfischerei nach. Ihre Sprache Chichewa ist heute die Landessprache Malawis.

Oben: In Salima wird die Einführung eines neuen Chiefs im Oktober 2017 zum Festakt der Yao

Lomwe

Zweitgrößte Volksgruppe sind mit rund 18 % die Lomwe, die sich im Südosten Malawis, in den Randgebieten zu Mosambik, niedergelassen haben und in bäuerlichen Strukturen organisiert sind.

Yao

Die Yao siedelten sich im Süden des Malawisees an. Durch den Sklavenhandel gerieten sie frühzeitig unter islamisch-arabischen Einfluss. Das kriegerische Volk trat zum Islam über, betrieb bald selbst Sklavenhandel und beherrschte bis zur Ankunft der Briten den Süden des Landes. Der Kolonisierung widersetzten sie sich lange. Während der beiden Weltkriege dienten besonders viele Yao als Soldaten (Askaris) bei den King's African Rifles. Balaka, Mangochi, Salima und Nkhotakota sind heute die bedeutendsten Zentren dieser drittgrößten Ethnie des Landes (ca. 14 %).

Tumbuka

Die Tumbuka, überwiegend friedfertige Kleinbauern aus dem verhältnismäßig dünn besiedelten Norden Malawis, bilden rund 9 % der Landesbevölkerung.

Unten: Zwei schüchterne Mädchen aus der Chewa-Volksgruppe in Ntchisi

Ngoni

Die Ngoni sind Nachfahren eines südafrikanischen Volkes, das in den Jahren der 'Difaqane' (eine gewaltsame Völkerverschiebung im südlichen Afrika im 19. Jh.) vor Shaka Zulu nach Norden floh. Sie waren mit der revolutionären Kampftechnik der Zulu vertraut und damit in der Lage, andere Völker wie die Chewa zu unterwerfen. Unter ihrem Führer Zwangendaba ließen sie sich im heutigen Osten Sambias und im Hochland Malawis nieder. Dort besiedelten sie die Bergregionen um Dedza und Mzimba. Diese stolze Volksgemeinschaft mit ruhmreicher Soldatenehre spielte stets eine distanzierte, eigenständige Rolle. Heute stellen sie noch rund 11,5 % der Einwohner in Malawi.

Tonga und Sena

An den Ufern des Malawisees leben Tonga, die trotz ihrer Namensgleichheit nicht verwandt sind mit den Tonga in Sambia (der Name bedeutet „umherziehendes, nicht sesshaftes Volk"). Ursprünglich

Oben: Gule Wamkulu-Tänzer am Wegesrand

aus Ostafrika eingewandert ließen sich die malawischen Tonga an den Ufern des nördlichen Malawisees nieder. Ihr Hauptsiedlungsgebiet erstreckt sich zwischen Nkhata Bay und Dwangwa, wo sie traditionell der Fischerei nachgehen. Selbst am südlichen Malawisee, dem Siedlungsgebiet der Yao, wird der Fischfang überwiegend von den Tonga betrieben. Sie stellen heute nur noch etwa 2 % der malawischen Bevölkerung.

Etwa doppelt so hoch ist der Bevölkerungsanteil der Sena aus dem heißen Lower Shire Valley im äußersten Süden Malawis. Im Gegensatz zu den meisten anderen malawischen Ethnien sind die Sena traditionell patrilinear geprägt.

Sprachen

Die offiziellen Amtssprachen sind Englisch und Chichewa, die Sprache der stärksten Volksgruppe Chewa. In den Großstädten und im modernen Geschäftsleben ist Englisch vorrangig, auf dem Land wird Englisch heute jedoch nur noch schlecht oder gar nicht mehr gesprochen. Im Norden ist Chitumbuka verbreitet; außerdem steht der Norden bereits unter dem Swahili-Einfluss aus Ostafrika. Neben Chichewa existieren bei jeder Volksgruppe eigene Sprachen und Dialekte.

Viele Malawier haben ein Problem beim Englisch sprechen: sie verwechseln häufig „L“ und „R“. Nicht selten hört man daher die Ausdrücke „Lock Art“, „Blead“ und „Loan“, wenn von Rock Art, Bread und der Roan Antelope die Rede ist. Gleichzeitig wird die Leiter („Ladder“) „Radder“ genannt und die Malaria „Maralia“.

Traditionelle Zeremonien und Feste

Kulturelles Brauchtum, insbesondere Maskeraden und ausdrucksstarke Tänze, spielen auch heute noch eine zentrale Rolle im malawischen Alltagsleben und werden in ländlichen Regionen an vielen Wochenenden und Feiertagen mit fröhlichen Feierlichkeiten zelebriert. Jede Volksgruppe hat ihre eigenen Tänze und Lieder. Der berühmteste malawische Tanz ist zweifellos der **Gule Wamkulu**, der traditionelle Tanz der Chewa. Die Tänzer treten in fantasievollen Kostümen mit Holzmasken, üppigem Federschmuck und starker Bemalung auf. Nur Mitglieder des strengen, disziplinierten Nyau-Geheimbundes dürfen den Gule Wamkulu tanzen. Häufigste Themen des Tanzes sind die Macht und Kraft der Geister und des Traditionellen Heilers. Gule Wamkulu-Tänzer werden geehrt und gefürchtet zugleich.

Zahlreiche traditionelle Zeremonien finden im jährlichen Zyklus statt, so z. B. Ende August das Fest „Umthetho" der Ngoni am Hora Mountain bei Mzimba, im September das „Gonapamuhanya"-Festival der Tumbuka bei Rumphi und „Mulhakho wa Alhomwe", das Fest der Lhomwe Ende Oktober am Mulanje Mountain. Die bekannteste Zeremonie, die „Kulamba", feiern die Chewa Ende August, sie findet allerdings in Katete im Osten Sambias statt, wo der Paramount Chief aller Chewa lebt.

Religionen

Religion spielt in Malawi eine große Rolle. Knapp 83 % der Einwohner sind als Christen registriert, darunter 52 % Protestanten der CCAP und 43 % Katholiken; der Rest verteilt sich auf kleine Religionsgemeinschaften wie die Pfingstkirchen, Anglikaner und Adventisten. Etwa 13 % der Malawier sind Muslime und der Rest Anhänger von Naturreligionen. Der Islam genießt regional sehr starken Zulauf. Aus islamischen Ländern wie Kuwait und Malaysia fließen hohe Spendengelder zum Ausbau von Moscheen und Koranschulen nach Malawi.

Malawi ist von großer religiöser Toleranz geprägt, und religiöse Konflikte kommen bisher kaum vor. Viele Christen verbinden ihren Glauben auch mit einer Naturreligion (Animismus) zu einer auf den afrikanischen Alltag zugeschnittenen Mischform. Der Glaube an die Macht der Ahnen und Geister ist in der Gesellschaft tief verankert und so sind traditionelle Rituale, schwarze Magie und Totenkulte weiterhin sehr lebendig. Dadurch kommt es gelegentlich zu spontanen Unruhen, wenn Anschuldigungen gegen auffällige Einzelpersonen, Andersgläubige vermeintlich Verdächtige zu einer Hysterie führen (siehe S. 29).

Bildung & Schulwesen

Nach seiner Unabhängigkeit unternahm Malawi enorme Anstrengungen, seine schwache Einschulungsquote zu steigern. Diese Bemühungen führten allerdings zu einem Absinken der Ausbildungsleistung, weil das Schulwesen nicht zugleich erweitert wurde. Das Lehrer-Schüler-Verhältnis stieg von 1 : 43 auf 1 : 63; die Zahl der Schulabbrecher und Wiederholer schnellte in die Höhe. Auch der weiterführende Bildungsweg wurde nicht ausreichend erweitert. Als Resultat mangelt es in Malawi an qualifizierten Fachkräften und Akademikern. Wer eine weiterführende Schulausbildung absolviert hat, erhält in der Regel sofort eine Arbeitsstelle. Die Grundschullehrer sind häufig besonders schlecht ausgebildet; nur zwei Drittel haben die volle Lehrerausbildung von zwei Jahren Dauer durchlaufen. Lediglich an den höheren Schulen und an teuren Privatschulen besteht eine signifikant bessere Lehrerqualität.

Malawi hat das durch die Kolonialregierung eingeführte britische Schulsystem beibehalten. Die Grundschule (Primary School) dauert acht Jahre und ist an staatlichen Schulen kostenlos. Danach schließt sich die vierjährige, kostenpflichtige Secondary School an. Das anschließend mögliche Studium an der University of Malawi gliedert sich mit Hochschulen in Blantyre, Lilongwe, Zomba, Mzuzu und Thyolo in die Schwerpunktbereiche Landwirtschaft, Medizin, Technik und Lehrerausbildung. Historische Bedeutung genießt die Kamuzu Academy, eine Eliteschule im Heimatort des ersten Präsidenten Kamuzu Banda, die mitunter als „afrikanisches Eton" beschrieben wird (siehe S. 91). 33 % der Malawier gelten als Analphabeten, zwei Drittel davon sind Frauen.

Unten: Diese Schulklasse in Mphunzi bei Dedza wird im Freien unterrichtet

Gesundheitswesen

Bislang ist die medizinische Behandlung in den staatlichen Krankenhäusern kostenlos, doch es mangelt an Ärzten, Krankenbetten, Medikamenten und technischer Ausrüstung. Hier müssen sich 770 Einwohner ein Krankenhausbett teilen. Auf ca. 60 000 Einwohner kommt ein Arzt (im Vergleich: BRD 282 Einw./Arzt), ein Zahnarzt muss für 450 000 Einwohner aufkommen (in Deutschland für 1200). Diese Diskrepanz zeigt deutlich die alarmierende medizinische Unterversorgung Malawis. Fachärzte sind noch immer nur in den größeren Städten stationiert. Der Fachkräftemangel ist denn auch Malawis Hauptproblem im brachliegenden Gesundheitswesen. Sehr viele afrikanische Ärzte, Krankenschwestern und Hebammen wanderten in den letzten Jahren in Industriestaaten ab, von denen sie durch Rekrutierungsfirmen angeworben werden. Man sagt, in Großbritannien praktizierten mehr malawische Ärzte als im Heimatland. Das Problem hat inzwischen auch die WHO erkannt und fördert die Gehalts- und Arbeitsbedingungen afrikanischer Fachkräfte in ihren Heimatländern. Ein britisches Hilfsprojekt ermöglichte es der Regierung Malawis, die Gehälter für Ärzte und Krankenschwestern um mehr als 50 % anzuheben, um durch diese Anreize mehr medizinisches Personal im Land zu halten.

Oben: Särge zu zimmern hat in den Zeiten von Aids Hochkonjunktur; das 1910 erbaute David Gordon Memorial Hospital in Livingstonia

Private Krankenhäuser und von christlichen Missionen geführte Stationen sind viel besser ausgestattet, verlangen aber Gebühren für jede Behandlung. Auf dem Land, wo Armut und fehlende medizinische Versorgung zusammenkommen, spielt deshalb die traditionelle Medizin weiterhin eine große Rolle.

Zu den häufigsten Krankheiten zählen Malaria, Bilharziose (entlang des Malawisees gilt die Mehrheit der Bevölkerung als infiziert), Aids (ca. 9 % der Bevölkerung) sowie Mangelerscheinungen durch einseitige und unregelmäßige Ernährung.

Traditionelles Heilwesen und Hexerei

Das traditionelle Heilwesen ist in der afrikanischen Kultur tief verwurzelt. In den ländlichen Regionen wird noch überwiegend traditionelle Medizin praktiziert; und auch in den Städten konsultieren viele zuerst oder parallel einen traditionellen Heiler. Eine Ursache dafür ist die tief verankerte Überzeugung, dass Krankheiten soziale und spirituelle Wurzeln haben und nur der traditionelle Heiler die zur Genesung unbedingt erforderliche Verbindung zur spirituellen Welt aufnehmen kann. Während unter der britischen Kolonialregierung die überlieferten Heilmethoden unterbunden wurden, wird die traditionelle Medizin inzwischen staatlich gefördert. In Malawi heißen sie Sin'ganga und erhalten eine staatliche Lizenz, die sie bei sich tragen müssen. Sie werden hier durch die Society of Traditional Herbalists vertreten.

Die Basis der traditionellen Heilkunde bilden **Naturprodukte** wie Wildfrüchte, Samen, Rinden, Schildkrötenpanzer, Schlangenhäute, Raupen und Wurzeln. Das wertvolle Wissen um die Wirkung der einzelnen Bestandteile und um die Zusammensetzung und Zubereitung einer Medizin hat sich seit Jahrhunderten von Generation zu Generation übertragen. Traditionelle Heiler kennen bestimmte Akazienwurzeln, mit denen sie z. B. Schlangenbisse behandeln und Pflanzenteile gegen Durchfall. Sie behandeln Infektionen, Geschlechtskrankheiten, Kopfschmerzen, Geisteskrankheiten und vieles mehr. Lange Zeit wurden sie von der westlichen Welt als primitive Medizinmänner und Scharlatane verurteilt. Man nannte sie ironisch *Witch Doctor* und sprach ihnen jegliche Kenntnis der

Heilkunst ab. Doch mittlerweile wurden viele Parallelen zur modernen Medizin erkannt: Die gleichen Naturextrakte werden in hochtechnisierten Laboratorien erforscht und ein Großteil unserer Arzneien basieren auf Wildpflanzen oder tierischen Produkten bzw. auf den Erkenntnissen, die aus der Erforschung solcher Produkte gewonnen werden konnten.

Traditionelle Heiler genießen sehr viel Vertrauen in der Bevölkerung, da sie in der dörflichen Gemeinschaft integriert leben und über ein großes Einfühlungsvermögen in die Gedankenwelt ihrer Patienten verfügen. Sie fungieren neben der Heilkunst immer auch als Ratgeber für alle Lebensfragen. Der **Vorbeugung von Krankheiten** messen sie ebensoviel Bedeutung bei wie der Symptombehandlung. Sicherlich können diese Mediziner nur leichte chirurgische Eingriffe vornehmen und gefährliche Verletzungen oder schwere, akute Erkrankungen nicht behandeln. Sie ersetzen daher nicht die Hospitäler und Krankenstationen, stellen aber eine wertvolle Bereicherung in der medizinischen Grundversorgung dar.

Die **traditionelle Glaubenswelt** der Afrikaner ist viel komplexer, strenger und für den Einzelnen bedrohlicher, als dies Europäern gemeinhin geläufig ist. Tief verankert ist die Überzeugung, dass alles Tun und Erleben dem unmittelbaren Einfluss der Ahnen unterliegt. Ferner gilt die geheime Macht von Tieren und Pflanzen als sicher und zumeist Unheil bringend. Daher finden im traditionellen Heilwesen auch so häufig **Tierprodukte** wie Zähne, Eingeweide, Fell, Haut und Knochen Verwendung. Ein Beispiel: Die Rippen von Hyänen sollen sowohl Lungenschmerzen lindern als auch den beruflichen Werdegang positiv beeinflussen. Und mit Hilfe der Lippen von Hyänen soll sich das Jagdglück steigern lassen.

Fotos dieser Seite: Tänzer bei Volksfesten; Masken aus dem Mua Mission Museum; ein Mann, der kleine Vogelspieße verkauft

Gefährliche Auswüchse des traditionellen Glaubens

Sehr weit verbreitet ist nach wie vor die tief sitzende Angst vor Mitmenschen, die sich von Zeit zu Zeit in Hexen oder Wildtiere verwandeln, vor allem in Löwen, Hyänen und Krokodile, oder andere Unheil bringende Eigenschaften haben. Albinos und Zwillinge oder Mehrlinge sind immer wieder Anfeindungen ausgesetzt. Amnesty International registrierte allein von Ende 2014 bis Anfang 2017 19 solcher Opfer von Ritualmorden. Eine regelrechte Hysterie lösten im September 2017 die Berichte von Menschen im Süden Malawis aus, die sich angeblich in Vampire verwandelten. Der aufgebrachte Mob verfolgte die Unglücklichen wochenlang und lynchte neun Menschen, ehe die Polizei durch hartes Durchgreifen wieder für Ruhe sorgen konnte.

Kultur & Gesellschaft

Gesellschaftliche Traditionen

Die Großfamilie

Die Familie ist die wichtigste soziale Gemeinschaft

Die Großfamilie ist der Mittelpunkt einer jeden afrikanischen Gesellschaft. Der Einzelne identifiziert sich über seine Familie, und diese soziale Gemeinschaft bildet für ihn die wichtigste Institution. Familiäre Isolation wird daher als Horror und Schmach empfunden und unter allen Umständen vermieden. So entsteht eine Verbindlichkeit, die den Einzelnen in eine feste, der Familie und dem „Clan" verpflichtete Rolle zwingt, ihm aber auch den Schutz und die Fürsorge derselben gewährt. Hier werden Sozialfälle abgefangen und moralische Werte gelebt. Diese lebenslange Wechselbeziehung bestimmt alles private und öffentliche Handeln; sie zieht sich durch Politik und Wirtschaft und ist die Ursache für mancherlei scheinbar unverständliche afrikanische Wesenszüge.

Frauen in Malawi

Frauen stecken häufig fest zwischen Tradition und Moderne

Die Situation der Frauen hat sich in Malawi durch die Begegnung mit den Europäern genauso stark verändert wie die afrikanischen Gesellschaftsstrukturen generell. Vor der Ankunft der Weißen waren die Dorfgemeinschaften durch Großfamilien, die vom traditionellen Wanderhackbau lebten, geprägt. Es gab eine klare geschlechtsspezifische Arbeitsaufteilung. Den Männern oblag die Jagd, das Roden der Felder, das Zäunebauen und der Hausbau. Die Frauen waren verantwortlich für das Sammeln wilder Früchte und Wurzeln, das Hacken, Jäten und Ernten, das Holzsammeln, Wasserholen, Kochen und die Kindererziehung. Somit leisteten die Männer die periodisch anfallenden schweren Arbeiten, während dagegen die Frauen fast alle alltäglichen, zeitraubenden Tätigkeiten ausübten.

Als sich in der Kolonialzeit die Siedler und Minengesellschaften etablierten, brauchten sie schon bald Arbeitskräfte. Da die Afrikaner zunächst wenig Interesse an der Lohnarbeit zeigten, wurden sie durch die Einführung von Kopf- und Hüttensteuern dazu genötigt. Um die Steuern bezahlen zu können, mussten die Männer einer mit Geld bezahlten Arbeit nachgehen, was gravierende Auswirkungen auf das Familienleben hatte. Von nun an musste ein Großteil der Männer für Monate oder Jahre in den Minen, städtischen Zentren oder auf Großfarmen der Lohnarbeit nachgehen, während die Frauen mit versorgungsabhängigen Kindern und Alten zurückblieben. Dadurch wurden sie zum alleine verantwortlichen Haushaltsvorstand. An dieser Situation hat sich bis heute wenig geändert. Eher hat sie sich sogar noch verschlechtert, denn durch die allgemeine Schulpflicht verloren die Frauen auch die dringend notwendige Unterstützung durch ihre größeren Kinder. Zudem verschaffte die Modernisierung der Männerarbeit Erleichterungen, z. B. durch Ochsen und Pflüge, und Bereiche wie die Jagd oder die Kriegführung fielen weg. Dagegen haben sich einige typisch weibliche Tätigkeiten sogar erschwert. Allein durch die zunehmende Abholzung, Überweidung und Versteppung ganzer Landstriche werden für die tägliche Feuerholz- und Trinkwasserbeschaffung immer mehr Energie und Zeit benötigt.

Trotz der **deutliche**n **Mehrbelastung** der Frauen bei allen Haushalts- und Familienangelegenheiten treten sie auch mit einem Anteil von über 50 % im Handel auf. Die meisten afrikanischen Märkte werden von Frauen bestimmt. Sie brauen *Chibuku*, das Maisbier, sie flechten Matten oder verkaufen die Überschüsse aus der eigenen landwirtschaftlichen Produktion. Doch treten sie fast ausschließlich als Kleinhändlerinnen auf und haben, selbst wenn sie sich gut organisieren und gemeinschaftlich agieren, kaum je eine Chance auf größere Absatzmärkte oder auf Expansion. Durch diese geschlechtsspezifischen Zwänge werden sie am Zugang zu Informationen, Ausbildung, Hilfeleistungen und Technologien gehindert. So können sie nur mit ihrer eigenen Arbeitskraft und nicht allzu produktiv wirtschaften. Und ihre finanziellen Erträge fließen außerdem oftmals dem Ehemann zu, der darüber verfügt.

Afrika stützt sich auf die Leistungskraft seiner Frauen. Es wurde daher auch verstärkt dazu übergegangen, in die Zukunft der Frauen zu investieren. Es entstanden in vielen ländlichen Gebieten maschinelle Getreidemühlen und zahlreiche Dörfer wurden mit modernen Brunnen ausgestattet.

Unten: Schwere Lasten tragen die Frauen auf dem Kopf – und lächeln dabei

Bekleidung

Auf dem Land tragen die Frauen fast ausnahmslos *Chitenge*, bunt bedruckte Stoffe, die um die Hüften gewickelt werden. In den Städten herrschen inzwischen westliche Kleider und Kostüme vor, junge Afrikanerinnen tragen dort auch Miniröcke und enge Jeans. In den ländlichen Regionen sind Hosen für Afrikanerinnen allerdings oft noch unvorstellbar. Auch Perücken und eingeflochtene künstliche Haarsträhnen sind in Malawi eher selten.

Das sind bereits spürbare Entlastungen für die Frauen. Um aber die Gesamtsituation von Afrikanerinnen zu verbessern, bedarf es dringend mehr Ausbildungsstätten auf dem Lande. Typische weibliche Berufe sind Hausangestellte, Kindermädchen oder Heimarbeiterin, in den Städten stellen sie auch Bürokräfte und Verkäuferinnen.

In muslimischen Regionen ist nach wie vor die **Polygamie** üblich. Die Frauen werden dort bereits während der Erziehung auf eine künftige Mehrehe vorbereitet. Vielfach wird dann das Argument angeführt, dass die Polygamie die einzelne Frau entlaste, da sich die Ehefrauen die tägliche Arbeit teilen, wobei es eine Rangordnung zwischen der ersten und der oder den anderen Ehefrauen gibt.

Beschneidungen (Klitorisverstümmelungen) sind in Malawi übrigens nicht üblich.

Kunsthandwerk

Die Produkte des traditionellen Kunsthandwerks sind meist praktischer Natur, z. B. geflochtene Schlafmatten, Speere, Äxte und Hacken, Töpfe oder Tierfallen. Afrikanisches Werkzeug scheint oft simpel zu sein, es beeindruckt aber im täglichen Gebrauch umso mehr. Neben den Produkten für den täglichen Bedarf werden für kulturelle Zwecke Kleider gewebt, Tanzmasken und Figuren geschnitzt. Das Rohmaterial des traditionellen Kunsthandwerks bilden immer natürliche, pflanzliche Produkte. Heutzutage werden zusätzlich moderne Abfallprodukte wie Gummi und Draht phantasievoll eingebunden. Traditionell arbeiten Männer mit Holz und Metall, die Frauen dagegen eher mit Ton, Stoff und Schilf. Unterschiedliche Färbung gewinnen die Künstler aus dem Sud von Wurzeln, Pilzen, Blut, Kuhdung und Lehm.

Fotos links: Felsbilder in der Chongoni Rock Art Monument Area: Mr. Missindi, der Aufseher, zeigt die lebensgroße, dünne Giraffe in Bildstätte Nr. 5

Felsbildkunst

Das südliche Afrika ist reich an Felsmalereien. Südlich des Sambesi wurden die Felsbilder vorwiegend von Khoisaniden (Buschleute) geschaffen, während die Fachwelt davon ausgeht, dass die Urheber der Kunstwerke in Angola, Sambia, Malawi und Teilen Mosambiks dagegen der zentralafrikanischen Twa-Zone zuzuordnen sind. Die Twa waren ein kleinwüchsiges, inzwischen ausgestorbenes, zentralafrikanisches Jäger- und Sammlervolk.

Die ältesten Malereien aus der „Red Animal Tradition" wurden auf 16 700 Jahre v. Chr. zurückdatiert (Nachikufu Cave in Sambia). Dieser Schaffensperiode folgte bis zur Zuwanderung erster Bantu-Gruppen die „Red Geometric Tradition", die sich durch geometrische Formen und Linien in zumeist roter Farbe auszeichnet.

Die später folgenden Bantu-Einwanderer, es waren Ackerbauern und Viehzüchter aus dem Norden, prägten den anschließenden Stil der „White Spread-eagled Tradition", in der Lebewesen aus der Vogelperspektive und viele Reptilien dargestellt wurden. Hier dominierte die Farbe Weiß.

Schließlich entwickelte sich im Osten Sambias und Westen Malawis (Chipata–Dedza–Gebiet) eine vierte Stilrichtung, die „White zoomorphic Tradition" mit groben Menschen- und Tierdarstellungen. Hier wird ein Zusammenhang mit Geheimbünden und spirituellen Treffpunkten vermutet, und diese Malerei wurde offensichtlich bis in das 20. Jh. praktiziert, wie die Darstellung eines Autos in Namzeze bei Dedza veranschaulicht.

In Malawi findet man weitläufig versprengt rund **Tausend Felsbildstätten**. Besonders häufig sind sie rund um Dedza auf blank liegendem Granitgestein. Meist wurden die Bilder unter regengeschützten Felsüberhängen angebracht, manche auch in Felsspalten und Kuppelhöhlen. Sehenswerte Felsbildstätten, die so gut ausgeschildert sind, dass man sie auch ohne Führer einigermaßen gut erreichen und entdecken kann, gibt es leider nur wenige. Sehr sehenswert sind allerdings die Felsmalereien der Mwana wa Chentcherere-Fundstätte (Chongoni Rock Art) nahe Dedza, die von der UNESCO als Weltkulturerbe eingestuft wurden (siehe S. 112).

Wirtschaft

Ein kleiner Rückblick

Als sich die Briten 1964 aus Malawi zurückzogen, hinterließen sie wenig Kapital und eine schwache Infrastruktur. Man hatte die Malawier als Wanderarbeiter in den Minen und auf den Farmen in Rhodesien gebraucht, die Kolonie selbst aber kaum entwickelt.

Als Binnenland ist Malawi abhängig von günstigen Transportwegen

Das unabhängige Malawi konzentrierte sich auf den Ausbau der Landwirtschaft, und der Export von landwirtschaftlichen Erzeugnissen wie Tee und Tabak gewann enorm an Bedeutung. Die ökonomische Abhängigkeit vom Ausland wurde für die aufblühende Wirtschaft jedoch zum Damoklesschwert: Als Binnenland war Malawi auf die beiden Bahnverbindungen durch Mosambik zum Indischen Ozean angewiesen. Doch durch den mosambikanischen Bürgerkrieg wurden diese Verbindungen Mitte der 1980er Jahre unterbrochen. Malawi musste neue Transportwege erschließen, die umständlicher und kostenintensiver waren. Sie führten nach Durban in Südafrika und nach Dar-es-Salaam in Tansania. Handelsabkommen mit dem damaligen Apartheidregime in Südafrika erleichterten zwar die Einfuhr von Luxusgütern, führten aber zu einer einseitigen strukturellen Abhängigkeit und isolierten Malawi von seinen Nachbarstaaten, insbesondere von Tansania.

Die Situation heute

Oben: Fischer nähen zerissene Netze am Strand von Senga Bay

Unter den Nachwirkungen dieser einseitigen Orientierung leidet die Wirtschaft bis heute. Noch immer ist Malawi ein armes Agrarland mit international unbedeutendem verarbeitendem Gewerbe, ohne Abbau von Bodenschätzen und praktisch ohne Industriebetriebe. Das durchschnittliche Pro-Kopf-Einkommen beträgt lediglich 294 US-Dollar pro Jahr, somit zählt Malawi zu den zwanzig ärmsten Ländern der Welt. Neun von zehn Malawiern haben weniger als 2 US-Dollar pro Tag zum Leben zur Verfügung, und jeder Dritte erreicht sein 40. Lebensjahr nicht.

Auch mit Job bleiben viele arm: Ein Lehrergehalt liegt bei 100 bis 150 Euro

Der Arbeitsmarkt

Auch der Arbeitsmarkt ist kontrovers: Zwar gehen schon die Hälfte der 10–15-jährigen bezahlter Arbeit nach, gleichzeitig ist gerade die Arbeitslosenquote bei Schulabgängern eklatant hoch, es fehlt vor allem an Ausbildungsplätzen. Dadurch besteht ein Überangebot an ungelernten Kräften bei gleichzeitigem Mangel an qualifizierten Fachkräften. Über 90 % der Malawier halten sich daher als Klein- und Subsistenzbauern ohne technische Hilfsmittel wie Traktoren oder zumindest Ochsengespanne in der Landwirtschaft über Wasser und leben in prekären Verhältnissen. In guten Erntejahren produziert das Land genügend Lebensmittel zur Deckung des Eigenbedarfs, doch schon geringe klimatische Schwankungen mit Dürren oder Überschwemmungen führen zu Hungersnöten und Krisen wie in den Jahren 2002 und 2005. Bei günstigen Klimabedingungen kann Malawi dagegen Überschüsse erwirtschaften und Nahrungsmittel exportieren, wie zuletzt bei der Rekordernte 2017, als eine Million Tonnen Maisüberschuss zum Teil nach Zimbabwe ausgeführt wurden. Der Dienstleistungssektor beträgt gut 50 % des BIP, was einmal mehr zeigt, wie stark das Land auch vom Tourismus abhängt und von einem stärkeren Ausbau dessen profitieren könnte.

Zu den größten wirtschaftlichen Hemmnissen zählen die unzureichende und instabile Stromversorgung und die Korruption, die internationale Geber und Investoren abschreckt. Das ist besonders prekär, denn das Land ist von ausländischer Hilfe dringend abhängig. 40 % des laufenden Haushalts ist geberfinanziert (vor allem aus den USA, Europa und Japan), und der Anteil der Entwicklungshilfe am BIP beträgt jährlich bis zu 30 %. 2005 widersetzte sich Malawi den Vorgaben der internationalen Geber und führte vor dem Hintergrund der Hungersnot durch Ernteausfälle staatliche Subventionen für Dünger und Saatgut ein. Diese mussten später zugestehen, dass es ein vernünftiger Entschluss war, der die Getreideernte tatsächlich verdoppelte. Einige Jahre später froren viele Geber ihre Hilfen für Malawi ein, weil sich die Regierung zusehends in Korruptionsfälle verstrickte und zudem in Sachen Menschenrechte und Pressefreiheit enttäuschte. Der Korruptionsskandal „Cash Gate" erschütterte 2013 das Land und gilt bis heute als nicht aufgearbeitet. Die Suspendierung von Budgethilfen in Millionenhöhe wurde von den meisten Geberländern bisher nicht

Unten: Süßkartoffelernte im Hochland

zurückgenommen, weil die Regierung verlorenes Vertrauen nicht zurückgewinnen konnte – fatal für ein Land mit so großer Abhängigkeit von internationalen Hilfen.

Landwirtschaft

Rund die Hälfte der Landesfläche wird landwirtschaftlich genutzt. 90 % der Malawier sind Kleinbauern, die ihre Felder häufig noch per Hand und mit Holzkeilen umgraben, weil sie sich weder Ochsen noch Pflug oder gar einen Traktor leisten können. Mehr als die Hälfte der Bauern besitzen weniger als das von der UN empfohlene Minimum von einem Hektar Land und leben unter der Armutsgrenze. Eine solche Konstellation führt rasch zum Ausbruch nationaler Katastrophen. 2005 löste eine Dürre eine Krise aus, die fünf Millionen Menschen von Lebensmittelhilfe abhängig werden ließ. Daraufhin subventionierte die Regierung Dünger und Saatgut, was mithilfe guter Regenfälle rasch zu Rekordernten führte. So verdreifachte sich die Maisproduktion binnen zweier Jahre fast, und Malawi zählt seither in guten Erntejahren zu den erfolgreichsten Maisexporteuren im Südlichen Afrika. Der Klimawandel mit zunehmenden Wetterextremen ist das größte Risiko für Malawis landwirtschaftliche Produktion von morgen. Baumwollfelder und der Tabakanbau sind rückläufig. Im Hochland werden Kartoffeln und Zwiebeln kultiviert, im Tiefland Kassawa, Zuckerrohr, Reis und Cashewnüsse.

Außenhandel

Tee, Tabak und Zucker stellen zusammen 90 % des Exports; die wichtigsten Exportländer sind Kanada, Zimbabwe und Deutschland bzw. die EU. Malawis Einfuhrwaren sind besonders Benzin, Diesel, Dünger und Landmaschinen, die sie vor allem aus Südafrika und China beziehen.

Verkehrswesen

Das Straßennetz umfasst etwa 18 845 km, wovon rund die Hälfte asphaltiert ist. Das Streckennetz der Bahn, bisher lediglich 829 km lang, gewinnt durch den Ausbau des Nacala-Korridors in Mosambik zum Containerhafen wieder größere wirtschaftliche Bedeutung. Auch eine Verlängerung des Streckennetzes nach Sambia durch Central East African Rail (CEAR) ist vorgesehen.

Die Binnenschifffahrt auf dem Malawisee hat durch den regelmäßigen Service der M.V. Ilala (S. 262) eine herausragende Stellung im Personen- und Gütertransport. Sie gewährleistet die Versorgung der Nordregion sowie der Insel Likoma. Der Lake-Service untersteht der Bahngesellschaft, und der Hafen in Chipoka bietet Anschluss an die Eisenbahn.

Die nationale Fluggesellschaft Air Malawi ging 2012 in Konkurs. 2014 nahm die Nachfolgerin Malawian Airlines den Betrieb auf und bedient seither neben den Inlandstrecken auch regionale Verbindungen.

Tourismus

„Malawi – **The Warm Heart of Africa**“ – mit diesem Slogan heißt der kleine Staat Besucher willkommen. Die Attraktionen des Landes sind vielfältig. Allein der Malawisee stellt eine Einmaligkeit in Afrika dar, eignet sich für Wassersport und ist ein Tauchparadies. Daneben bietet Malawi Bergmassive und Plateaus mit Urwäldern für ausgedehnte Wanderungen. Fünf Nationalparks mit einer relativ guten Infrastruktur zeigen dem Besucher die afrikanische Tierwelt und Wildnis in „handlicher Form“. Die kurzen Distanzen vereinfachen das Reisen. Nach Malawi reisen zumeist Menschen, die eine Mischung suchen aus kulturellen, kolonialhistorischen, naturkundlichen und sportlichen Erlebnissen. Das Potenzial ist riesig, dennoch sind die Prognosen für die Zukunft eher verhalten. Denn Malawi führte 2015 eine teure Visapflicht ein, die der Entwicklung massiv entgegensteuerte. Auch wird das Land bisher noch zu wenig als alleiniges Reiseziel wahrgenommen und meistens mit Nachbarländern wie Sambia kombiniert. Der aktuelle, international sehr beachtete Wiederaufbau der malawischen Nationalparks, in denen derzeit Geparden und Löwen wieder ausgesetzt werden, dürfte dem Land einen wertvollen Imageschub verleihen.

Fotos links: Unsanfter Ziegentransport; Tomatenhändlerinnen; Köche im Touristenhotel
Oben: Fischerboot in Chembe Village

Oben: Selbst Baobabs, die sich nicht als Feuerholz eignen, werden inzwischen geschlagen

Naturschutz & Wildlife Management

Abholzung – eine dramatische Entwicklung in Malawi

Intensive Landwirtschaft und der Bevölkerungsdruck lassen das Bild in Malawi düster aussehen. Auf dem Land werden über 90 % des Energiebedarfs durch Brennholz und Holzkohle gedeckt, dadurch entsteht ein extrem hoher Bedarf an Brennholz. Am schlimmsten sieht die Abholzung im Viereck Kasungu – Lilongwe –Salima – Nkhotakota aus. Aufforstungen werden hauptsächlich mit schnell wachsenden, minderwertigen Hölzern betrieben; erst seit jüngster Vergangenheit beginnt man auch wertvolle Nutzhölzer zu pflanzen. Der natürliche Anteil an Edelhölzern ist in Malawi relativ gering, die bedeutendsten unter ihnen sind Mulanje-Zedern und Wacholderbäume.

Ist das Erbe des Landes noch zu retten?

Wo Platzmangel herrscht und die Menschen Felder für die Eigenversorgung benötigen, gibt es nirgendwo auf der Welt Sympathie für den Naturschutz. Ernteschäden und Feldplünderungen durch Affen, Buschschweine und Elefanten lassen die betroffenen Bauern auch nicht unbedingt zu Tierfreunden werden. Durch den starken Bevölkerungsdruck wurden die den Wildtieren vorbehaltenen, bislang unkultivierten Gebiete immer kleiner und die Pufferzonen zwischen Siedlungen und Schutzgebieten immer schmäler. So wurden Gnus, Giraffen und Nashörner ausgerottet und andere Tierarten auf wenige Exemplare reduziert. Trotzdem leben in den Nationalparks und Wildreservaten des Landes heute noch etwa 170 verschiedene Säugetiere und über 600 Vogelarten. Durch die Wilderei und die Eingrenzung des Lebensraums ist aber auch dieser Bestand gefährdet. Außerhalb der Parks und Schutzgebiete zeigt sich die Situation alarmierend. Verstöße gegen die bestehenden Gesetze (Wilderei, illegaler Holzeinschlag, Fischen mit Moskitonetzen u. v. a.) wurden bisher zu wenig geahndet. Die Folgen sind ein erschreckender Rückgang der Vogelwelt und des alten Baumbestands, die Überfischung des Malawisees und das nachlassende Naturschutzbewusstsein in der Bevölkerung.

Dabei sind im **Malawisee** von den 500 Fischarten bis zu 95 % endemisch, und die Unterwasserwelt des Sees stellt ein einzigartiges, äußerst wertvolles Naturparadies dar. Im Umkreis der Fischerdörfer ist der See allerdings bedrohlich abgefischt, verschlammt und stellenweise vermüllt. Seit die Fischer feinmaschige Netze verwenden, fischen sie auch den Nachwuchs ab.

Im Shire wimmelte es einst von Flusspferden und Krokodilen. Beide Arten sind stark zurückgegangen. Traurig ist die Vorstellung von der Elephant Marsh, zu deren Namensgebung sich David

Livingstone inspiriert fühlte, als er dort fast tausend Elefanten auf einmal sah. Heute gibt es hier keinen einzigen mehr.

Endlich wird durchgegriffen

Neben den fünf Nationalparks hat das Land vier Wild- und über 70 Waldreservate, die zum großen Teil kaum erschlossen sind. Nach Jahren, wenn nicht Jahrzehnten, in denen die Landesregierung dem Naturschutz wenig Aufmerksamkeit schenkte und die Schutzgebiete so immer stärker unter Druck gerieten, fand in den vergangenen Jahren ein bemerkenswertes Umdenken statt. Die Non-Profit-NGO **African Parks** übernimmt nach und nach das Management von malawischen Nationalparks, die **Peace Parks Foundation** ermöglicht grenzüberschreitende Schutzmaßnahmen, britische Elitesoldaten unternehmen **Antiwildereieinsätze** und die Justiz ahndet endlich konsequent und mit empfindlichen Strafen die illegale Wilderei, Abholzung und Fischerei. Derzeit gibt es mehr positive als negative Schlagzeilen; das Blatt scheint sich endlich zu wenden zugunsten der grandiosen Natur und Tierwelt Malawis.

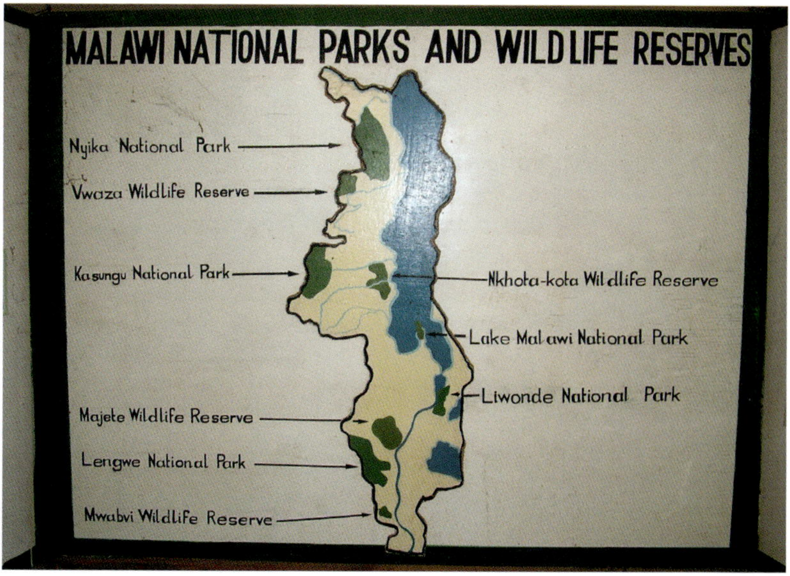

Natur und Tierwelt

Die Topographie Malawis

Lang und schmal erstreckt sich Malawi in den äußeren Tropen zwischen 9° und 17° südlicher Breite und 33° und 36° östlicher Länge. Auf die Nord-Süd-Ausdehnung von rund 850 km kommt nur eine Breite zwischen 70 und 170 km. Das Land ist lediglich etwa ein Drittel so groß wie die Bundesrepublik Deutschland und wird der Länge nach vom Njassagraben, dem südlichsten Teil des ostafrikanischen Grabenbruchs, durchzogen. Dabei gliedert sich das Land in drei Zonen:

Den Nordosten bildet der **Malawisee**, von dessen 28 500 km Ausdehnung rund 24 000 km² zu Malawi zählen (der restliche Teil gehört zu Tansania und Mosambik). Er liegt auf ca. 473 m Höhe mitten in der Grabensenke. Der Malawisee, drittgrößter See Afrikas und der vierttiefste der Welt, nimmt dabei fast ein Fünftel der Landesfläche ein. Seine tiefste Stelle reicht bis 200 m unter den Meeresspiegel. Daneben besitzt das Land drei weitere kleinere, flache Seen, die alle im Shiregraben liegen: Lake Malombe, Lake Chilwa und Lake Chiuta. Nach Süden entwässert der See über den Shire River.

Gegensätze in Malawi: Üppige Teeplantagen mit Urwaldbeständen an den Berghängen (oben) stehen in starkem Kontrast zu Fächerpalmen und Dornstrauchsavannen im Shiretal (rechts)

Im Westen verläuft in Nord-Süd-Richtung das Hochland mit einem **Gebirgsstreifen** parallel zum Malawisee und dem Shire River, der Teil des Ostafrikanischen Grabenbruchs ist. Das Nyika Plateau im Norden erreicht mit 2606 m die größten Höhen dieses Gebirgsstreifens.

Südmalawi wird geprägt von einzelnen Gebirgsstöcken wie dem **Mulanje Bergmassiv**, (mit 3002 m der höchste Berg Zentralafrikas) und dem Zomba Plateau, die jäh aus der ca. 800–1100 m hohen Ebene ansteigen. Zudem verläuft der **Shiregraben** durch den Süden Malawis. Der einzige Abfluss des Malawisees strömt auf seinem 500 km langen Weg 400 km durch Malawi und fällt dabei kontinuierlich ab. An der Südspitze des Landes verläuft er nur noch 37 m über dem Meeresspiegel und vereinigt sich schließlich bei Sena in Mosambik mit dem Sambesi.

Oben: Bei jungen Farnblättern wächst die Unterseite schneller als die Oberseite; deshalb rollen sie sich ein

Unten: Blutlilie (*Scadoxus*)

Fotos rechts: Farne auf dem Zomba Plateau; Bartflechten in den Nyikabergen; Miombowald im Hochland

Unten: Korbblütler der Familie *Carduoideae*

Eine spektakuläre Pflanzenvielfalt

Das südliche Afrika ist eine Schatztruhe der Natur, sein Artenreichtum mit 24000 blühenden Pflanzen spektakulär. Das kleine Land Malawi hält daran aufgrund seiner Höhenunterschiede und vielfältigen Naturräume einen großen Anteil. Allein unter den blühenden Spezies wurden bisher 229 verschiedene Pflanzenfamilien mit all ihren Unterfamilien, zahlreichen Gattungen und ungezählten einzelnen Arten registriert. Nicht mitgezählt die vielen Flechten, Moose und Pilze dieses Landes... Es würde ganze wissenschaftliche Enzyklopädien füllen, wollte man der Flora und Fauna Malawis gerecht werden.

Der Reisende wird in diesem tropischen Land zunächst von der regionalen Vielfalt beeindruckt. Zwischen den beiden Extremen – den kargen, hochgebirgsähnlichen Berggipfeln am Mulanje und Nyika und den heißen Dornstrauchsavannen im Shire-Tiefland – liegen zahlreiche Abstufungen mit vielfältigen Kontrasten: Farbige Miombowälder an den hochgelegenen Berghängen, Pinien- und Eukalyptusforste, hochgelegenes Grasland und Moore, mehrstufige Galeriewälder mit Würgbäumen, blühenden Büschen, Aufsitzerpflanzen und Rankengewächsen entlang der Flüsse, herbstbunte Mopanewälder im Tiefland, Trockensavannen mit hunderten Baobabs, bizarre Fieberbaum-Wäldchen, Akazien- und Combretumdickichte. Von Süden nach Norden wird die Flora dabei immer tropischer, wie auch die Niederschläge zunehmen.

Der mit Abstand größte Artenreichtum findet sich in den immergrünen Urwäldern, die nur noch in Resten an den Berghängen erhalten blieben, z. B. in Ntchisi, Viphya, Mulanje, Dedza und Nyika (sie bedecken nur noch 1 % der Landfläche). Etwa doppelt so groß sind die verbliebenen halbimmergrünen Urwälder.

Auf dem Nyika Plateau stehen auch die südlichsten Urwälder des **Ostafrikanischen Wacholder** (*Juniperus procera*). Das immergrüne, schlanke und bis 40 m hohe Zypressengewächs gedeiht in Gebirgslagen zwischen 1500 und 3600 m.

Farbenprächtige Miombowälder

Miombowald ist flächenmäßig der größte Trockenwald der Erde; er bedeckt das südliche Zentralafrika zwischen Tansania und Zimbabwe und breitet sich in niederschlagsarmen Gegenden ebenso wie in Feuchtgebieten aus. Malawi war einst zu 70 % von Miombowald bedeckt, ehe Abholzung und die Kultivierung von landwirtschaftlichen Anbauflächen diesen weitflächig vernichtete. Dichtere Miombowälder findet man heute fast nur noch in den geschützten Forst- und Wildgebieten oberhalb 1000 m Höhe.

Miombowald ist ein artenreicher, halbimmergrüner Trocken- und Mischwald der mittleren und höheren Lagen mit schirmförmigen Baumkronen, bunten gefiederten Blättern und einer lichten Grasdecke aus faserreichen, nährstoffarmen Sauergräsern und Sträuchern. Je nach Standort und Höhenlage unterscheidet sich seine Artenzusammensetzung stark, und die Qualität der Böden bestimmt das vielfältige Erscheinungsbild von einer lichten Baumsavanne bis hin zum geschlossenen Wald. Seine Leitspezies sind Vertreter der eng verwandten Familien *Brachystegia*, *Julbernardia* und *Isoberlinia*.

Im Schutz steilen und steinigen Terrains wachsen vermehrt feuerempfindliche Arten wie Sternkastanien und Bergakazien. Oft sind die Bäume dort mit Dschungelmoos und Laubflechten bewachsen, und die Steine mit Krustenflechten bedeckt. Auf den montanen Plateauinseln im Nyika Nationalpark kommen auch zahlreiche Proteen vor. In diesem Gebiet sind ungefähr die Hälfte der 400 **Orchideenarten**

Oben: Mopaneblatt mit Samenschoten

Malawis heimisch, von denen 280 Erdbewohner sind, die übrigen 120 dagegen epiphytisch leben, also sogenannte Luftwurzeln ausbilden, mit denen sie sich an den Ästen und Stämmen der Bäume festklammern. Viele Miombobäume schlagen bereits im August/September aus, lange vor Beginn der nächsten Regenzeit. Ihre frischen Blätter leuchten in allerlei Rottönen, gestalten den Wald geradezu zum bunten Märchenwald. Der Muombo, dessen Plural *Miombo* zum Namensgeber der ganzen Waldart wurde, ist sehr dominant und üppig; seine Krone lässt aber dennoch ausreichend Licht für die Bodensträucher durchdringen. Ein charakteristisches Merkmal vieler Hülsenfrüchtler im Miombowald ist beim Msasa ausgeprägt: das explosionsartige Aufspringen der reifen Samenhülsen im April/Mai, wodurch die Samen bis zu 25 m weit vom Mutterbaum geschleudert werden.

Nachtschwalben bevorzugen das Terrain. Ansonsten sind Miombowälder für Wildtiere eher unattraktiv, da sie wenig Oberflächenwasser bieten und hier kaum nahrhafte Gräser und Pflanzen gedeihen. Vereinzelt halten sich in diesen Wäldern Vertreter der großen Antilopen wie Pferde-, Rappen-, Kuh- und Elenantilopen auf, auch ziehen gelegentlich Büffel und Zebras durch. Ihre geringe Bedeutung für Wildtiere gleichen Miombowälder durch den reichen Bestand an Edel- und Harthölzern und ihren hohen Wert für die Gewinnung von Bauholz, Feuerholz und Holzkohle aus.

Unten: Mopanewald in der Trockenzeit
Fotos rechts: einige Feigenarten strangulieren ihre Wirtsbäume wie Würgeschlangen, welshalb man sie auch „Python vine“ nennt; Früchte des Leberwurstbaums

Botanische Besonderheiten der tieferen Lagen

Südlich des Malawisees liegt im Shiregraben das landschaftliche Schmuckstück Liwonde Nationalpark. Harte Lehm- und Tonerde (Black Cotton Soil) schließt sich hier an den Shire River und seine Lagunen an, lässt Dambos (Sumpfsenken) entstehen und begünstigt die Ausbreitung wunderschöner markanter Bäume wie Baobabs, Leberwurst- und Fieberbäume, Feigen und Mahagonibäume.

Der **Leberwurstbaum** (*Kigelia africana*) reift hier zu imposanten Exemplaren heran. Der Charakterbaum mit den kuriosen wurstförmigen, verholzten und bis zu 50 cm langen Früchten ist eine wertvolle Nahrungsquelle für die Wildtiere, denn seine Früchte reifen gerade zur heißesten Jahreszeit und fallen zu Boden, wenn die Vegetation vertrocknet ist und kaum noch Futter zu finden ist. Die hübschen dunkelroten, an langen Stielen herabhängenden Blüten, die nachts vom Baum fallen und dabei einen intensiven, unangenehmen Geruch verströmen, locken Flughunde zum Bestäuben an.

Die Sandböden sind auch das bevorzugte Terrain für den mittelgroßen Hülsenfrüchtler **Regenbaum** (*Philenoptera violacea*, Rain Tree oder Lilac Tree genannt), der mit dem Regen gar nichts zu tun hat. Den feuchten Niederschlag, den man spürt, wenn man sich in der späten Trockenzeit unter einem Regenbaum aufhält, produziert ein saftsaugendes Insekt, das den Baum vor der Regenzeit befällt, seine Säfte absaugt, filtert und sofort so viel fast reines Wasser ausscheidet, dass der Boden unter dem Baum deutlich nass wird.

Auch **Maulbeer-Feigen** (*Ficus sycomorus*) reifen im Shiretal zu stattlichen Exemplaren heran, deren dichte Kronen herrlichen Schatten bieten. Der **Rote Mahagoni** (*Khaya anthotheca*) ist ein ebenso charakteristischer immergrüner Uferbaum am Shire. Seine Laubblätter reifen anfangs rötlich, ehe sie ergrünen.

Fotos rechts: In Elefantengebieten zeigen Baobabs oft starke Schäden; Baobabfrüchte; Anabaum mit Fruchtkapseln

Jenseits des Shire schließt sich in den niederen Lagen des Liwonde Nationalparks über weite Flächen trockener, monotoner **Mopanewald** (*Colophospermum*) an. Diese Baumart hat ein breites Wachstumsspektrum; der Mopane kann zum stattlichen Baum mit einer Wuchshöhe bis 30 m reifen, bleibt häufig aber nur ein eher trauriges Gestrüpp. Die Wuchshöhe der Bäume verrät viel über den Zustand der Böden. Er breitet sich vielfach auf alkalischen, natriumreichen und leicht sauren Böden aus, die kaum Wasser halten, während der Regenzeit mitunter wochenlang geflutet werden und für die meisten Gehölze qualitativ unzureichend wären, um dort zu verwurzeln. Mopane kommt mit diesen Bedingungen dagegen gut zurecht und vermag Niederschläge bzw. angeschwemmtes Oberflächenwasser auch in kurzer Zeit, ehe der schlammige Lehmboden wieder versiegelt, aufzunehmen. Dabei ist ihm sein oberflächiges Wurzelsystem behilflich. Der Baum wird dadurch so dominant, dass er sogar Dauergräser verdrängt. Rund um die einzelnen Stämme befindet sich oft nur nackte Lehmerde, erst in einiger Entfernung gedeihen spärlich krautige Gräser und Kräuter. Die Folge ist eine Neigung zur Erosion, weshalb Mopanewälder oft freiliegende Wurzeln und deutliche Erosionsrinnen und Wasserablauffurchen aufweisen.

Oben: Kandelaber-Wolfsmilch (*Euphorbia candelabrum*) gedeiht in sonnig-trockenen Klima gut

Zu ihm gesellen sich Commiphora-Arten, Weinrebengewächse (*Cissus*), Akazien und Wolfsmilchgewächse (*Euphorbia*). Im Lower Shire Valley geht diese Vegetation in eine heiße Dornstrauchsavanne mit Überflutungsmarschen und Sumpfgebieten in der Elephant Marsh über.

In den dicht besiedelten mittleren Lagen um Zomba dominieren die Pflanzengattungen Langfäden (*Combretum*) und Myrobalanen (*Terminalia*) aus der Familie der Flügelsamengewächse; feuertolerante Gehölze, die sich unter dem Druck regelmäßiger Buschfeuer rasch gegenüber sensibleren Arten durchsetzen.

Noch weiter südlich erstrecken sich im Hochland zwischen Thyolo und Mulanje riesige Teeplantagen und Eukalyptusforste an den Berghängen, in deren Nischen noch Reste originärer immergrüner Urwälder erhalten blieben.

Besondere Spezies

Baobab *(Adansonia digitata)*

Der Baobab, ein Affenbrotbaum aus der Unterfamilie der Wollbaumgewächse, ist die berühmteste Pflanze Afrikas. Kein individueller Baum gleicht auch nur annähernd dem anderen; er kommt in Wuchshöhen von wenigen Metern bis zu kolossalen 30 m vor, kann dünn sein oder ausladend wuchtig, ausgehöhlt, umgestürzt, angekokelt, zerfleddert und ramponiert – und doch lebt dieser ungewöhnliche Baum mitunter viele hundert Jahre. Baobabs wachsen in heißen, niedrigen Trockensavannen und vermögen während der Regenzeit riesige Mengen Wasser für die trockenen Monate zu speichern. Die meiste Zeit des Jahres sind die faserigen Laubbäume kahl, was ihre Transiration verringert. Kurz vor der Regenzeit treiben in wenigen Wochen neue Blätter und gleich danach erfolgt der Blütenansatz bei Bäumen, die mehr als 15 Jahre alt sind. Über eine Periode von etwa einem Monat entwickelt der Baum große weiße, herabhängende Blüten. Die einzelne Blüte hat jedoch nur eine eintägige Lebensdauer und fällt dann sofort ab. Bestäubt werden die unangenehm duftenden Blüten nachts von Galagos, Flughunden und Faltern. An den Blütenstielen entwickeln sich in den Folgemonaten bis zu 40 cm große eiförmige, pelzige Kapseln, die ein stark Vitamin-C-haltiges Fruchtfleisch mit nierenförmigen, fettreichen Samen enthalten. Beides schätzen Menschen, Paviane und Elefanten. Die Dickhäuter begehren außerdem die kalziumreiche, faserige und feuchtigkeitsspeichernde Rinde des Baobabs, weshalb sie die Bäume in der entbehrungsreichen Trockenzeit oft mit den Stoßzähnen aufreißen und die Rinde zerkauen.

Anabaum (*Faidherbia albida*)

Auch dieser akazienähnliche, dornige Laubbaum ist eine unsagbar wertvolle Ergänzung im Jahreszyklus der Nahrungspalette, denn konträr zu den meisten anderen Baumarten verliert er während der Regenzeit seine Blätter und ergrünt mitten in der Trockenzeit. Deshalb trägt er auch den Beinamen Winterdorn. Im August/September bietet er nicht nur eine herrliche Schattenkrone, sondern mit den reifen Samenkapseln, die wie Apfelringe vom Baum herabhängen, zusätzlich äußerst begehrte Leckerbissen für Elefanten, Paviane, Kudus und andere Antilopen.

Oben: Mukwa
Unten: Cassia abbreviata
Rechts: Traumkraut, Sternkastanie und Fieberbäume

Mukwa *(Pterocarpus angolensis)*

Pterocarpus bedeutet „geflügelte Frucht" und bezieht sich auf die runden, etwa 7-13 cm großen Hülsenfrüchte, die der Mukwa zwischen Dezember und Mai trägt. Diese Früchte sind unverkennbar; die runde Samenkugel ist dicht mit langen Borsten besetzt und von einem kreisrunden Flügel umgeben. Das merkwürdige Aussehen hat ihr den Spitznamen „Flying Egg" eingetragen. Am leichtesten erkennt man den Baum in der späten Trockenzeit, wenn er unbelaubt ist, die Früchte noch an den Zweigen hängen und allmählich abfallen. Verletzt man den Mukwa, sondert er ein rotes, tanninhaltiges Harz ab, das aussieht wie Blut, daher wird er auch als Blutholz bezeichnet. Das Holz des Mukwa ist ausgesprochen hart und beliebt für den Möbel- und Bootsbau.

Afzelia (Pod Mahogany, Afzelia quanzensis)

Auch „Lucky Bean Tree", Glücksbohnenbaum, genannt, wächst dieser stattliche Laubbaum auf bis zu 25 m Höhe heran. Zwischen Juli und November bildet er hübsche rote Blüten, von zahlreichen Antilopen, insbesondere Greisböcke, begehrt. Afzelia gehört zu den Johannisbrotgewächsen innerhalb der großen Familie der Hülsenfrüchtler. Unverkennbar sind ihre hölzernen Samenkapseln, die bis zu zehn auffällige, bohnenartige, schwarz-rote Samen enthalten, die sogenannte Glücksbohnen.

Afrikanisches Traumkraut (*Entada rheedii*)

Die Gattung Entada innerhalb der Familie der Hülsenfrüchtler ist an manchen Flussufern Malawis wie dem Bua River im Nkhotakota Reserve vereinzelt mit einer außergewöhnlichen Art vertreten. Dieses Klettergewächs bildet extrem große, robuste Samenschoten aus, die bis zu 2 m lang und 15 cm breit werden und aus zahlreichen Einzelsegmenten bestehen, in denen sich die schwarzen, extrem harten, ca. 4,5 x 5 cm großen Samen befinden. Das Innere dieser Samen ist fleischig und findet Verwendung in der traditionellen Medizin und als sedierende und traumintensivierende Droge, wenn man das Fleisch trocknet und anschließend raucht. Die Samen nennt man auch Seebohnen und Traumbohnen, und sie gelten als Glücksbringer und Talisman.

Afrikanische Sternkastanie (*Sterculia africana*)

„Bastard Baobab“ nennt man sie auf Englisch, weil sie diesem durchaus ähnelt, doch es gibt deutliche Unterschiede. Die Afrikanische Sternkastanie ist viel schlanker, ihre markante, fleckige Rinde pastell- bis cremefarben, und die runden Früchte sind kleiner. Sie zählt zur Gattung der Stinkbäume innerhalb der Familie der Malvengewächse, die mit annähernd 200 Arten in tropischen Gefilden reich vertreten ist. Die Blätter und Blüten der laubabwerfenden Stinkgewächse verströmen einen strengen Geruch.

Afrikanische Sternkastanien haben zumeist knorrige Stämme bis 14 m Höhe. Sie blühen von September bis November, noch ehe das frische Laub mit fast herzförmigen, langstieligen Blättern sprießt. Nach der Regenzeit reifen von April bis Juli die sternförmig angeordneten samtig-braunen Balgfrüchte voller Samen heran, die sich im ausgereiften Zustand öffnen. Tokos lieben die Früchte und Samen.

Palmen sind in Malawi mit vier verschiedenen Arten vertreten: Delebpalmen (*Borassus aethiopum*) an den Flüssen des Nordens, in der Vwaza Marsh und in Monkey Bay; Doumpalmen (*Hyphaene*) im Liwonde NP und der Elephant Marsh; Raffiapalmen (*Raphia farinifera*) im Nkhotakota Wildreservat und den Shire Highlands sowie Dattelpalmen (*Phoenix*) in den Bergregionen bei Thyolo, Viphya und Nyika.

Als **„Big Five"** bezeichnet man die Arten Elefant, Nashorn, Büffel, Löwe und Leopard. Dank der erfolgreichen Wiedereinführung von Spitzmaulnashörnern wurde das Majete Wildreservat zum ersten Schutzgebiet Malawis, in denen Besucher die berühmten Big Five wieder auf einer Pirschfahrt entdecken können.

Wer weiß allerdings schon, dass es auch die **„Little Five"** aufzustöbern gibt? In diese Rubrik besonderer Tiere fallen Rüsselspringer, Leopardenschildkröte, Büffelweber, Nashornkäfer und Ameisenlöwe.

Die Tierwelt

Malawis reiche Tierwelt ist durch den Besiedlungsdruck und die starke Abholzung in Bedrängnis. Insbesondere die 187 Säugetierarten sind fast nur noch in den Schutzgebieten sicher. Viel zu lange wurden Wilderei, illegale Abholzung, das Abfischen mit kleinen Netzen und der Wildtierhandel kaum geahndet. Doch tut sich einiges zum Positiven, seit die Regierung die Tragweite der Probleme erkannt hat, die Gesetze deutlich verschärfte und mit internationalen Naturschutzgruppen zusammenarbeitet. Vor allem die Nationalparks Nyika und Liwonde und die Wildschutzgebiete Majete und Nkhotakota werden zurzeit mit viel Engagement und finanziellem Einsatz wieder aufgebaut.

Malawis Säugetiere

Elefanten, die größten Landsäugetiere der Welt, sind außer im Lengwe NP und Mwabvi Reservat in den meisten malawischen Schutzgebieten verbreitet. Die Wilderei hat den friedfertigen Schwergewichten sehr zugesetzt, und in Parks wie dem Nkhotakota Wildreservat wurden die 1500 Elefanten auf kaum hundert Tiere dezimiert.

Doch in den letzten Jahren haben internationale NGOs wie African Parks und die Peace Parks Foundation enorme Anstrengungen unternommen, um die bedrohten Tiere zu retten und in Regionen, wo sie verschwanden, wieder anzusiedeln. So wurden durch African Parks seit 2016 mit der größten Elefantenübersiedlung aller Zeiten 500 Dickhäuter aus dem Liwonde Nationalpark in ein gesichertes Gehege innerhalb des Nkhotakota Wildschutzgebietes umgesiedelt. Auch im Nyika Nationalpark sind Elefanten wieder angesiedelt worden und treffen dort auf die letzten verbliebenen heimischen Herden.

Besonders beeindruckend ist das ausgeprägte Sozialverhalten der Elefanten, das durch lebenslange enge Bindungen der Kühe mit ihren Nachkommen geprägt wird. Alle weiblichen Tiere und Kälber leben in geschlossenen Familienverbänden. Zumeist bilden mehrere Generationen von Müttern und Töchtern eine geschlossene Herde, die von einer erfahrenen, alten Leitkuh angeführt wird. In jüngeren Jahren bleiben auch die Bullen in kleinen, lockeren Gruppen zusammen, und sie treffen die weiblichen Herden nur zur Paarung. Alte Bullen werden Einzelgänger. Elefanten gehen auffallend friedlich, liebevoll und fürsorglich miteinander um und trauern intensiv um verletzte oder getötete Artgenossen. Die massive Wilderei, der wegen der größeren Stoßzähne gerade die älteren Tiere zum Opfer fallen, hat deshalb auch eine besonders tragische Auswirkung auf die Überlebensfähigkeit des Nachwuchses. Wo früher alte Kühe 80 bis 100 Tiere anführten, müssen heute Kleingruppen aus 15 Tieren mit einer verschreckten, unerfahrenen, vielleicht nur zwanzigjährigen Leitkuh überleben. Die durchschnittliche Lebenserwartung beträgt heute nur etwa 15 Jahre, obwohl Elefanten von Natur aus 60–65 Jahre alt werden können.

Links: Begegnung am Wasserloch im Majete Wildreservat

Unten: Fußabdruck eines Elefanten; Begrüßung am Ufer des Shire River

Aufgrund des enormen Futter- und Wasserbedarfs beschäftigen sie sich rund 17 Stunden täglich mit der Nahrungsaufnahme und gehen dabei sehr achtlos mit ihrer Umgebung um. Um an die verschiedenen begehrten Pflanzenteile wie Zweige, Rinde, Wurzeln, Gras und Blätter zu gelangen, werden Bäume mitunter beschädigt, abgebrochen oder entwurzelt. Die Nahrung verwerten sie schlecht; oft werden Samen und Früchte unverdaut wieder ausgeschieden, und sie produzieren etwa 100 kg Dung pro Tag. Das macht die Dickhäuter trotz aller Zerstörung an der Vegetation gleichzeitig zu wertvollen Dienstleistern für andere Wildtiere und das gesamte Ökosystem. Sie verstreuen die Pflanzensamen, halten Bäume auf Wuchshöhen, die auch kleinere Säuger noch abfressen können, ihr Dung bietet Käfern und Vögeln Nahrung, ihren breiten Pfaden folgen auch andere Spezies, und in extremen Dürrezeiten graben Elefanten nach Wasser und schaffen so Wasserstellen, die auch anderen Wildtieren das Überleben sichern.

Nashorn

Nashörner wurden in Malawi vor langer Zeit ausgerottet, aber im Liwonde Nationalpark und Majete Wildreservat wieder angesiedelt. Dort entwickeln sich die scheuen **Spitzmaulnashörner** sehr gut. Die Tiere fressen sehr unterschiedliche Blätter und Gräser. Sie können dabei auch Pflanzen verdauen, die für den Menschen hochgiftig sind. Nashörner haben außer dem Menschen fast keine Feinde; nur selten attackieren Löwen ein Spitzmaulnashorn.

Kaffernbüffel (auch Afrikanischer Büffel) mögen Wälder, Savannen und Grassteppen in Wassernähe, weil sie täglich trinken müssen. Sie sind daher vor allem in den Parks am Shire verbreitet, im Liwonde NP und Majete WR, sie streifen aber auch durch die Wälder des Kasungu NP und Nkhotakota WR. Die Tiere sehen und hören ziemlich schlecht und müssen sich daher auf ihren Geruchssinn verlassen. Bei Gefahr rücken die Kälber und Kühe eng zusammen, während sich die Bullen schützend um sie herum stellen. Meistens reagieren sie dann mit einer überstürzten Massenflucht. Bei einem Angriff verteidigt sich der einzelne Büffel allerdings mutig, und nicht selten wird dabei der Löwe von den Hörnern verletzt oder sogar getötet.

Unten: Ein Rotschnabelmadenhacker befreit den Kaffernbüffel von Parasiten

Früher waren **Flusspferde** (auch Hippo und Nilpferd genannt) im Malawisee weit verbreitet; man sieht sie dort heute aber nur noch an wenigen Stellen. Dafür kann

Oben: Flusspferde sind gesellig und mögen Körperkontakt beim Dösen im Fluss

sich der Reisende sicher sein, ihnen im Liwonde NP und Majete NP zu begegnen, wo sie in großen Herden im Shire River leben, denn sie lieben warme, seichte Gewässer mit flachen Uferstellen und Sandbänken. Die meiste Zeit verbringen sie träge im Wasser, manchmal auch auf Sandbänken und am Ufer ruhend. Im Wasser kommunizieren Flusspferde relativ laut miteinander; sie schnauben, brüllen und wiehern umso mehr, wenn mit dem sinkenden Wasserstand die Reviergrenzen beschnitten werden. Das Maulaufreißen ist ein Zeichen der Aggression gegen Eindringlinge und Störenfriede. Ihr Lebensraum ist in feste Territorien eingeteilt, die von der jeweiligen Gruppe streng verteidigt werden. Dazu zählen auch der Uferbereich und die fest ausgetretenen Wechsel, weshalb die Tiere an Land ihr Revier ebenfalls markieren. Im Wasser tauchen die geselligen Tiere gewöhnlich regelmäßig für 2–5 Minuten unter, doch können sie in Ausnahmesituationen bis zu 15 Minuten unter Wasser bleiben. Flusspferde genießen auch die „Körperpflege" durch Fische wie Barben und Vögel wie Gelbschnabel-Madenhacker, die Parasiten von ihrer rauen Haut abknabbern. Die faserigen Flusspferd-Exkremente bilden wiederum Nahrung für Schnecken und kleinere Fischarten.

Zebra

Das **Steppenzebra** ist im östlichen und südlichen Afrika verbreitet und in sechs Unterarten gegliedert, von denen sich das Crawshay-Zebra vom Luangwatal bis auf das Nyika Plateau ausbreitete. Es besitzt von allen Unterarten die dichteste Streifung, außerdem fehlen ihm die Zahnschmelzstülpungen der Schneidezähne, was dem Safaritouristen allerdings verborgen bleiben dürfte. Im Süden leben im Majete Reservat etwa 600 Böhmzebras. Zebras wirken immerzu wohlgenährt, selbst in der späten Trockenzeit, wenn ihre Nahrung spärlich wird. Als Grund dafür werden Magensaftgase vermutet, die die Bäuche aufblähen. Ihr Gehör ist sehr gut, das Seh- und Riechvermögen schwächer ausgeprägt. Die Stuten werden in der Regel kräftiger und größer als Hengste.

Oben: Ein Crawshay-Zebra wandert im Morgennebel über die Hochebenen im Nyika Nationalpark

Impalas, die häufigsten Antilopen im Südlichen Afrika, sind auch in den malawischen Schutzgebieten mit Trockenwäldern in den Tälern und im Mopanewald weit verbreitet. Ihr Ausbreitungserfolg basiert stark darauf, dass Impalas im Gegensatz zu anderen Antilopen auch in ausgelaugtem Habitat leben können. Paviane und Kuhreiher suchen oft die Nähe der kleinen Antilopen, weil die Tiere beim Umherziehen viele Insekten im Gras aufschrecken, die zu ihren begehrten Beutetieren zählen.

Puku

Die etwa rehgroßen **Pukus** kommen nur im Vwaza GR und im Kasungu NP vor, wo sie sich aus dem sambischen Luangwatal nach Malawi ausbreiten konnten. Sie sind mit den Wasserböcken verwandt, und wie bei diesen tragen auch bei den Pukus nur die Männchen Hörner.

Wasserbock

Kleine getrenntgeschlechtliche Herden aus Männchen oder Weibchen bildet der **Gemeine Wasserbock**. Sie halten sich aufgrund ihres täglichen Flüssigkeitsbedarfs in Grassavannen und lichten Waldgebieten nahe Gewässern auf und stellen hohe Qualitätsanforderungen an ihre Nahrung aus Dauergräsern und Blättern. Es gibt zwei Unterarten. Auffälliges Erkennungszeichen des graubraunen Ellipsenwasserbocks ist sein weißer Ring um den Schwanzansatz, während der hellere Defassa-Wasserbock am Schwanzansatz einen weißen Spiegel hat. Sehr gute Sichtungen gelingen im Kasungu Nationalpark.

Fotos rechts von oben: Junge Wasserböcke; Pukubock; Kudu; kämpfende Wasserböcke zwischen Impalas

Ein ähnliches Herdenverhalten zeigen die **Großen Kudus**: Junggesellen formen eigene Verbände, ältere Böcke sind mitunter Einzelgänger, und die Weibchen bilden mit den Jungtieren zusammen eigene Herden. Die attraktiven, scheuen Antilopen sind in den Mopane- und Trockenwäldern mit schützendem Unterholz verbreitet, mögen aber auch Uferwald und steinige Berggebiete, wenn sie Deckung bieten. Männliche Tiere verhalten sich noch scheuer als Weibchen. In Gefahrensituationen flüchten Kudus frühzeitig und springen dabei mühelos über 2,5 m hohe Hindernisse. Kudus ziert eine feine, weiße Linienzeichnung über dem Rücken, und die Männchen tragen ein eindrucksvolles, bis zu einem Meter langes Schraubengehörn, weshalb sie bei Trophäenjägern begehrt sind.

Viel Freude machen die rehartigen **Buschböcke**, die man z. B. nahe den Chalets in Chelinda im Nyika Nationalpark entdeckt, wo sie ihre Deckung verlassen und gerne Touristen beobachten. Hält man an, schreiten die bildschönen, zierlichen Antilopen einfach ein paar Schritte weiter ins Gebüsch. Die mittelgroßen Antilopen leben in festen Territorien bevorzugt in dichten, schützenden Wäldern und in hohen Riedgräsern, wo tunnelartige Wechsel ihr Revier kennzeichnen. Ihr größter Feind ist der Leopard.

Oben: Klippspringer

Oben: Pferdeantilope

Oben: Warzenschwein; unten: Lichtenstein-Kuhantilope

Von der anmutigen Antilope zum hässlichen Entlein: Die ulkigen **Warzenschweine** lieben offene Grasflächen und lichte Savannen, wie sie die Uferzonen des Shire und der Lifupa-Damm im Kasungu Nationalpark bieten, wo sie mit aufgerichteten Schwänzen über den Lehmboden rennen. Innerhalb ihres Familienverbands leben sie standorttreu in festen Wohn- und Schlafhöhlen. Gerne suhlen sich Warzenschweine in Wasser- oder Schlammlöchern. Ihr Sehvermögen ist ausgezeichnet, und ihren Fressfeinden - Löwen und Leoparden - entkommen sie meist durch Flucht.

Während die tagaktiven Warzenschweine die Nächte sicher in ihren Bauten verbringen, streifen nachts scheue **Buschschweine** auf ihrer Futtersuche durchs Gelände. Sie sind weit verbreitet, aber Sichtungen sind dennoch selten.

Lichtenstein-Kuhantilopen (auch Konzi genannt) durchstreifen in einzelnen Kleingruppen die Trockenwälder im Majete Wildreservat. Beide Geschlechter tragen auffällige Z-förmige Hörner.

In Trocken- und Mopanewäldern kommen die attraktiven **Rappenantilopen** vor, sie entfernen sich aber nie weit von Bächen oder Flüssen und fressen nur Gräser, die schon mehrere Zentimeter hoch stehen.

Die verwandten **Pferdeantilopen** sind nicht ganz so anspruchsvoll bzgl. Lebensraum und Nahrung, sie mögen die offenere Vegetation der Bergplateaus wie im Nyika Nationalpark. Solche Bergtäler und Hochplateaus sind auch das bevorzugte Habitat der **Elenantilopen** (auch Eland genannt); sie sind aber zudem im Liwonde NP, Kasungu NP und Majete WR mit kleineren Populationen heimisch. Afrikas größte Antilopen werden bis zu 1000 kg schwer, weshalb die Tiere stark bejagt werden. Beide Geschlechter tragen gedrehte Hörner, erwachsene männliche

Tiere unterschieden sich aber durch einen Hautlappen an der Kehle von den Weibchen. Sie vermögen bei Hitze die Körpertemperatur um bis zu 7 Grad anzuheben.

Eine weitere Antilope, die große Herden im Nyika Nationalpark bildet, aber auch in den südlichen Nationalparks vorkommt, ist der **Großriedbock**. Er stellt spezifische Ansprüche an seinen Lebensraum, denn er benötigt Feuchtwiesen und Savannen mit hohen, deckungsreichen Riedgräsern in unmittelbarer Gewässernähe.

Klippspringer sind zierliche, standorttreue Antilopen, die in ganz Malawi verbreitet sind und sich hervorragend an das Leben in felsigem Habitat anpassen können. Sie sind die einzigen Antilopen, die auf zylindrischen Hufspitzen laufen, die ihnen einen guten Halt auf glatten Felsoberflächen gewähren. Auch ihr Fell ist ungewöhnlich dick und borstenähnlich fest, das schützt sie bestens gegen die Kälte in großen Höhenlagen wie den Nyikabergen.

Nur in sehr kleinen, zersplitterten Populationen findet man in Malawi **Oribis**, die in montanen und tropischen Grassavannen mit niedrigem Bewuchs und in Anthill-Zonen am Rande von Flutgebieten einzeln oder in Kleingruppen auftreten. Ein Identifikationsmerkmal dieser zarten, nur 20 kg schweren Antilopen sind der schwarze Fleck hinter den Ohren und die schwarze Schwanzspitze.

Eine echte Rarität sind Sichtungen einer kleinen Antilope aus der Rubrik „Entfernt Gazellenartige". Dabei ist der **Sharpe-Greisbock** gar nicht selten, allerdings mit nur 8 bis max. 16 kg und 50 cm Schulterhöhe ein leichtgewichtiger Winzling und hauptsächlich nachtaktiv, sodass er tagsüber im Schutz schattiger Büsche ruhend kaum entdeckt wird. Besonders auffällig ist sein gestricheltes Fell.

Oben: weibliche Großriedböcke

Oben: Kronenducker (S. 58); unten: Rappenantilope

Oben: Ein scheuer Nyalabock und seine Herde kommen vorsichtig zur Tränke

Einen ähnlichen Lebensraum wie der Sharpe-Greisbock mit viel schützendem Strauchwerk und Combretum-Gebüsch schätzt der **Kronenducker**, ein scheuer Einzelgänger, der sowohl tag- als auch nachtaktiv ist. Er ist nicht viel größer als der Greisbock, mit bis zu 18 kg aber deutlich schwerer und korpulenter. Die Männchen tragen kurze Hörner. Sein naher Verwandter, der **Rotducker**, bleibt mit max. 14 kg Gewicht und 43 cm Schulterhöhe sogar noch kleiner als der Greisbock.

Moschusböckchen

Die kleinste Antilope des Kontinents, das **Moschusböckchen** (auch Suni genannt), ist in ihrem Bestand stark gefährdet. Aufmerksame Beobachter können die scheuen ostafrikanischen Zwergantilopen, die mit höchstens 8 kg noch deutlich zierlicher als Greisböcke und Ducker sind, im Lengwe Nationalpark erspähen.

Nyalas

Nyalas leben in Kleingruppen in Wassernähe und sind durch ihre quer über den Rumpf verlaufenden weißen Streifen eine imposante Erscheinung. Sie ähneln ein wenig Kudus und Buschböcken, haben aber von allen Antilopen die deutlichste Linienzeichnung. In vielen Regionen wurden Nyalas ausgerottet, man kann sie aber noch im Süden Malawis im Majete Wildreservat und im Nyala Park beobachten. Dies sind die nördlichsten Gebiete, in denen Nyalas heute noch vorkommen. Sie halten sich gerne in Kleingruppen auf und sind nie fern von Wasserstellen.

Stachelschwein

Afrikanische Quastenstachler bzw. **Stachelschweine** kommen in den meisten Habitaten Malawis gut zurecht. Im Liwonde Nationalpark stehen die Chancen besonders gut, bei einer Nachtpirschfahrt auch diese friedfertigen, borstigen Nagetiere während ihrer Futtersuche aufzustöbern. Die Tiere ruhen tagsüber in geräumigen Wohnhöhlen mit mehreren Ausgängen. Ihre elastischen, spitzen Borsten, die leicht abfallen, schützen sie wirksam gegen Angriffe von Fressfeinden wie Löwen und Hyänen.

Schliefer

Die Familie der **Schliefer** umfasst die Baum-, Steppen- und Klippschliefer. Die possierlichen, kaninchenartigen Huftiere erinnern an Nagetiere bzw. übergroße Meerschweinchen mit kleinen, runden Ohren und kurzen Beinen. Doch sind die geselligen, wendigen Pflanzenfresser nach Ansicht der Taxonomen näher mit Elefanten verwandt als mit irgendeinem der Tiere, denen sie ähnlich sehen. Am häufigsten verbreitet sind die tagaktiven, possierlichen und sehr geselligen Klippschliefer.

Buschhörnchen

Die flinken, tagaktiven **Gelbfußbuschhörnchen** treten im südlichen Afrika in zehn Unterarten mit variablen Farben von grau über braun und ocker auf. Besondere Vorliebe haben die Insekten- und Pflanzenfresser für lichte Trocken- und Mopanewälder, wo sie als omnivore Nagetiere maßgeblich an der Verbreitung der Mopanesamen beteiligt sind. Am Mulanje sind **Rotschwanzhörnchen** verbreitet. Durchs nächtliche Savannengras springen vielerorts **Buschhasen,** kleine, possierliche **Rüsselratten** und **Elefantenspitzmäuse**.

In Malawi trifft man keine natürlichen Bestände an Giraffen und Gnus mehr an. Beide Arten sind jedoch in kleinen Wildparks wie dem Nyala Park und der Kuti Ranch wieder angesiedelt worden.

Unten: Steppenpaviane sind stets aufmerksam und neugierig

Primaten

Anpassungsfähig in unterschiedlichsten Habitaten, mutig, erfinderisch, sozial und intelligent zeigen sich die **Steppenpaviane** (auch Gelber Pavian genannt). Tagsüber halten sich die Paviane meistens am Boden auf und suchen dort nach Essbarem. Die opportunistischen Allesfresser sind dabei nicht sehr wählerisch und reichern ihren Speiseplan aus Früchten, Wurzeln und Samen auch gerne mit Frischfleisch wie Insekten und kleinen Säugern an. Nachts ziehen sich die exzellenten Kletterer auf Baumkronen zum Schlafen zurück. Innerhalb ihrer gemischten Gruppen aus 20 bis 80 Tieren bestehen strenge Hierarchien, die aggressiv verteidigt werden, insbesondere zwischen den bis zu 25 kg schweren Männchen.

Es wird nie langweilig, dem Treiben einer Pavianfamilie zuzusehen, denn häufiger Körperkontakt, gegenseitige Fellpflege, ausdruckstarke Mimik und allerlei Laute sind wichtige Merkmale ihrer Kommunikation. Als Warnlaut dient ein tiefes, kehliges Bellen; und Revier- und Dominanzkämpfe werden von lautem Kreischen begleitet.

Genau wie bei den **Südlichen Grünmeerkatzen**, ihren nur 4-6 kg schweren kleineren Verwandten. Diese munteren Gesellen mit den langen, dünnen Schwänzen sind in zahlreichen Unterarten weit verbreitet und leben in Trupps von bis zu 60 Tieren. Grünmeerkatzen sind tagaktiv und ausgesprochen neugierig. Sie bewegen sich am Boden und auf Bäumen gleichermaßen geschickt, fliehen bei Gefahr aber immer in die Bäume, wohin sie sich auch zum Schlafen zurückziehen. Sie sind ausgezeichnete Schwimmer, Springer und wahre Kletterkünstler. Zur Gattung der Meerkatzen zählen auch die **Diadem-** oder **Weißkehlmeerkatzen** (auch Samangoaffe und Blue Monkey genannt), die in Malawi mit drei Unterarten vertreten sind. Im äußersten Norden turnen die seltenen Moloney-Weißkehlmeerkatzen durchs Geäst, daran schließt sich der Lebensraum der Unterart *C. m. francescae* an, und im Süden des Landes, am Mulanje und bei Thyolo, bewohnt die Unterart *C. m. erythrarchus* die letzten dichten Urwälder.

Galagos aus der Familie der possierlichen Feuchtnasenaffen sind kaum je zu sehen, da sie tagsüber eingerollt auf Bäumen schlafen und nur nachts – vor allem in den ersten Abendstunden – aktiv werden. Dabei sind von den zwanzig Unterarten zwei in Malawi weit verbreitet: Der winzige Moholi-Galago, der seinen englischen Namen Bushbaby dem lauten, säuglingsartigen Geschrei verdankt, und der Großohr-Riesengalago, der besonders häufig in niedrigen Lagen wie dem Majete Wildschutzgebiet vorkommt.

Raubtiere

Einst waren sie in ganz Malawi verbreitet, doch inzwischen ist es nur noch in den Parks Majete und Liwonde möglich, **Löwen** zu entdecken. Im Gegensatz zu den anderen Großkatzen leben Löwen in festen Rudeln aus verwandten Weibchen, Jungtieren und einigen Männchen, von denen nur eines dominant ist. Die Männchen dösen bis zu 20 Stunden am Tag im Schatten der Bäume, während die Löwinnen für die Aufzucht der Jungen, das Wacheschieben und meist auch für die Jagd verantwortlich sind. Mit etwa zwei bis drei Lebensjahren vertreiben die Weibchen männlichen Nachwuchs aus der Gruppe, der dann Junggesellenrudel bildet. Die Junggesellen versuchen später, die Weibchen eines fremden Rudels zu übernehmen, indem sie den dominanten Löwen bekämpfen und vertreiben. Junge Löwen erkennt man an rosafarbenen Schnauzen, bei alten Löwen ist die Schnauze dunkel.

Oben: ein junger Löwe im Mopanegestrüpp

Fotos links: Ein Großohr-Riesengalago in der Mkulumadzi Lodge schleckt Butter; Weißkehlmeerkatzen; Grünmeerkatze

Noch weit verbreitet sind dagegen die **Leoparden**. Besonders der Nyika Nationalpark beherbergt eine außergewöhnlich große Population. Die scheuen Einzelgänger beanspruchen feste Territorien und begegnen sich nur zur Paarung. Das Weibchen wirft zwei bis drei Junge, die sie versteckt und mehrfach umsiedelt, um sie vor den feindlichen Löwen und Hyänen zu schützen. Die Aufzucht muss das Muttertier ganz allein bewältigen. Leoparden sind sehr gewandt im steinigen, steilen Gelände und ausgezeichnete Schwimmer. Ihnen gelingt es von allen Raubtieren am besten, unbemerkt in der Nähe von Menschen zu existieren.

Tüpfelhyänen sind wie Leoparden überwiegend nachts und bei Dämmerung unterwegs, wenn sie sich auf die Jagd begeben. Sie leben in Familiengruppen in markierten, festen Territorien und ziehen ihre Jungen gemeinsam in Erdbauten auf, deren Gänge so eng sind, dass nur die Jungen hineinpassen. Ihre Rudel werden stets von einem Alpha-Weibchen angeführt, danach besteht eine strenge Hierarchie aller Weibchen (jüngere Schwestern haben einen höheren Rang als ältere Schwestern), erst danach folgen die Männchen, die auch körperlich kleiner sind. Dank eines außergewöhnlichen Verdauungssystems vermögen sie ihre Beute mit Haut und Haar, Fell und Knochen zu verschlingen und zu verwerten. Aas und tote Artgenossen verschmähen Hyänen auch nicht. Ihr Kot ist leicht an seiner kalkweißen Farbe zu erkennen, die durch den hohen Knochenanteil der Nahrung entsteht.

Oben: Tüpfelhyänenwelpen sind so neugierig und verspielt wie junge Hunde

Geparden zählen zu den Kleinkatzen und beanspruchen als schnellste Landsäugetiere der Welt vegetationsarme Ebenen, Halbwüsten und Steppen. Ihre natürlichen Bestände waren in Malawi ausgerottet, bis 2017 eine Gepardenfamilie erfolgreich

Oben: Ein Löwenrudel im Majete Wildreservat während einer nächtlichen Pirschfahrt; frische Löwenspuren

nahe den Chinguni Hills im Liwonde NP ausgewildert wurde. Seither sind Sichtungen der faszinierenden Tiere wieder regelmäßig möglich.

Als Glücksmoment zu werten ist die Begegnung mit einem Honigdachs aus der Familie der Marder. **Honigdachse** kommen mit allerlei Habitaten zurecht, haben aber als übellaunige Einzelgänger einen ziemlich großen Revieranspruch, sodass sie nirgendwo in großer Anzahl leben. Sprichwörtlich ist die Aggressivität, mit der Honigdachse trotz ihrer kleinen Körpergröße sogar büffelgroße Gegner angreifen. Das Selbstbewusstsein, das die kaum 13 kg schweren Gesellen an den Tag legen, begründet sich in ihrem genialen „Kampfanzug“: Haut und Fell der Honigdachse sind so dick und lose, dass sie Kämpfe meistens verletzungsfrei überstehen, denn weder Löwenpranken noch Stachelschweinstacheln oder Giftzähne von Schlangen können diese Haut durchdringen. Außerdem sind sie immun gegen Schlangengift und überleben die Bisse von Kobra und Puffotter. Ihre eigenen Vorderpfoten haben lange Krallen, mit denen sie Feinden fürchterliche Verletzungen zufügen können. Zu guter Letzt spritzen sie bei Gefahr auch noch ein stinkendes Sekret aus den Analdrüsen - Grund genug für die meisten Tiere, den streitsüchtigen Honigdachsen lieber gleich aus dem Weg zu gehen. Die Tiere sind nacht- und dämmerungsaktiv, tagsüber schlafen sie in Erdhöhlen oder Felsspalten.

In der kühlen Jahreszeit streifen sie auch am Tag mit ihrem typischen tapsigen Gang umher. Ihren Namen verdankt die Art einer Schwäche für Bienenhonig und einem kleinen Spechtvogel, dem Honiganzeiger (*Indicator indicator*), der dies geschickt auszuspielen weiß. Der Vogel zwitschert unermüdlich auf den Honigdachs ein, bis dieser aufmerksam wird und dem Vogel folgt. Mit einer Art Stop-and-go-Taktik führt der kleine Vogel den hungrigen Marder zum nächsten Bienennest und wartet, bis dieser es aufbricht und den Honig von den Waben schleckt. Der schlaue Spechtvogel macht sich seinerseits über die Bienenlarven her.

Die fuchsähnlichen **Streifenschakale** bewohnen Erdbauten und ernähren sich hauptsächlich von Aas, Früchten, Vögeln und Kriechtieren. Sie gehen eine Lebensehe ein und ziehen die Jungen in Erdhöhlen auf. Je nach Situation entwickeln sie eine tag- oder nachtaktive Lebensweise.

Oben: junge Leoparden; Großfleckginsterkatze; Hyänenspur

Die zu den Schleichkatzen zählende afrikanische **Zibetkatze** trägt ein schwarz geflecktes Fell mit grauem Unterton. Der Schwanz ist buschig, die Hinterläufe wirken länger als die Vorderen, und ihren breiten Kopf hält eine Zibetkatze meist flach geduckt. Tagsüber versteckt sie sich in hohem Gras. Sie besitzt ein ausgezeichnetes Riech- und Hörvermögen sowie ein spezielles Dämmerungs- und Bewegungssehen. Unter allen kleineren Katzen ist sie in Malawi am weitesten verbreitet.

Eine andere einzelgängerische, nachtaktive Schleichkatze mit schlanker, niedriger Erscheinung ist die **Großfleckginsterkatze**. Ein extrem langer Schwanz, kurze Beine und ein langer Rumpf mit spitz zulaufendem, fuchsartigem Kopf sind ihre Merkmale. Das strohfarbene Fell ist von dicken schwarzen Flecken übersät, die am Schwanz in breite Streifen übergehen. Auf nächtlichen Pirschfahrten im Liwonde NP gehören Ginsterkatzen zu den häufigsten Tieren, die Reisende im Lichtkegel von Taschenlampe oder Autoscheinwerfer erspähen. Im Majete WR kommt sogar eine isolierte Population der **Angola-Ginsterkatze** vor.

Die Familie der **Mangusten** ist mit zahlreichen zumeist nachtaktiven und vielfach einzelgängerischen Arten in Malawi vertreten, z. B. Weißschwanzmangusten, Sumpfmangusten, Buschschwanzmangusten und Meller-Mangusten. Tagaktive Mangusten sind dagegen soziale Wesen, die in Gruppen leben und feste Territorien verteidigen, wie die Südlichen Zwergmangusten und die auffälligen Zebramangusten. Sie ziehen in Familientrupps von bis zu 30 Tieren innerhalb eines festen Territoriums ständig umher, wo sie selbstgegrabene Erdhöhlen, hohle Baumstämme oder ausgehöhlte Termitenbauten bewohnen. Vor allem morgens und abends sind die munteren Gesellen aktiv, vormittags sonnen sie sich gerne ausgiebig. Ihren zahlreichen Fressfeinden, größeren Raubtieren, Schlangen und Greifvögeln, entgehen die aufgeweckten und sehr mutigen Zebramangusten meist durch einen rechtzeitigen Warnruf und Flucht. Notfalls verteidigen sie sich gemeinsam gegen den Angreifer und können dabei selbst gefährliche Giftschlangen in die Flucht schlagen. Die Raubtiere sind somit Jäger und Beute zugleich und bewältigen diese Herausforderung sehr erfolgreich durch Teamarbeit. Auch die einzelgängerischen Schlankmangusten sind tagaktiv und in den Dörfern als Hühnerdiebe verschrien.

Reptilien, Amphibien, Fische

Unter den zahlreichen Reptilienarten Malawis sind Schildkröten, Schlangen, Agamen, Geckos, Warane, Glattechsen und Chamäleons zu nennen. Das intelligenteste Reptil der Welt ist auch das größte – das **Nilkrokodil**. Die bis zu 700 kg schweren Echsen sind am Shire River sehr häufig. Ihrer Beute, und das ist praktisch alles vom kleinen Fisch bis zum Büffel, lauern sie dort im seichten Uferbereich auf. Haben sie ein Opfer entdeckt, gleiten sie unbemerkt heran, stoßen mit unglaublicher Energie aus dem Wasser und schnappen zu. Dann versuchen sie, das Opfer unter Wasser zu ziehen und zu ertränken, denn Krokodile können nicht kauen. Durch Umherwirbeln um die eigene Achse reißen sie die Beute in Stücke, die sie dann herunter schlingen können. Durch diese rustikale Jagdmethode verlieren die Riesenechsen bis zu 3000 Zähne im Laufe ihres Lebens, die aber immer wieder nachwachsen. Krokodile sind sehr ausdauernd und genügsam, wenn es die Lage erfordert. So können sie mit zwei stattlichen Rissen von der Größe eines Kudus pro Jahr auskommen. Bei Bedarf arbeiten die Opportunisten durchaus auch im Team. Außerdem können sie bis zu drei Stunden unter Wasser bleiben, indem sie ihren Herzschlag

Fotos rechts: Lappenchamäleon; Fangschrecke; Spanner der Gattung *Idaea*; Edelfalter der Art *Euphaedra neophron*

Unten: Träges Nilkrokodil

auf drei Schläge pro Minute drosseln, und dadurch nur noch die lebensnotwendigen Organe mit Sauerstoff versorgt werden.

Seine Anpassungsfähigkeit erschließt dem **Nilwaran** zahlreiche Lebensräume. Er benötigt ein warmes, sonniges Umfeld und Gewässernähe, ansonsten stellt der längste Waran Afrikas (bis 2 m) kaum Ansprüche an seine Umgebung. Den Tag verbringt er in der Sonne dösend oder auf der Jagd, kann hervorragend klettern und schwimmen, bis zu einer Stunde lang tauchen und überraschend schnell rennen. Seine Beute sind Fische, Vögel, Eier, kleine Säugetiere und Gliederfüßler. Mit maximal 1,5 m Länge ist der **Weißkehlwaran** schmächtiger als sein Vetter. Seine Färbung ist graubraun, die Kehle etwas heller. Der weit verbreitete Waran lebt in Bodenlöchern.

Zum Ende der Regenzeit tauchen überall im Land **Schmetterlinge** auf, z. B. hunderte weiße und gelbe Falter aus der Familie der Weißlinge, die sich in diesen Wochen an den feuchten Schlammlöchern und Pfützen laben. Weltweit gibt es mehr als tausend Arten von Weißlingen, doch ihre größte Vielfalt und Verbreitung haben sie in Afrika. Zu dieser sonnen- und wärmeverliebten Schmetterlingsfamilie zählen auch die gelben Zitronenfalter .

Das insektenfressende **Lappenchamäleon** gilt den meisten Afrikanern als Unglücksbote, weshalb sie die Tiere meiden und niemals anfassen, obwohl sie völlig harmlos sind. Die Augen dieser faszinierenden Echsen mit Klammerfüßen und Wickelschwanz sind unabhängig voneinander frei beweglich. Ihre Beute ergreifen sie mit der blitzschnell herausschnellenden, langen Zunge. Sie haben keine Zähne und können sich nicht gegen ihre Fressfeinde verteidigen; ihre einzige

Überlebensstrategie besteht aus Tarnung. Dazu verfügen die Echsen mit den bedächtigen, wippenden Bewegungen über die einmalige Fähigkeit, ihre Körperfarbe der jeweiligen Umgebung anzupassen. 85 verschiedene Arten existieren weltweit, sieben davon in Malawi. Die meisten Arten legen Eier, doch einige wenige gebären auch lebende Junge. Weibliche Tiere werden in der Regel größer als männliche.

Von den vielen **Schlangenarten** Malawis sind nur wenige für den Menschen lebensgefährlich. Die imposante, furchterregende Schwarze Mamba ist die schnellste Schlange der Welt und wird bis 5 m lang. Sie ist olive-grau-braun gefärbt; der Name bezieht sich auf den schwarzen Rachen der gefürchteten Giftnatter. Speikobras gehören zu den wenigen Schlagen, die mit dem Kopf den Bewegungen ihres Opfers oder Gegners folgen. Sie richten sich auf und können dem Gegner auf bis zu 2 m Entfernung ein Gift direkt in die Augen spritzen. Die äußerst träge Puffotter, eine zickzackgemusterte, hochgiftige Vipernschlange, stellt bei der Fortpflanzung einen Weltrekord der Wirbeltiere auf: Sie gebärt bis zu 150 lebende Jungtiere auf einmal. Ihr größter Feind sind die truthahngroßen Kaffernhornraben, die gut und gerne ein Dutzend Puffottern pro Woche verschlingen. Sehr giftig sind auch die beiden baumbewohnenden Trugnattern Boomslang und Vogelnatter. Ungiftig ist dagegen der Südliche Felsenpython. Hühnervögel, Affen und kleinere Antilopen wie Impalas und Ducker sind die Beute dieses 5,5 m langen und bis zu 45 kg schweren Kolosses. Er umschlingt seine Opfer und tötet sie durch Ersticken. Sein Rachen, die Speiseröhre und der Magen sind weit dehnbar, um sein Opfer vollständig verschlingen zu können.

Oben: Wolfspinne; Puffotter, Siedleragame

Die meisten **Spinnen** haben nur eine Lebensspanne von etwa einem Jahr, Vogelspinnen leben dagegen bis zwanzig Jahre. Sie bauen auch keine Netze, sondern wohnen in selbst gegrabenen Bodenröhren und jagen nachts Insekten, Skorpione, Echsen und Jungvögel. Während der Regenzeit spinnen bis zu 8 cm lange, schwarz-gelbe Seidenspinnenweibchen ihre goldenen Netze allerorten in die hohen Bäume. Diese Netze sind so klebrig und fest, dass sich selbst größere Insekten und Flugkäfer daraus nicht mehr befreien können. Die Seidenspinnenmännchen sind dagegen winzig.

Spektakulärer Artenreichtum im Malawisee

Der Artenreichtum im 24 000 km^2 großen und bis zu 700 m tiefen Malawisee ist geradezu legendär; hier spielte sich die **weltweit größte Explosion der Artenentwicklung** ab. In diesem See leben 10 % aller Südwasserfische weltweit. Die meisten Spezies zählen zur drittgrößten Fischfamilie der **Buntbarsche** (Zichliden), und sind größtenteils endemisch im Malawisee. Sie sind äußerst farbenprächtig und extrem vielfältig in Bezug auf ihre äußere Erscheinung und Verhaltensstruktur. Ihre Form und Größe reicht von wenigen Zentimetern bis zu knapp einem Meter; manche sind Räuber, andere reine Vegetarier, die meisten betreiben eine sehr aufwändige Brutpflege und schützen den Nachwuchs im eigenen Maul oder in bestens gehüteten Höhlengelegen. Zu den berühmtesten zählen die Mbuna-Buntbarsche, wobei diese lokale Bezeichnung alle endemische, im ufernahen felsigen Terrain des Sees lebende Zichliden zusammenfasst.

Neben hunderten Buntbarscharten, den beliebten Aquarienfischen, kommen im See Welse wie der Kampango, Karpfenfische, Zahnkärpflinge, Salmerfische und ein Stachelaal vor. Zum Schutz ihrer Brutstätten ernannte die UNESCO den Lake Malawi Nationalpark am Südufer des Sees zum Weltnaturerbe.

Auch der Bua River, ein Malawiseezufluss im Nkhotakota Wildschutzgebiet, hat eine Besonderheit. Hier brüten Mpasa-Fische, eine in Malawi endemische Karpfenart, die in ihrem Verhalten an Lachse erinnert. Die bis zu 3 kg schweren Karpfen schwimmen zwischen April und Juni den Bua aufwärts, um dort zu laichen.

Die Vogelwelt Malawis

Ein Paradies für Ornithologen

Die Vogelwelt zählt zum Großartigsten, was Malawi zu bieten hat. Obwohl nur ein Drittel der Größe Deutschlands, leben in Malawi mehr als doppelt so viele unterschiedliche Vogelarten. Dies verdankt das kleine Land einerseits den vielfältigen Vegetationsformen und unterschiedlichen Höhenlagen, die einen außerordentlichen ornithologischen Artenreichtum zur Folge haben, und zudem seiner geographischen Lage zwischen Ost- und Südafrika. Hier kommen sowohl Vögel aus Ostafrika als auch die Spezies aus dem Südlichen Afrika vor, denn ihre Habitate überlappen sich in Malawi. So sind unter den 677 registrierten Arten etwa 10 %, die nicht im Südlichen Afrika vorkommen, sondern zu den ostafrikanischen Spezies zählen und von Norden kommend bis in die Nyika- und Viphyaberge gelangen. Darüber hinaus verbringen hier 94 Zugvogelarten von der Nordhalbkugel die Regenzeit. Aus anderen Regionen Afrikas, aus Europa und sogar aus Zentralasien und Sibirien ziehen Schwalben, Störche, Kuckucke, Waldsänger, Raub- und Watvögel nach Malawi.

Oben: Rotflügelfrankolin im Nyika Nationalpark

Besonders ergiebige Habitate zur Vogelbeobachtung sind die Bergurwälder Malawis, die Gewässer – und dort insbesondere der Lake Chilwa – sowie Dambos und Flutgebiete wie die Elephant Marsh. Die beste Jahreszeit ist wegen der vielen Migranten die Regenzeit. Die Segler sind hervorragende Langstreckenflieger und ziehen ohne Stopp in einem sehr langen Dauerflug nach Afrika. Schwalben gehen es gemütlicher an, sie brauchen mehr als zwei Monate für den Vogelzug nach Malawi. Doch nicht alle Migranten haben so weite Strecken in ihr Winterquartier zurückzulegen. Regenstörche und einige Kuckucke sind afro-tropische Zugvögel aus Nordafrika; und noch kürzere Wege legen Schwarzhalsreiher, Senegaltauben, Schwarzmilane und die verschiedenen Eisvögel wie der Graufischer zurück. Auch mehrere Raubvogelarten haben hier ihr Winterquartier, z. B. die mittelgroße graue Wiesenweihe, der Schwarzrückenfalke und die kleineren Rötelfalken.

Silhouetten von Greifvögeln

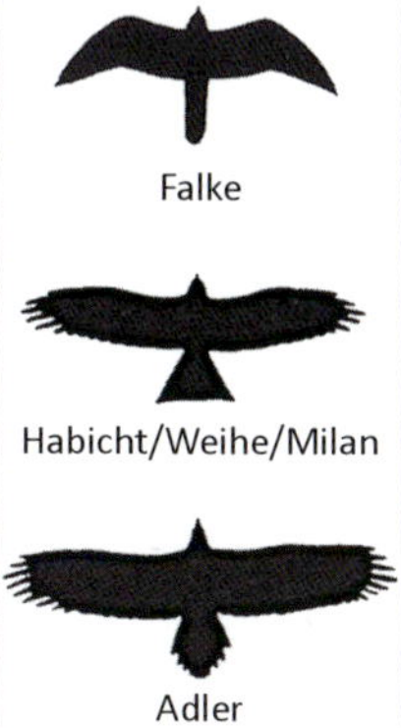

13 verschiedene Eulen, Uhus und Käuze kommen in Malawi vor und sind hierzulande mit zahlreichen Legenden und Aberglauben behaftet. Viele Afrikaner fürchten diese lautlosen nächtlichen Jäger mit Hakenschnäbeln, großen Köpfen und direkt nach vorne starrenden Augen. In Dambos und Marschen ist die Graseule verbreitet und jagt dort nach kleinen Nagetieren. In Trockenbuschsavannen lässt sich der Perlkauz manchmal auch bei Tage sehen. Diese kleinste Eule Afrikas kann Beute jagen, die viel größer als sie selbst ist, und sogar Fledermäuse im Flug fangen. Der große Fleckenuhu mit den auffälligen Federohren sitzt dagegen bei Dunkelheit häufig auf den Straßen. Dämmerungs- und nachtaktive Nachtschwalben, von denen es in Malawi sechs Arten gibt, ernähren sich von Insekten und verstecken sich tagsüber reglos und bestens getarnt im Unterholz. Nachtschwalben zu bestimmen, wird selbst für Profis zur Meisterprüfung, weil sie sich so ähnlich sehen; es gelingt meist nur über Gesangsproben.

Unten: Bindenfischeule

Sieben verschiedene Tokos sind in Malawi heimisch, und Hobby-Ornithologen sollten aufmerksam bleiben, sonst verwechselt man leicht sich ähnelnde Arten wie Blaßschnabeltokos und Grautokos. Tokos zeigen bis auf eine Ausnahme ein spezielles Brutverhalten: Die Weibchen mauern sich zum Ausbrüten der Eier in Bäumen in sog. Nesthöhlen ein, wo sie fortan durch eine kleine Öffnung von den Männchen gefüttert werden müssen. Manche Nashornvogelmütter bleiben in ihren Höhlen, bis die Jungvögel ausfliegen. Dieses Brutverhalten zeigen sowohl die Grautokos im Miombowald als auch die Rotschnabeltokos in den trockeneren Mopanewäldern. Eine Ausnahme bilden die Kaffernhornraben, denn diese mit 1 m größten afrikanischen Nashornvögel sind einfach viel zu groß, um in Baumhöhlen zu passen.

Wasservögel

Allerlei unterschiedliche Enten, Gänse, Reiher, Ibisse, Störche, Rallen, Regenpfeifer und Kiebitze, ferner Sumpf- und Teichhühner, Flamingos, Pelikane, Kormorane und Schlangenhalsvögel bilden eine beachtliche Vielzahl an Wasser- und Watvögeln für ein so kleines Land wie Malawi. Der sumpfige Chilwasee weist dabei eine deutlich größere Vogelvielfalt als der Malawisee auf, wo nur wenige Arten wie Kormorane, Schreiseeadler und Hammerkopf dominieren. Jener Hammerkopf ernährt sich bevorzugt von Fröschen und ist ein geheimnisvoller Wasservogel, dessen Klassifikation noch immer rätselhaft ist. Er baut mit bis zu 1,5 m Durchmesser die größten Einzelnester unter den afrikanischen Vögeln. Entlang des Malawisees sieht und hört man auch häufig die etwa 75 cm großen Schreiseeadler, die paarweise in Binnengewässern fischen und von ihrem Ansitz in hohen Uferbäumen das Jagdrevier überblicken.

Ornithologen haben oft bestimmte, sehr schwierig zu findende Spezies im Sinn, wenn sie nach Malawi reisen. Nicht wenige Vogelkundler scheuen weder Aufwand noch Kosten, um einmal eine Bindenfischeule (auch Pel-Fischeule genannt) in freier Wildbahn zu sehen. Der 50–60 cm große und 2 kg schwere, rotbraune Uhu ist sehr selten, doch während der Trockenzeit gehören der südliche Malawisee und das Shiretal zu den viel versprechenden Plätzen Afrikas für Sichtungen dieses attraktiven Fischfängers.

Vogelbeobachtung am Shire River

Der Shire River zählt zu den besten Tipps für Ornithologen, denn in seinen sanften, malerischen Auen lassen sich auf einer Bootsfahrt zahlreiche Wasser- und Watvögel wie Nimmersatte, Kiebitze, Reiher, Störche und Ibisse beobachten. An den Ufern und angrenzenden Marschen stehen Afrikanische Löffler, Heilige Ibisse und Sattelstörche. Nilgänse schnattern pausenlos an den Lagunen, in harmonischer Nachbarschaft mit den lauten Waffenkiebitzen und den stets aktiven, laufstarken Weißstirn-Regenpfeifern. Unauffällig und leise gehen Blaustirn-Blatthühnchen (auch Jacana genannt) ihrer Wege. Mit ihren übergroßen Füßen können sie spielend über Wasserpflanzen spazieren und dort nach Schnecken, Insekten und Krebstieren suchen. Die Väter sind allein für die Aufzucht der Jungen zuständig, während weibliche Blatthühnchen ständig nach neuen Paarungspartnern Ausschau halten.

Eine echte Rarität ist der scheue Angolapitta, der in der Regenzeit im Ufergebüsch des Shire brütet. Auch Braunmantel-Scherenschnäbel zählen zu den Favoriten der Vogelfreunde und lassen sich während der Trockenzeit bei Sonnenuntergang im Liwonde Nationalpark beobachten.

Reiher unterscheiden sich im Flug deutlich von Kranichen und Störchen, denn sie fliegen nicht mit ausgestreckten Hälsen, sondern mit zurückgezogenem Kopf. Aus ihrer Familie sind Graureiher, Mittelreiher, Silberreiher und Goliathreiher verbreitet sowie die kleineren Kuhreiher, die gerne Großwild und Antilopen Gesellschaft leisten, um aufgeschreckte Fluginsekten zu vertilgen.

Oben: Gabelracke; Rotschnabel-Madenhacker; Graufischer

Fotos links: Rotkappenschwalbe; Senegalkiebitz; Weißstirnspint

In den Nationalparks sieht man Rotschnabel-Madenhacker und Gelbschnabel-Madenhacker auf Großwild wie Büffel und Kudus sitzen, denn die Vögel ernähren sich von Zecken und Parasiten. Sie bevorzugen allerdings unterschiedliche Wirte: Während Rotschnabel-Madenhacker im Fell behaarter Wildtiere wie Kudus und Zebras nach Parasiten suchen, favorisieren Gelbschnabel-Madenhacker die glatte Haut von Büffeln und Warzenschweinen.

Bergurwälder und Hochplateaus

In den dichten Wäldern höherer Berglagen leben Prachtfinken wie der winzige Grünastrild, Grasmücken wie der Graue Bindensänger, scheue Barrattbuschsänger und die bunten, im Flug leuchtenden Glanzhaubenturakos. Gelbkehlpieper nisten nahe der Gewässer in den Bergregionen, wo auch der imposante Silberwangenhornvogel vorkommt. Auch der Spitzschopfturako mit seinem grünen Gefieder und der langen, spitzen Haube und einen rötlichen Schnabel ist hier heimisch und leicht zu verwechseln mit dem sehr ähnlichen, aber nur im bergigen Westen Malawis vorkommenden Schalows Turaco.

Nektarvögel haben besonders lange, schlanke Schnäbel, um an den begehrten Nektar blühender Pflanzen zu gelangen, und die meisten der 21 in Malawi vorkommenden Arten sind in hohen Lagen zu finden. Auf dem Nyika Plateau, wo Proteen köstliche Nahrung bieten, sind der grün schimmernde Malachitnektarvogel und der dunklere Bronzenektarvogel heimisch. Hier segeln auch Reichenowweber über die Hochwiesen, und in den feuchten Bergurwäldern gehören Füllebornwürger und Bergtrogon zu den attraktivsten Erscheinungen – der metallisch-bunt schillernde Narinatrogon brütet stattdessen in den tiefer liegenden Urwäldern, z. B. im Satemwa Tea Estate. In den nördlichen Hochgebirgswäldern findet man außerdem Fahlbauchbülbül, Gelbbauchbülbül und Olivbrustbülbül sowie unter den nachtaktiven Vertretern die Höhennachtschwalbe. Bei den Raubvögeln ist der Augurbussard dominant, und unter den Hühnervögeln das Rotflügelfrankolin.

Im Oktober jeden Jahres kündigt ein sich permanent wiederholender Dreiton-Ruf die baldige Regenzeit an. Es ist der Ruf des Einsiedlerkuckucks, einem von 19 verschiedenen Kuckucksvögeln in Malawi. Der scheue, einzelgängerische Migrant ist in der Regenzeit in Regionen über 1000 m extrem weit verbreitet. Man sieht den unermüdlichen Dauersänger selten, hört ihn aber ständig.

Dambos und Marschen

Rallenreiher und Schwarzmilane besuchen Feuchtgebiete bevorzugt als Winterquartier. Auch Kuhreiher, Nimmersattstörche, Kronenkraniche und diverse Rohr- und Zistensänger lieben diese Habitate. Die dämmerungsaktiven Wassertriele verharren tagsüber reglos im schattigen Uferdickicht an Flüssen und Dämmen wie dem Lifupa-Damm im Kasungu Nationalpark und werden dadurch oft übersehen. Nachts sind sie dafür umso auffälliger, denn ihr plötzlich anschwellender, lauter Ruf in aufsteigenden Tönen ist sehr charakteristisch.

Fotos links: .Trompeterhornvogel in Thyolo; Gleitaar in den Nyikabergen
Fotos dieser Seite: Dreifarbenwürger; Weißbrauenrötel; Buschpieper

Trockene Mopane-, Akazien- und Combretumwälder

Ornithologen entdecken in lichten Mopanewäldern häufig Wahlbergadler, Senegaltauben und die kleinen Kaptäubchen. Örtlich treten muntere Schwärme der sehr kommunikativen und sozialen Erdbeerköpfchen aus der Papageienfamilie auf. In Akazienwäldern unter 1600 m ist der Braunkopfpapagei heimisch, und in den Galeriewäldern im Liwonde NP lässt sich der hübsche Zimtroller entdecken. Bei den meisten Raubvögeln sind die Weibchen größer als die Männchen, was man ganz deutlich beim Kampfadler sieht. Der imposante Jäger erbeutet mühelos Affen, Schliefer und kleine Antilopen. Bei einem anderen Flugkünstler, dem mittelgroßen schwarzen männlichen Gaukler, sind Schnabel und Füße rot gefärbt, was die Bestimmung dieses attraktiven Adlers deutlich erleichtert. Geier kreisen hoch über Tierkadavern. Palmgeier und die größeren Weißrückengeier sind in Malawi relativ weit verbreitet, kritisch gefährdet ist dagegen der Wollkopfgeier.

Unermüdlich sind die Graufischer auf Beutezug, seltener sieht man auch den bis zu 40 cm großen Riesenfischer oder den brillant gefärbten Kobalteisvogel.

In den angrenzenden Palmenhainen hüpfen Morgenrötel zwischen den Palmblättern herum, und auf den belaubten, trockenen Böden picken Helmperlhühner Samen auf.

Ein typischer Ruf in den Trockenwäldern ist das zumeist fünf Mal hintereinander folgende Pfeifen des Orangebrustwürgers. Wo Baobabs in Mopanewäldern stehen, fühlt sich der kleine Baobabsegler wohl. Unscheinbarster Vertreter der ansonsten farbenprächtigen Turakos ist der einfarbige Graulärmvogel, der wegen seines lauten Geschreis jeden Eindringling verrät und den englischen Namen ‚Go-away-Bird' trägt. Er lebt in trockenem Busch und niedrigen Akazienwäldern, den typischen Safarigebieten. Laut zwitschernd sind in den Trockenwäldern auch die selbstbewussten dunkelblauen Meves-Glanzstare unterwegs, deren Federkleid schillernd leuchtet, wenn sie von der Sonne direkt bestrahlt werden. Mahaliweber verraten sich durch ihre zerrupften Nester in den Bäumen. Bunte Gabelracken finden sich in ganz unterschiedlichen Habitaten zurecht, was sie mit dem Trauerdrongo verbindet, der in vielen Lebensräumen Malawis heimisch ist. Dieser unauffällige kleine Vogel, schwarz glänzend mit roten Augen und einem gegabelten Schwanz, frisst sehr gerne Insekten, die große Säugetiere wie Elefanten und Büffel beim Wandern durch hohes Gras aufschrecken. Der geschickte Flugkünstler ist nicht nur ein äußerst mutiger Nestverteidiger gegen Fressfeinde aus der Luft, er fällt auch als ziemlich frecher Schauspieler aus der Reihe: Der Drongo ist ein erstaunlicher Stimmenimitator und Kleptoparasit. Er ahmt die Rufe von Greifvögeln so perfekt nach, dass alle anderen Vögel verschreckt flüchten und ihre Beute zurücklassen, die sich der kleine Betrüger dann schnappt. Wenn sich die Vögel an seine Tricks gewöhnt haben, lässt er sich einfach die Laute eines anderen Fressfeindes einfallen, und schon flüchten sie wieder vor dem angeblichen Feind. Sein Stimmen-Repertoire scheint unerschöpflich.

Fotos links: Gaukler; Steppenadler (juvenil); Trauerdrongo
Oben: Schwarzhalsreiher
Rechts: Nachtreiher

Mzuzu
S.117
Nkhata Bay
S.140
Chintheche
S.141
Likoma
S.144
SAMBIA
Mzimba
Luwawa
S.116
Lundazi
Dwambazi
Forest
Reserve
S.98
Nkhotakota
Game R.
Nkhotakota
S.102
Kasungu
National
Park
S.92
Kasungu
S.90
Ntchisi
S.96
S.106
Kuti
Senga
Bay
S.104
Salima
Thuma
S.107
Mchinji
S.89
Lilongwe
S.78
Mua Mission
S.108
Dedza
S.111
MOSAMBIK
Dzalanyama
Forest
Reserve
S.90
Fels-
zeichnungen

DAS ZENTRUM

Die Zentralregion Malawis erstreckt sich über das Hochland zwischen Sambia und dem südlichen Malawisee, beherbergt die Landeshauptstadt Lilongwe, einige Kulturzentren und Wildschutzgebiete. Die meisten Sehenswürdigkeiten in der Landesmitte sind von Lilongwe in wenigen Stunden erreichbar und werden von lokalen Reiseagenturen als Tagestouren besucht. Wer sie individuell entdecken möchte, sollte mobil sein, da öffentliche Verkehrsmittel zwar häufig in die Nähe der Sehenswürdigkeit führen, die direkte Zufahrt auf den letzten Kilometern aber nicht anbieten.

Lilongwe

Stadtplan von Lilongwe: siehe Umschlagklappe hinten!

Lilongwe ist eine auf dem Reißbrett konzipierte Landeshauptstadt. Der moderne Regierungsstadtteil mit angrenzenden Residenzvierteln wurde nach der Unabhängigkeit neben der gemütlichen Kleinstadt am Lilongwe River kreiert. Daher wirkt diese Stadt mitunter steril und wenig afrikanisch; fehlt ihr doch die Kolonialarchitektur älterer, gewachsener Städte.

Während der britischen Kolonialzeit war Lilongwe eine ländlich geprägte Kleinstadt

Ein kleiner Rückblick: Die zentrale Lage, das angenehme Klima und eine freundliche Bevölkerung gaben im Jahre 1902 den Ausschlag, einen ersten kleinen Verwaltungssitz am Westufer des Lilongwe einzurichten. Vier Jahre später ließen sich am Ostufer asiatische Händler und die „African Lakes Company“ nieder. Bald wurde eine Straße nach Fort Jameson (heute Chipata) in Nordrhodesien gebaut. Die aufblühende Siedlung, benannt nach dem gleichnamigen Fluss, entwickelte sich in den 1940ern zum landwirtschaftlichen Zentrum für den Tabakanbau. Bis zur Unabhängigkeit Malawis 1964 wuchs die Bevölkerung allmählich auf 20 000 Einwohner.

Präsident Banda erkannte rasch das starke Süd-Nord-Gefälle seines Landes, in dem bedeutsame Städte bisher nur weit im Süden lagen. Er überzeugte internationale Geberstaaten von der Notwendigkeit eines zentral gelegenen Verwaltungszentrums, und seine Wahl fiel dabei auf Lilongwe. Baubeginn für das Großbauprojekt der neuen „Capital City“, an dem sich vor allem Südafrika finanziell beteiligte, war 1969. Für die künftigen Geschäfts- und

Oben: Autorikschas im asiatischen Viertel

Regierungsviertel mussten riesige Flächen an Busch- und Waldlandschaften abgeholzt und planiert werden. Die Planer bemühten sich um den Erhalt der ursprünglichen Natur, indem sie Naturreservate und Erholungsgebiete einrichteten. Alles wurde sehr weitläufig konzipiert. Die verschiedenen Stadtviertel, die sich anfangs noch sehr stark voneinander unterschieden, wurden durch breite Straßen miteinander verbunden. 1975 wurde Lilongwe zur Hauptstadt ernannt und blieb für Jahrzehnte eine Kapitale mit sehr unterschiedlichen Gesichtern.

Der starke Bevölkerungsdruck verändert aber auch Lilongwe. Immer mehr vorab getrennte Viertel wachsen zusammen und die Gegensätze vermischen sich allmählich. Wie ein Geschwür breitet sich Lilongwe vor allem in der sog. Old Town, dem gewachsenen ältesten Stadtteil, immer weiter aus. Dementsprechend steigt der Verkehr, der sich täglich durch die Stadt quält. In der Old Town herrschen chaotische Zustände mit stockendem Verkehr, Blechlawinen, hupenden Tuk-Tuks (Autorikschas) wie in asiatischen Metropolen. In der Capital City hingegen rauscht weiterhin nur mäßiger Verkehr über die breiten Highways und aufwändig bepflanzten Avenuen, an denen die gepflegten Botschaften, Konsulate und Regierungsgebäude residieren. Und wie eine Barriere liegen das Nature Sanctuary und das Wildlife Centre zwischen diesen beiden Extremen.

Die letzte Erhebung im Jahr 2015 ergab 905 000 Einwohner, inzwischen dürfte die Millionengrenze in Lilongwe allerdings überschritten sein

Neben der politischen Klasse haben auch die allermeisten internationalen NGOs ihren Sitz in dieser Stadt. Der wirtschaftliche Motor des Landes liegt trotzdem weiterhin eher in der südlichen Metropole Blantyre.

Unten: Breit angelegte Straßenzüge sind für Lilongwe kennzeichnend

Erste Orientierung

Anstelle von Eigennamen werden in Lilongwe die Stadtviertel und Verwaltungsbezirke als „Area“ deklariert und durchnummeriert, wobei das Nummernsystem keiner geografischen Logik folgt, sondern dem Entstehungszeitpunkt. Area 1 benennt also den ältesten Kern der Stadt, Area 2 den zweitältesten u.s.w. Die ersten zehn Areas liegen noch halbwegs kompakt in der Old Town, aber dann wird es chaotisch. Area 14 liegt z. B. neben Area 40 und Area 31 am Capital Hill – über die Nummern erschließt sich die Stadt also nicht.

Als Ortsfremder sollte man sich zwei Stadtbereiche einprägen: die lebhafte Old Town an der Kamuzu Procession Road zwischen der Lilongwe City Mall und dem Golfplatz und das etwa 5 km entfernte New City Centre zwischen Independence Drive und Convention Drive, an den sich dann das Regierungsviertel auf dem Capital Hill anschließt. Verbunden werden beide Stadtteile über die Kenyatta Road, die mitten durch das Naturschutzgebiet führt. In der Old Town liegen mehrere ältere Hotels, günstige Lokale und Einkaufszentren so nah beieinander, dass man auch als Fußgänger zurechtkommen kann. Das ändert sich, sobald man die Old Town verlässt. Die kilometerlangen Distanzen zwischen einzelnen Restaurants, Banken, Botschaften, Bürogebäuden, Läden und Hotels lassen sich motorisiert besser bewältigen. Neben den Auslandsvertretungen und einigen guten Unterkünften gibt es kaum Attraktionen in der deutlich ruhigeren Capital City und der angrenzenden gehobenen Wohngegend.

Östlich des Lilongwe River gelangt man von der Old Town direkt in das lebendige, enge, vormals indisch-asiatisch geprägte Stadtviertel und zum ausufernden Markt von Lilongwe. Hier herrscht fast ständig ein Verkehrschaos. Lilongwes Altstadt und die Ausfallstraße nach Blantyre fordern von Autofahrern viel Geduld und ein robustes Nervenkostüm!

Sehenswertes

Lilongwe hat angenehme Attribute: es liegt klimatisch angenehm auf 1050 m Höhe, genießt eine gute Versorgungslage und hat einige gemütliche, gepflegte Stadtviertel, in denen es sich beschaulich wohnen lässt. Wirklich spektakulär ist die Stadt aber nicht, und die überschaubaren touristischen Sehenswürdigkeiten sind an einem Tag leicht zu bewältigen.

Reiseagenturen wie Mlambe Adventure Safaris bieten eine „Lilongwe City Tour" für etwa 60 US$ pP an

Bilder dieser Seite: Impressionen aus dem Lilongwe Wildlife Centre

Lilongwe Wildlife Centre

In Privatinitiative entstand 2008 inmitten des städtischen Naturschutzgebiets ein Wildtierzentrum, in dem ehemalige Zootiere, aufgegriffene Tierwaisen, im Straßenverkehr verletzte Wildtiere und andere geschundene Kreaturen ihren Lebensabend verbringen dürfen oder im Idealfall nach behutsamer Pflege auch wieder in die Wildnis entlassen werden können. In den zehn Jahren seit seiner Gründung hat das Projekt nicht nur hervorragendes in Sachen Naturschutz geleistet, es entwickelte sich auch durch ein attraktives Angebot für Tagesbesucher zur interessantesten Sehenswürdigkeit Lilongwes.

Zwischen 9 und 16 Uhr beginnt zu jeder vollen Stunde eine geführte Tour zu den Gehegen der Antilopen, Raubkatzen und Primaten. Diese Führung bietet z. B. die Gelegenheit, die extrem scheuen Weißkehlmeerkatzen aus der Nähe zu sehen, außerdem erfährt man dabei eine Menge interessanter Details aus der engagierten Arbeit dieses Projekts. Hinter den Gehegen schließt sich der Wilderness-Bereich mit zahlreichen Trails an, wo man frei umherwandern und nach den zahlreichen Vögeln, munteren Grünmeerkatzen, scheuen Duckern, Buschschweinen und nach Hyänen Ausschau halten kann. Hier steht auch ein Picknickplatz zur Verfügung.

Viele Besucher zieht es jedoch in das Gartenlokal beim Eingang, das auch ohne Eintritt zugänglich ist und einen weithin anerkannten Ruf genießt. Angebot und Preise stimmen; besonders beliebt ist die schicke Bar mit ihrem legeren Ambiente unter hohen Bäumen und dennoch inmitten der Großstadt.

Stadtplan von Lilongwe: siehe Umschlagklappe hinten!

Der Eingang zum Lilongwe Wildlife Centre liegt direkt an der Kenyatta Road auf halbem Weg zwischen Old Town und Capital City (mit sicherer Parkmöglichkeit). Öffnungszeiten: täglich von 8–17 Uhr, der Eintritt beträgt 4200 MK für internationale Besucher (etwa 6 US$) und 3000 MK für Residents; für Kinder jeweils die Hälfte. Kontaktadresse: Tel. 0881-788999, E-Mail centre@lilongwewildlife.org, www.lilongwewildlife.org.

Lilongwe Nature Sanctuary

Das 120 ha große Schutzgebiet für die Flora und Fauna am beschaulichen Lingadzi River trennt mitten in der Stadt die Old Town vom New City Centre. Innerhalb dieses bewaldeten Geländes liegt auch das vorab beschriebene Wildlife Centre. Während jenes prosperiert und ein richtiger Besuchermagnet wurde, dämmert das Nature Centre weiterhin still vor sich hin. Der Zugang liegt ebenfalls an der Kenyatta Road, etwas weiter nördlich auf der gegenüberliegenden Straßenseite. Es beherbergt einige kleinere Antilopen wie Buschböcke und Grauducker, Meerkatzen und Vögel, die Tiersichtungen sind aber nicht herausragend. Trotzdem ermöglicht der Besuch einen netten Spaziergang inmitten der Großstadt. Auch ein kleines Restaurant ist angeschlossen. Öffnungszeiten: täglich von 7.30–17 Uhr, sehr geringer Eintritt.

Tabakauktionen

Die Luft ist von beißendem Tabakgeruch geschwängert, unverständlicher Singsang hallt von einem Menschengewühl zwischen endlosen Ballen Tabak herüber, alle paar Sekunden setzt sich die Gruppe in Bewegung, gebannte Anspannung auf den Gesichtern der Männer, ab und zu ein Nicken, ein Handschlag, jemand kritzelt schnelle Notizen auf kleine Zettel, während der Mann in der Mitte nicht nachlässt mit seinem immerwährenden Sprechgesang – die meisten Besucher sind fasziniert von dem Schauspiel einer Tabakauktion. Das eingespielte Ritual, mit dem der Auktionator die 100-kg-Tabakballen in Sekundenschnelle versteigert, macht den Eindruck eines perfekten Chaos, in dem nur Insider durchblicken. Doch die Eile ist geboten, schließlich wechseln hier während der Saison täglich rund 13 000 Tabakballen ihre Besitzer. Berufstypisch ist der monotone Singsang, mit dem jeder Auktionator seine Ware anbietet und den Ungeübte kaum verstehen.

Fotos rechts von oben: Moderne, gut bestückte Supermärkte; Werbeschild eines Frisörs auf dem Markt; ein Verkaufstand mit Bohnen und Linsen; kopflose Schaufensterpuppen einer Boutique

Die „Lilongwe Tobacco Auction Floors" befinden sich im Auction Holdings Ltd. Warehouse in der Kanengo Industrial Area im Norden der Stadt, entlang der M1 kurz nach dem Abzweig der M14 in Richtung Salima, auf der rechten Seite; die Zufahrt ist beschildert. Auch fachfremde Besucher dürfen sich das Treiben bei den Auktionen während der Saison von April bis September ansehen (von montags bis freitags am Vormittag). Kontakt: Tel. 01-710377, www.ahlmw.com. Der Ausflug lässt sich auch bei den lokalen Reiseagenturen buchen.

Lilongwe Market – größter Stadtmarkt in der Old Town

Der überquellende, chaotische Stadtmarkt befindet sich in der Malangalanga Road im indischen Viertel (Area 2) und ist täglich geöffnet. Es gibt hier so ziemlich alles Erdenkliche zu kaufen – Berge voller Obst und Gemüse, Gewürze, Brote, getrockneten Fisch und Fleisch, Handys und Musik-CDs. Manche Händler verkaufen Werkzeuge und Metalle, in einer Ecke sitzen Schmiede und Metallarbeiter und stellen Öfen her. Selbst ein traditioneller Heiler hat hier seine Praxis. Das Gedränge, das hier herrscht, ist sicherlich nicht nach jedermanns Geschmack. Vorsicht: Wer es ausprobieren möchte, sollte keinerlei Wertsachen bei sich tragen und immer erst fotografieren, wenn die Händler ihr Einverständnis signalisiert haben.

Hotels in Lilongwe

President Walmont at Umodzi Park: Chilembwe Road, City Centre, Lilongwe 3. Tel. 01-789888, E-Mail: reservation@peermont.com, www.peermont.com. Dieser Neuzugang neben dem Kongresszentrum im Regierungsviertel gilt als einziges 5-Sterne-Hotel des Landes und richtet sich vornehmlich an anspruchsvolle Geschäftsreisende und Tagungsgäste. Mit gepflegtem Restaurant, Außenpool, Tennisplatz, Gym und Sauna. Preise: ÜF ab 140 US$/DZpP und 250 US$/EZ.

Sunbird Capital Hotel: Chilembwe Road, City Centre, Lilongwe 3. Tel. 01-783388, Fax 781273, E-Mail: capital@sunbirdmalawi.com, www.sunbirdmalawi.com. Bis das Walmont Hotel eröffnet wurde, galt dieses Business-Hotel als beste Unterkunft im Regierungsviertel. 182 großzügige Zimmer, ansprechender Poolbereich, ruhiges Ambiente. Preise: ÜF ab 140 US$/ DZpP und 253 US$/EZ.

Sunbird Lilongwe Hotel: Kamuzu Procession Road, Tel. 01-756333, E-Mail: lilongwehotel@sunbirdmalawi.com, www.sunbirdmalawi.com. Das etwas in die Jahre gekommene und überteuerte Schwesterhotel liegt in der Old Town und bietet Zimmer und Chalets in einem netten Gartengelände. Mit Restaurant, gratis WLAN, sicherem Parkplatz und Pool. Preise: ÜF ab 147 US$/ DZpP und 260 US$/EZ.

Latitude 13 Degrees Hotel: Mphonongo Road, Area 43, Tel. 01-795965 und 0996-403195, E-Mail: 13@thelatitudehotels.com, http://thelatitudehotels.com. Modernes, apartes Boutique-Hotel in der Capital City mit neun riesigen Suiten, Pool, schickem Restaurant und großem Garten. Ein recht extravagantes Hotel. Preise: ÜF ab 140 US$/ DZpP und 230 US$/EZ.

Kumbali Country Lodge: Capital Hill Dairy Farm, Plot 9 & 11 in Area 44 (neben dem Sitz des Staatspräsidenten). Tel. 09-99963402, E-Mail: kumbali@kumbalilodge.com, www.kumbalilodge.com. Diese Lodge im traditionellen Kolonialstil befindet sich auf einem großen Privatgelände am nordöstlichen Stadtrand, direkt neben dem Palast des Staatspräsidenten und rund 10 Minuten Autofahrt von der Capital City entfernt. Von der Großstadt bekommt man hier nichts mit. Die 13 Zimmern reihen sich an das schöne Haupthaus mit Bar und Restaurant und blicken auf den herrlichen Garten (mit Pool). Eine Empfehlung für Ruhesuchende. Preise: ÜF ab 120 US$/DZpP und 200 US$/EZ. Siehe auch: unser Übernachtungstipp S. 212.

Crossroads Hotel: Tel. 01-750333, E-Mail: reservations@crossroadshotel.net, www.crossroadshotel.net. Das Mittelklasse-hotel im Crossroads Shopping Complex verfügt über 81 Zimmer, Pool und Restaurant. Preise: ÜF ab 83 US$/DZpP und 145 US$/EZ.

Cluny Lodge: Plot 69, Area 9, E-Mail: bev.taale@africa-online.net, http://clunylodge.net/index.php. Das gemütliche, inhabergeführte Gästehaus liegt zwischen dem Crossroads Shopping Centre und der Old Town und bietet Zimmer unterschiedlicher Ausstattung und drei Selbstversorgerchalets. Es gibt kein Restaurant, aber Mahlzeiten werden bei Bedarf angeboten. Preise: ÜF 65–95 US$/DZpP und 100–160 US$/EZ.

Kiboko Town Hotel: Mandala Road 4/278, Old Town nahe Post Office, Tel. 01-751226, E-Mail: reservations@kiboko-safaris.com, www.kiboko-safaris.com. Freundlich geführtes, lebhaftes und bei jugendlichen Travellern sehr beliebtes Stadthotel in der Old Town; mit sicherem Parkplatz, kleinem Restaurant, Dachterrasse und 13 individuellen Zimmern. Preise: ÜF 40-54 US$/DZpP und 69-98 US$/EZ.

Woodlands Lilongwe Hotel & Campsite: Tel. 01-775200 und 0991-573214, E-Mail: reservations@woodlandslilongwe.net, http://woodlands-lilongwe.h-rez.com. Im Lilongwe Nature Reserve liegen zehn Chalets im Safaristil mit rustikalem Restaurant, großem, bewaldeten Garten und Pool. Eine tolle Lage für Naturfreunde, aber weniger ideal, wenn man nicht mobil ist. Abseits im Buschwald befindet sich auch ein ruhiger und schattiger Campingplatz. Preise: ÜF 70 US$/DZpP und 110 US$/EZ, Camping 10 US$ pP.

Heuglin's Lodge: Zomba Street, Area 43, Tel. 01-771393, E-Mail: info@cawsmw.com, http://cawsmw.com. Wie die Unterkünfte Africa House und Latitude 13 Degrees liegt auch dieses sehr beliebte und daher oft ausgebuchte Gästehaus, in dem Touristen und Expats gleichermaßen wohnen, am nördlichen Stadtrand von Lilongwe. Liebevoll eingerichtet, sehr schöner Poolbereich, hochwertige Zimmer, gute Küche und ein herzliches Management. Preise: HP 176 US$ pP.

Wendels Guest House: Umodzi Road 12/113, Lilongwe 3, Tel. 01-771771, E-Mail: wendels@africa-online.net, www.wendelslodge.com. Das inhabergeführte, gepflegte Gästehaus liegt mit acht Zimmern, Speiseraum und einem Pool im blühenden Garten am ruhigen Stadtrand der Capital City. Sehr freundliches, auch deutschsprachiges Management, familiäres Ambiente, gratis WLAN.
Preise: ÜF ab 75 US$/DZpP und 130 US$/EZ.

Annie's Lodge: Tel. 01-794572, E-Mail: lilongwe@annieslodge.com, www.annieslodge.com. Sehr gepflegtes, beschauliches Gästehaus in der ruhigen Area 10 nördlich des Capital Hill mit klimatisierten Zimmern und herzlichem Service.
Preise: ÜF 58–63 US$/DZpP, 95–105 US$/EZ. Self-Catering-Suite 120 US$/Nacht.

Africa House: Ufulu Road, Area 43, Plot Nr. 70, Tel. 0999-828687 und 01-795246, E-Mail: reservations@africahousemalawi.com, www.africahousemalawi.com. Das sehr beliebte Boutique-Gästehaus mit unterschiedlichen Zimmern, gratis WLAN und Pool liegt in einer ruhigen Wohngegend im Norden der Stadt. Mahlzeiten sind erhältlich. Hier treffen Touristen auf NGO-Mitarbeiter und Langzeitgäste. Anreise: Die Ufulu Road zweigt von der M1 an der Petroda Tankstelle am Nordrand Lilongwes rechts ab; nach ca. 1,5 km liegt die Lodge rechts.
Preise: ÜF je nach Zimmerausstattung 64–95 US$/DZpP und 89–135 US$/EZ.

Madidi Lodge: Area 9, hinter dem Crossroads Complex, Tel. 01-752661, E-Mail: info@madidilodge.com, www.madidilodge.com. Old Town (bei GPS S 13.58.39 E 33.45.02). Kleineres, etwas beengtes, aber sehr freundliches Gästehaus mit zwölf Zimmern, gratis WLAN, Pool, Spa, Gym, Restaurant und Campinggelegenheit. Preise: ÜF 30–58 US$/DZpP, 60–15 US$/EZ.

Mafumu Hotel: Area 3, Sir Glyn Jones Road/Ecke Baron Ave, Old Town. Tel. 01-750982, E-Mail: reservations@mafumu.net, www.mafumu.net. Die 30 großzügigen Zimmer dieses motelähnlichen Gästehauses sind alle mit einer praktischen Kitchenette ausgestattet und liegen in einer Gartenanlage. Mit Restaurant. Preise: ÜF 70 US$/DZpP und 120 US$/EZ.

Camping & Backpackerlodge und Selbstversorgerunterkünfte

Mabuya Camp: Livingstone Road, nahe Likuni R/A in der Old Town, Tel. 01-754978, 0998-418749, E-Mail: bookings@mabuyacamp.com, www.mabuyacamp.com. In der Old Town liegt Lilongwes beliebteste Backpackerlodge. Das Camp ist auf ein jugendliches, legeres und preisbewusstes Publikum zugeschnitten: Dormitory, Chalets, Camping, Gemeinschaftsküche, Bar, Pool und ein sehr breites Angebot an Safaris und Rundreisen. Ein Mechaniker ist zur Hand bei Autoproblemen. Preise: Chalets und A-Frames kosten 30 US$/Nacht, Zimmer mit eigenem Bad 45 US$/Nacht, Mehrbettzimmer 12 US$ pP, Camping 7 US$ pP.

Barefoot Safari Camp: Tel. 01-707346 und (SA) +27-78-6309734, E-Mail: enquiries@barefoot-safaris.com, www.barefoot-safaris.com. Diese gepflegte, gut beschilderte Chalet- und Campinganlage befindet sich rund 10 km außerhalb Lilongwes 1,8 km neben der Straße nach Mchinji und Sambia. Reisende können hier in gemauerten Chalets, einfachen Zelten oder auf den parzellierten Campingstellplätzen unterkommen. Mit Bar, Restaurant, WLAN und einem Workshop.
Preise: Chalets ab 60 US$/DZpP und ab 60 US$/EZ, Mietzelte 25 US$/Nacht, Camping 10 US$. Flughafentransfers kosten 20 US$ pP/Strecke.

Ein schönes Campinggelände bietet auch die **Woodlands Lilongwe Lodge** mitten in der Stadt (siehe S. 82).

Lilongwe Golf Club: Tel. 01-744349. Im ehrwürdigen städtischen Golfplatz mitten in der Old Town gibt es neben zahlreichen sportlichen Aktivitäten ein Restaurant; die Campingmöglichkeit auf einer umzäunten Wiese wurde 2018 allerdings eingestellt.

Praktische Informationen

Tourist Information

Eine Touristeninformation befindet sich in der Lilongwe City Mall. Öffnungszeiten: Mo–Fr von 9–17 Uhr, Sa von 9–15 Uhr und So von 9–14 Uhr. Hier liegen zahlreiche Prospekte aus, und das Personal ist Reisenden bei Unterkunftsanfragen behilflich.

Das Ministerium of Tourism, Wildlife & Culture befindet sich im Capital City Centre direkt neben der Deutschen Botschaft, ist für Touristen jedoch kaum von Interesse.

Das Department of Forestry in der Chilambula Road zwischen Old Town und City Centre bietet bei Interesse Informationen für rund 70 Waldschutzgebiete wie Mulanje, Viphya und Ntchisi.

Im Department of Survey in der Sir Glyn Jones Road, Old Town, gibt es noch einige ältere Detailkarten aller Regionen des Landes zu kaufen.

Einkaufen

Am westlichen Stadtrand von Lilongwe liegt in der Kaunda Road die neue „**The Gateway Mall**". Hier findet der Reisende neben Shoprite und Foodlovers Market mehrere Wechselstuben, Banken, Boutiquen, eine Versicherungsagentur (Old Mutual), Telefonläden, Optiker und Apotheken, Elektroläden, Fast Food Restaurants und sogar ein Kasino. Die Mall öffnet täglich von 8–20 Uhr und bietet sichere Parkplätze.

In der Old Town liegen sich die Supermarkt-Schwergewichte Shoprite, Spar, Game und Chipiku Plus in den **Einkaufszentren** City Mall, Nico Centre, Old Town Mall und Shoprite Komplex praktisch gegenüber und öffnen Mo–Sa ganztags, am Sonntag bis 13 Uhr (mit bewachten Parkplätzen). Delikatessen und eingeschweißtes Fleisch findet man beim „Bouwers Supermarket" in der Old Town Mall, der auch ein paar sichere Parkplätze bietet.

Beim Nature Sanctuary auf dem Weg in die Capital City empfiehlt sich „Foodworth" im Mantino Complex in der Kenyatta Road (bei der Total-Tankstelle). Frisches Fleisch wird dort bei Bedarf auch vakuumverpackt.

Im New City Centre befinden sich in der Tsoka Road die „Pacific Parade" und am Presidential Way der „Golden Peacock Shopping Centre". Beide Einkaufszentren sind kleiner und schließen abends früher als die Gateway Mall.

Ein Tipp für Fleischprodukte, Bäckerei- und Imprtwaren aus Südafrika ist der Großhändler Kapani im Norden Lilongwes. Dort findet man im **Carni Wors Shop** allerlei Gefrorenes und Vakuuminiertes, Kühltheken mit Frischfleisch, Obst und Gemüse, Getränke wie Bier und Wein und eine Backstube. Zufahrt: Entlang der M1 stadtauswärts, direkt nach der St. Patrick's Kirche und der Überquerung der Bahnlinie links gelegen. Mo–Fr 7.30–17.30 Uhr, Sa bis 12 Uhr.

Zur Touristeneinkaufsmeile mit ansprechenden Boutiquen und Galerien mauserte sich in den letzten Jahren die Old Town Mall. „Central Africana“ verkauft dort auch aktuelle und antiquarische Bücher und Karten rund um Afrika. Nicht weit entfernt, vor dem Post Office in der Old Town, breitet sich jeden Tag ein Open-Air-**Souvenirmarkt** aus.

Geldwechsel: Lilongwes Bankendichte ist auffallend, besonders entlang der Kamuzu Procession Road im Old Town-Zentrum und im Bereich der African Unity Ave im Capital City Centre. Die meisten verfügen über ATM-Außenschalter für Bargeldabhebungen (VISA/ Mastercard). Freie Wechselstuben wie beim Shoprite und beim Spar Shopping Centre bieten oft bessere Umtauschkurse als Banken und wechseln US$, Euro, SA-Rand und Brit. Pfund (in der Regel Mo–Fr von 8.30–16.30 Uhr und Sa von 8.30–12.30 Uhr).

Post: Das Hauptpostamt liegt in der Old Town in der Kamuzu Procession Road.

Internet-Cafés findet man rund um das Zentrum der Old Town und bei den modernen Einkaufszentren. Skyband bietet innerhalb der Stadt zahlreiche sog. Hotspots, in denen man mit einer Prepaid-Karte günstig und schnell ins Internet gelangt. Infos dazu: www.skyband.mw.

Campinggas auffüllen: Campinggas kann man bei Afrox Gas auffüllen. Der Händler befindet sich im Norden Lilongwes. Man biegt von der M1 in die M14 nach Salima, und dann sofort in die erste Straße links. Nach 300 m erreicht man Afrox Gas.

Autoversicherung und Autobedarf: Die „NICO General Insurance Company“ bietet preiswerte Kurzzeit-Autoversicherungen für Touristen mit eigenem Fahrzeug. Adresse: Nico Centre bei der Lilongwe City Mall, Old Town (neben „7 eleven“). Tel. 01-751366.

Essen gehen

Bombay Palace: Tel. 0888-202202, Old Town, City Mall nahe dem Game Shopping Centre. Unser Ansicht nach der beste Inder der Stadt, sehr authentisch und würzig. Montagmittags geschlossen.

Mamma Mia: Tel. 01-758362. Ein klassischer Italiener im Innenhof der Old Town Mall mit umfangreicher Auswahl an mediterranen Köstlichkeiten, von der Holzofenpizza bis zur Pasta, und einem sicheren Parkplatz. Montags Ruhetag.

Lilongwe Wildlife Centre: Kenyatta Road, Tel. 0881-788999. Das legere Gartenlokal beim Wildlife Centre besticht durch sein Ambiente, die lässig-coole Bar und die schmackhafte Küche. Täglich geöffnet.

Buchanan's: Presidential Way, Capital City, Tel. 01-772859. Beliebtes Grillrestaurant in einem idyllischen Garten am Stadtrand in Richtung Präsidentenpalast/Kumbali Lodge. Entspannte Atmosphäre, ruhige Lage und ein sicherer Parkplatz. Sonntags Ruhetag.

Lark Café: Four Seasons Gartencenter, Presidential Way, Area 12, Capital City, Tel. 01-222222. Das Tageslokal inmitten der tropischen Pflanzen im Gartencenter öffnet täglich bis 17 Uhr und hat einen ausgezeichneten Ruf für seine sommerliche-leichte, gesunde Küche.

Latitude 13 Degrees: Mphonongo Road, Area 43, Tel. 01-75959. Das schicke Edelrestaurant liegt im gleichnamigen Boutique-Hotel. Es gilt als das stilvollste Restaurant der Stadt und experimentiert mit einer mediterran-asiatischen Fusions-Küche. Täglich geöffnet.

Medizinische Versorgung

Lilongwe Central Hospital, Tel. 01-753555, in der Mzimba Street zwischen Alt- und Neustadt gelegen, ist das größte (staatliche) Krankenhaus des Landes.

Partners in Hope / PIH Medical Center: Tel. 01-725818. Das kirchliche Krankenhaus an der Ausfallstraße nach Blantyre hat ein hervorragendes medizinisches Labor. www.pihmalawi.com.

7th Day Adventist Health Care: Tel. 01-775680, beim Presidential Way an der Baptistenkirche im New City Centre.

Family Dental Clinic: Zahnarzt im ADL-House, Capital City, Tel. 0999-220440.

Crossroads Dental Clinic: Tel. 01-751706, im Crossroads Complex.

MARS-Flugrettungsdienst: Plot No 43-2-269 in Area 43, Tel. 01-772331.

Apotheken: Große Einkaufszentren wie Lilongwe City Mall und The Gateway haben Apotheken.

Die malawische **Notrufnummer** lautet 997, die **Ambulanz**-Nr. 998, die Polizei erreicht man unter der Nr. 990.

Immigration: Falls Sie Ihr Visum verlängern lassen müssen, finden Sie das Büro in der Murray Road, die beim Busdepot von der Kenyatta Road abzweigt (Tel. 01-722995, 754297).

Verkehrsmittel

Minibusse und Taxis

Tagsüber fahren unzählige Minibusse im gesamten Stadtgebiet umher. Bequemer ist man im Taxi unterwegs, von denen stets einige an den Einkaufszentren, am Hauptpostamt und vor den internationalen Hotels auf Gäste warten. Innerhalb der Stadt kosten die Fahrten ca. 10–15 US$ (unbedingt vorher aushandeln).In der Old Town sind zudem etliche Tuk-Tuks unterwegs.

Vitag Taxi: Tel. 01-979734/0999-944540, bietet zuverlässige Chauffeurdienste, Autoverleih und Taxi Service.

Beverly Hills Taxi Service: Tel. 0888-866426 und 0211-866426.

Central Bridge Taxi: Tel. 0999-374374 und 0888-973973.

M. Expeditions: Tel. 0999-629810.

Bus Terminal

Lilongwes Main Bus Terminal liegt an der Malangalanga Road in der Old Town neben dem städtischen Markt. Hier starten die Busse und Minibusse in Richtung Dedza, Kasungu, Mchinji, Salima oder Mangochi. Axa Coach Service ist die größte Transportgesellschaft des Landes und unterhält ein Ticket-Office in der City Mall (Tel. 01-820100, www.axacoach.com). Abfahrten gibt es sowohl vom Bus Terminal (täglich um 6, 13 und 20 Uhr nach Blantyre) als auch von der City Mall (täglich um 6, 7, 11 und 23 Uhr nach Blantyre sowie um 6, 11 und 23 Uhr nach Mzuzu).

Flughafen & Airlines

Kamuzu International Airport (Tel. 01-700811 / 700766) liegt 26 km nordöstlich von Lilongwe und ist über die M1 erreichbar. Taxis verlangen für die Fahrt in die Stadt 25–30 US$; etwa preisgleich sind die Transfers der Reiseagenturen.

Malawi Airlines: Golden Peacock Shopping Centre, Tel. 01-746600.

Kenya Airways: ADL House, Independence Drive, Tel. 01-820877.

Ethiopian Airlines: Mantino Centre, Tel. 01-776004.

South African Airways: Capital Hotel, Tel. 01-772242.

Ulendo Airlink: Game Stores, Old Town, Tel. 01-794555.

Reiseagenturen & Mietwagenverleih

Central African Wilderness Safaris: P. O. Box 489, Woodlands, Tel. 01-771393, E-Mail: info@cawsmw.com, www.cawsmw.com. Das Unternehmen besitzt mehrere Lodges und organisiert Safaris auf hohem Niveau.

Ulendo Safaris: 441 Chilanga Drive, Area 10, P. O. Box 30728, Capital City, Lilongwe 3, Tel. 01-794555, E-Mail info@ulendo.net, www.ulendo.net. Ulendo ist Buchungsagent für die M.V. Ilala und zahlreiche Hotels, organisiert Safaris und hat eine eigene Charterfluglinie.

Land & Lake Safaris: Laws Ave, Old Town, Tel. 01-757120, E-Mail: info@landlake.net, www.landlake.net. Die Reiseagentur vermittelt Unterkünfte und Mietwagen, organisiert Safaris, individuelle Transfers und betreibt die Dzalanyama Forest Lodge.

Kiboko Safaris: Mandala Road, Old Town nahe Post Office, Tel. 0999-878685, E-Mail: reservations@kiboko-safaris.com, www.kiboko-safaris.com. Das Unternehmen betreibt eigene Stadthotels und organisiert günstige Safaris und Touren.

Mlambe Adventure Safaris: P. O. Box 1375, Lilongwe 3, Tel. 0999-113389, E-Mail: info@mlambesafaris.com, www.mlambesafaris.com. Hier werden Tagestouren (Lilongwe City Tour, Kasungu NP,

Senga Bay & Kuti Park), Safaris sowie Rundreisen, Mietwagen und Transferdienste angeboten.

Malawian Style: Golden Peacock Center, Tel. 01-746449, E-Mail: info@malawianstyle.com, www.malawianstyle.com. Reiseagentur für Hotels, Lodges, Selbstfahrersafaris und Rundreisen.

AVIS Car Rental: Am Flughafen, Tel. 01-700223. Weitere Zweigstellen: Capital Hotel, Tel. 01-671495, Chilambula Road, Old Town, Tel. 01-756105. www.avis.com. Weltweit agierender Mietwagenverleiher.

Rhino Car Hire: Am Flughafen, Tel. 0845-5089845, E-Mail: info@rhinocarhire.com, www.rhinocarhire.com.

SS Rent A Car: Kamuzu Procession Road, P.O. Box 997, Old Town, Te. 01-751478, E-Mail: info@ssrentacar.com, www.ssrentacar.com. Mietwagen können auch am Flughafen entgegengenommen werden.

Sputnik Car Hire: Kassam House, Paul Kagame Highway, Tel. 01-758253, E-Mail: sputnik@sdnp.org.mw, http://www.sputnik-car-hire.mw.

Countrywide Car Hire: Am Flughafen, Tel. 01-701144, Aquarious House, City Centre, im Walmont Hotel, Tel. 01-770044, E-Mail: info@countrywidemw.com, www.countrywidemw.com.

Madidi Car Hire: : Area 9, beim Madidi Hotel hinter dem Crossroads Complex, Tel. 01-752661, E-Mail: info@madidilodge.com, http://malawi-car-hire.com.

Von Lilongwe nach Mchinji und Sambia

Oben: Tomatenverkauf vor Mchinji

Mchinji liegt 106 km von Lilongwe entfernt an der Grenze zu Sambia und ist auf der gut ausgebauten Straße schnell zu erreichen. Die Gegend ist relativ eintönig, flach und weitflächig abgeholzt; doch immer wieder sind auch Aufforstungen in dieser fast durchgehend besiedelten Region zu sehen. Einzige größere Ortschaft auf der Strecke ist Namitete, wo eine Polizeikontrolle stationiert ist, die gerne nach der Autoversicherung fragt. Kurz vor Mchinji zweigt in Kamwendo die M18 nach Kasungu ab, eine gut ausgebaute Teerstraße, die zügig durch das flache, dünn besiedelte Tabakanbaugebiet nach Norden führt.

Vorsicht: Polizeikontrolle in Namitete!

Tomatenverkaufstände kündigen die Kleinstadt **Mchinji** an. Malawis Hauptgrenzübergang nach Sambia wird von bewaldeten Hügeln umrahmt und bietet eine mäßige Versorgungslage mit bescheidenen Unterkünften, mehreren Tankstellen und zwei Bankfilialen. Der Grenzübergang Mwimi Border, 12 km westlich von Mchinji, ist Tag und Nacht durchgehend geöffnet. An der Grenzstation befinden sich Versicherungsagenturen, aber keine Bank oder Wechselstube (dafür jede Menge Geldwechsler).

Grenzübergang nach Sambia

Dzalanyama Forest Reserve

An der Landesgrenze zu Sambia erstreckt sich entlang einer 70 km langen Hügelkette ein wenig bekanntes Forstreservat, das sich zum Kleinod für Naturfreunde mauserte, seit es hier eine ansprechende Unterkunft und reizvolle Wandermöglichkeiten gibt. Denn der intakte Miombowald ist ein Vogelparadies und ein Rückzugsgebiet für scheue Ducker und Rappenantilopen; selbst Hyänen und Leoparden wurden schon gesichtet.

Unterkunft

Land & Lake Safaris (siehe S. 88) besitzt ein altes, idyllisch am Makata Stream gelegenes Forsthaus, das noch aus den Kolonialtagen stammt und nach grundlegender Renovierung heute Touristen offen steht. Hier gibt es vier Zimmer und drei Zeltchalets auf hölzernen Stelzen, außerdem besteht Campinggelegenheit. Das Haus wird zur Selbstversorgung vermietet; ein Koch ist zur Hand, um die Speisen zuzubereiten. Bei frühzeitiger Vorausbuchung kann man sich die Verpflegung auch von Land & Lake Safaris organisieren lassen. Preise: Die Zimmer werden für 30/35 US$/ DZpP und 35/40 US$/EZ angeboten (mit Gemeinschaftsbad/ensuite), die neuen Stelzenzeltchalets für 45 US$/ DZpP und 64 US$/EZ (mit individuellen Bädern). Camping kostet 8 US$ pP. Transfers ab/bis Lilongwe 50 US$ pP, Vollpension 55 US$ pP (Vorausbuchung erforderlich).

Anreise

Anreise: Der Dzalanyama-Wald liegt 60 km südwestlich von Lilongwe. Man verlässt Lilongwe von der Old Town über die Sir Glyn Jones Road in Richtung Kamuzu Damm und Likuni (S. 124), fährt weiter bis zum Dorf Malingunde und über Sinyala direkt in das Waldschutzgebiet.

Von Lilongwe nach Kasungu

Die gut ausgebaute Fernstrecke M1 verlässt Lilongwe im Norden. Nach 11 km zweigt die Teerstraße nach Salima ab (Vorsicht: nur sehr unauffällige Ausschilderung!) und nach 25 km fährt man am Internationalen Flughafen von Lilongwe vorbei. Die Abholzung ist in dieser dicht besiedelten Region weit fortgeschritten und führt zu deutlichen Erosionsschäden. Nur gelegentlich lockern Eukalyptusaufforstungen den eher herben Eindruck auf. Nach 55 km Fahrt zweigt in der lebhaften Kleinstadt Mponela die Zufahrt zum Ntchisi Forest Reserve ab (siehe S. 96).

Kasungu

Die Stadt liegt 127 km nördlich von Lilongwe etwas abseits der Fernstraße M1 zu Füßen eines weithin sichtbaren, pyramidenförmigen Inselbergs. Kasungu hat sich als landwirtschaftliches Zentrum im größten Tabakanbaugebiet des Landes einen Namen gemacht, gilt heute als die fünftgrößte Stadt in Malawi. Was man ihr nicht ansehen würde, denn das Stadtbild zeigt sich chaotisch und voller kleiner, bunt bemalter Geschäfte. Historisch bedeutsam ist, dass Kasungu die Heimat des ersten Präsidenten von Malawi, Dr. Hastings Kamuzu Banda, war. Ein alter Präsidentenpalast thront noch in prächtiger Hanglage an der Zufahrt zum Kasungu Nationalpark (siehe Foto S. 19). Ansonsten bietet die Stadt keine Sehenswürdigkeiten und nur eine einfache Infrastruktur mit People's Superette, Banken, Bäckerei und Tankstellen. Unterkunft bieten das Kasungu Inn an der Hauptstraße in Richtung Mzuzu (Tel. 01-253306, Zimmer ab 50 US$) und das deutlich modernere Chikho Hotel am südlichen Stadtrand (Tel. 01-253844, www.chikhohotel.com, mit Pool und gutem Restaurant ab 50 US$/DZpP). Nach Lilongwe besteht ein dichtes Bus- und Minibusnetz, auch die Axa-Busse nach Mzuzu halten hier.

Von Kasungu nach Nkhotakota

Die Strecke wurde zwar 2002 asphaltiert, doch die nachfolgenden Regenzeiten setzten ihr in den Steigungen und Senken der Berghänge so stark zu, dass in solchen Bereichen heute riesige Schlaglöcher zwischen Teerresten stehen. Im Steilabschnitt vom Hochland zum Malawisee hinab wurde der Asphalt inzwischen sogar wieder abgetragen.

Von Kasungu führt die Straße zunächst durch eine stark besiedelte, flache Nutzlandschaft, aus der einzelne markante Inselberge ragen, direkt nach Osten. Nach 30 km zweigt eine Straße nach Mthuntama ab, wo Malawis Eliteschule steht.

Nach weiteren 28 km erreicht man die Ortschaft Malomo; jetzt wird die Fahrt abwechslungsreicher. Schon von weitem erkennt man den bewaldeten Chipata Mountain im Nkhotakota Game Reserve. Das Schutzgebiet lässt sich leicht am fast nahtlosen Wechsel der bäuerlichen Felder zur natürlichen Waldvegetation erkennen. Die Straße durchschneidet das Wildreservat. Innerhalb des Reservats, wo der beschädigte Teerbelag wieder abgetragen worden ist, windet sich die einsame Straße durch die bewaldete Bergszenerie zur Tiefebene am Malawisee hinab. Elefantenlosung taucht jetzt mitunter auf, und am Straßenrand sieht man Perlhühner und Paviane. 23 km vor Nkhotakota beginnt wieder der Asphaltbelag. In der trockenen Ebene fährt man dann an Reisfeldern und dem kleinen Chikukutu-See vorbei und trifft schließlich an der Tankstelle von Nkhotakota auf die Nord-Süd-Fernstraße entlang des Malawisees (siehe S. 143).

Malawis Eliteschule

Nahe seinem Heimatdorf eröffnete Präsident Banda 1981 die Eliteschule Kamuzu Academy, in der britische Lehrer nach europäischem Vorbild die begabtesten und betuchtesten Schüler des Landes unterrichteten (heute kommen die Lehrer aus Malawi). Breit angelegte Straßen, gepflegte Gartenanlagen, Blumenbeete und die Straßenbeleuchtung stehen seither in starkem Kontrast zur ländlichen, verarmten Umgebung. Nationales Denkmal ist der Kachere Tree, unter dem Banda einst seinen ersten Schulunterricht genossen haben soll. www.kamuzuacademy.com

Kasungu Nationalpark

Für den Park gibt es große Pläne; so soll er mit sambischen Parks zusammen zu einem grenzübergreifenden Peace Park entwickelt werden. Doch bisher wird den Wilderern wenig entgegengesetzt. Umso mutiger ist das niederländische Projekt, das die Lifupa Conservation Lodge betreibt

Dieser leicht zu erreichende Nationalpark beherbergt eine große Vielfalt an Wildtieren und vermittelt einen guten Eindruck von der im südlichen Zentralafrika vorherrschenden Busch- und Waldvegetation. Er umfasst eine Fläche von 2100 km² und ist nach dem Nyika Nationalpark der zweitgrößte des Landes.

Der Park liegt auf einer rund 1000 m hohen Hochebene und grenzt direkt an Sambia. Schon 1922 wurde die tsetseverseuchte Region, weil für menschliche Ansiedlungen ungeeignet, zu einem Waldschutzgebiet erklärt; später zum Wildreservat und 1970 zum Nationalpark erhoben. Durch die Erfolge neuer Tsetsefliegen-Programme konnte die Plage deutlich eingedämmt werden, doch damit wuchs der Siedlungsdruck auf den Park. Und das ist bei Weitem nicht die größte Gefahr für den Park, denn wie kein anderer in Malawi leidet der Kasungu Nationalpark heute unter der massiven Wilderei.

Anreise

3 km südlich der Stadt Kasungu zweigt die beschilderte Zufahrt nach Westen ab. Der schmale Teerbelag endet bereits nach 2 km am ehemaligen Präsidentenpalast direkt am Hang eines Inselbergs (Foto S. 19). Die hier weiterführende breite und kurvige Schotterpiste verläuft durch dicht besiedeltes Gebiet voller Tabakfelder und erreicht nach 35 km den Parkeingang. Zur Lifupa Lodge sind noch 25 km Wellblechpiste zu fahren (Tipp: die kleine Parallelpiste am Lisanthu lässt sich besser fahren). Ab Lilongwe dauert die 158 km lange Anreise zur Lifupa Lodge etwa 3,5 Stunden.

Natur & Tierwelt

Die Vegetation des Nationalparks besteht überwiegend aus Brachystegiawäldern (Miombo) mit einigen sumpfigen Grasebenen (Dambos). Die zum größten Teil flache Oberflächengestalt wird nur im Westen hügelig und steinig. Dort befinden sich verschiedene Höhlen- und Felsmalereien, der „Black Rock“ und zwei alte Eisenschmelzöfen. Die landschaftlich interessanteren Regionen findet man am Lifupa-Stausee, am Lower Lingadzi River und entlang dem Lisanthu-Drive.

Nach der Regenzeit ist der Park nahezu undurchdringlich dicht bewachsen. Im Mai beginnt das systematische Busch-Abbrennen (Early Burning). Zeitgleich trocknen die kleinen Flüsse und lassen sumpfige Tümpel zurück, die in den nächsten Monaten zu staubigen Pfannen und Bachbetten werden.

Foto rechts: Pukus am Ufer des Lifupa-Stausees

Praktische Infos

Der Park ist ganzjährig von 6–18 Uhr geöffnet, der Eintritt beträgt für Ausländer 10 US$ pro Person; Fahrzeuge bis 2 Tonnen kosten 3 US$, über 2 Tonnen 5 US$. Höchstgeschwindigkeit im Park: 40 Km/h. Für die meisten Wegstrecken abseits der Hauptpiste zur Lifupa Lodge ist ein Allradfahrzeug mit Bodenfreiheit empfehlenswert; nach Regenfällen sogar erforderlich.

Ehrliche Tipps für Pirschfahrten

Der Kasungu NP zählt leider nicht zu den Parks, deren Vegetation und Szenerie einen adäquaten Ausgleich für mangelnde Tiererlebnisse auf den Pirschfahrten bieten. Viele Wege im Park führen durch dichten Busch; und das Wegenetz ist teilweise fast zugewachsen. Wir empfehlen daher, individuelle Pirschfahrten auf die weniger dicht bewachsenen Wasserläufe zu beschränken und sich ansonsten am Lifupa-Stausee „auf die Lauer“ zu legen. Dort bestehen bessere Chancen, Elefanten, Büffel, Warzenschweine und Vögel zu beobachten, weil sich die scheuen Tiere inzwischen immer näher an die Lodge heran wagen.

Unterkunft

Einzige Unterkunft im Kasungu Park ist die ältere Mittelklasse-Bungalowanlage **Lifupa Conservation Lodge** direkt am Stausee, die über 16 gemauerte Rundhütten, einen weitläufigen Campingplatz mit Safari Huts und ein vegetarisches Restaurant mit Aussichtsterrasse verfügt. Von 2005 bis 2010 war sie von deutschen Pächtern betrieben worden, danach eine Zeit lang geschlossen und seit Ende 2011 kämpft das niederländische Entwicklungshilfeprojekt „Act to Protect“ unermüdlich und engagiert gegen die Wilderei und für den touristischen Wiederaufbau des vernachlässigten Parks. Die Betreiber sind Überzeugungstäter, und so gehören auch Yoga-Stunden und vegane Kost zum Angebot. Kontakt: Tel. 0999-768658, E-Mail: info@lifupa.com, www.lifupa.com.

Preise: Die Rondavels haben 2–4 Betten und kosten 150 US$ pro Nacht, die spartanischen Safari Huts 25 US$ pro Nacht, eine Übernachtung im Dormitory 18 US$ und Camping 12 US$ pP. Mahlzeiten werden allen Gästen angeboten, ein Dreigangmenü kommt auf 10 US$. Bei den Aktivitäten stehen die begleiteten Game Walks für 8 US$ pP, die fünfstündigen Pirschfahrten für 50 US$ pP (inklusive Lunch) und der Sonnenuntergang am Black Rock für 20 US$ pP hoch im Kurs.

Der Campingplatz schließt sich ein paar hundert Meter hinter der Lodge am flachen Seeufer an. Caretaker betreuen diesen Selbstversorgerbereich, schüren Feuer und sorgen abends für eine heiße Dusche in den älteren, bescheidenen Sanitäranlagen. Daneben steht ein Aufenthaltsgebäude mit Küche (ohne Kochutensilien). Nachts wird es idyllisch, wenn die Frösche im Stausee quaken. Manchmal hört man hier auch Hippos und Hyänen.

Die Szenerie am Stausee ist von einer stillen, melancholischen Schönheit

Die artenreiche **Tierwelt** leidet schon lange unter starker Wilderei. Im Kasungu NP lebte einst die größte Elefantenpopulation Malawis – geschätzt mehr als tausend Tiere - doch ihre Zahl ist auf weniger als hundert verschreckte Dickhäuter geschrumpft. Zebras sind in kleinen Herden vorhanden. Im Stausee halten sich noch ein paar Flusspferde, aber keine Krokodile mehr auf. In Ufernähe weiden Pukus und Impalas; und die Elefanten, Schakale und einzelne Buschböcke kommen regelmäßig zum Trinken an das Seeufer. Im buschigen Hinterland trifft man auf Kudus, Steinantilopen und Ducker. In dichteren Wäldern leben Büffel und scheue Pferde-, Rappen- und Elenantilopen, doch die Herden werden von den Wilderern zunehmend ausgedünnt. Die letzte Tierzählung ermittelte drei Löwen, zahlreiche Leoparden, Hyänen und sogar ein Rudel Afrikanischer Wildhunde im Park. Unter den rund 200 bekannten Vogelarten entdeckt man am Stausee oft Sattelstörche, Klunkerkraniche, Schreiseeadler, diverse Kiebitze und Reiher.

Die Wildhüter vermitteln den Eindruck, sich wenig für die Parkbelange zu interessieren

Besorgniserregend ist das Parkmanagement: Beim Airstrip lebt inzwischen ein ganzes Dorf mit Schule und Workshop, weil die Scouts ihre Familien bei sich haben wollen. Dass trotz dieser Präsenz im Park so stark gewildert werden kann, ist schwer nachvollziehbar. Und gegen die zunehmende Abholzung der Miombo-Edelhölzer, die mit Lkws aus dem Park gebracht werden, geht bisher auch niemand vor. Es gab bis vor wenigen Jahren auch andere Parks in Malawi, die dieses Schicksal teilten. Seit African Parks dort das Management übernommen hat, entwickeln sie sich zu Musterparks und helfen der Tierwelt, sich wieder zu erholen. So bleibt zu hoffen, dass internationale NGOs ihr Augenmerk auch bald auf den Kasungu Nationalpark richten mögen.

Rechts: Beschilderung im Park; Impalaherde

Unten: Die Bungalows in der Lifupa Conservation Lodge

KANGWA CAMP 72.KM
KAPUSI CAMP 41.KM
DWANGWA CAMP 20.KM
MIONDWE CAMP 20.KM
BLACK ROCK 6.KM
LOWER LINGADZI CIR-
CUIT 32KM
LIFUPA LODGE 4KM

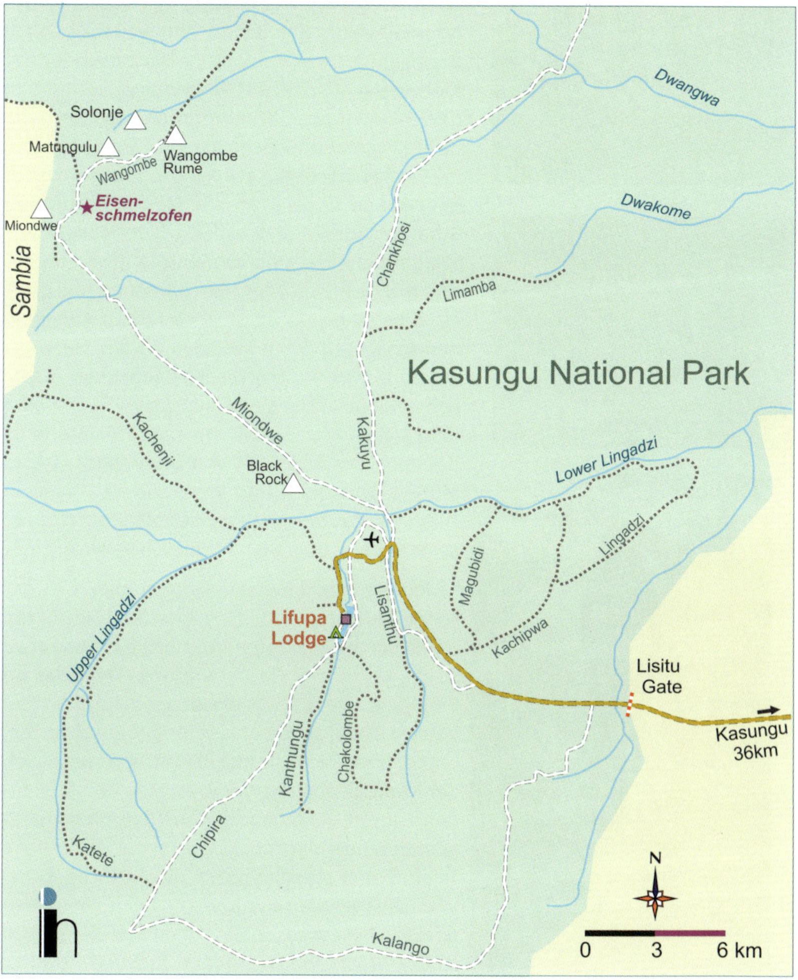
Kasungu National Park
Solonje
Matungulu
Wangombe
Wangombe Rume
Eisen-schmelzofen
Miondwe
Sambia
Dwangwa
Dwakome
Chankhosi
Limamba
Miondwe
Kachenji
Kakuyu
Black Rock
Lower Lingadzi
Lingadzi
Magubidi
Lisanthu
Kachipwa
Lifupa Lodge
Upper Lingadzi
Kanthungu
Chakolombe
Lisitu Gate
Kasungu 36km
Katete
Chipira
Kalango
N
0
3
6 km

Ntchisi Waldreservat

Der 75 km² große Staatsforst lehnt sich an den 1705 m hohen Ntchisi Mountain und schützt die letzten natürlichen Bergurwälder dieser sonst von zügelloser Abholzung betroffenen Region. Der Berg gehört zum ostafrikanischen Grabenbruch, seine Ostflanken fallen allmählich bis zum 1200 m tiefer liegenden Malawisee ab, und so gewährt das Waldgebiet stellenweise weite Ausblicke in das Tiefland. In den tieferen Lagen, dort, wo auch die Ntchisi Forest Lodge liegt, bedecken dichte Miombowälder den Boden; erst weiter oben am Berg gehen diese in montane Bergurwälder mit Kletterfeigen, Aufsitzerpflanzen und Flechten an den Bäumen über. Wandert man hier durch die dichte Vegetation, erscheint es wie ein Abtauchen in eine fremde Welt. Zahlreiche inzwischen selten gewordene Vogelarten wie Narinatrogon und Schalows Turako und auffällig laute Sänger wie Weißbrauenrötel und Kronentoko (Foto unten) sind hier heimisch. Allerorten zwitschert und pfeift es, aber es gelingt meist nur geübten Augen, in den schattigen Grüntönen des Waldes die Vögel auszumachen. Aufmerksame Beobachter erspähen mitunter auch einen Blauducker (*Philantomba monticola*) oder Buschschweine im Unterholz. Während der Regenzeit von Dezember bis April blühen Orchideen und viele andere Pflanzen, zudem setzen tausende schillernde Schmetterlinge Farbtupfer im undurchdringlichen Wald.

Mehrere Wanderwege beginnen direkt an der Lodge und sind vorbildlich markiert. Sie führen zuerst durch den dichten Miombowald. Nach etwa 3 km erreicht man die immergrünen Urwälder am Berghang. Um sich von dieser beschaulichen Szenerie in klarer, sauberer Luft bezaubern zu lassen, braucht man nicht einmal zu wandern, denn auch der Ausblick von der Veranda über den blühenden Garten bis hinab ins dunstige Tiefland ist atemberaubend schön. Es gibt weder WLAN noch Telefon, und so stört nichts die herrliche Ruhe. Weißkehlmeerkatzen turnen in den hohen Ästen direkt an der Lodge umher, ziehen sich aber schnell zurück, wenn sie sich entdeckt fühlen.

Anreise

Wie auf S. 90 beschrieben, zweigt in Mponela die Zufahrt zum Ntchisi Forest Reserve ab. Nach 33 km entlang einer guten Teerstraße erreicht man den 1400 m hoch gelegenen Ort Ntchisi mit Tankstelle und modernem Distrikthospital. Ab hier wird die deutlich ausgeschilderte restliche Zufahrt zur 27 km entfernten Lodge zur stellenweise ruppigen, steilen Piste (für Pkws nicht zu empfehlen). Dafür gelangt man in eine malerische Szenerie. Zwischen den vielen Feldern liegen kleine, pittoreske Dörfer mit grau getünchten Häusern, eimerweise werden dort am Straßenrand Süßkartoffen verkauft. Die Menschen sind freundlich, die Kinder scheu. Je näher man der Lodge kommt, umso steiniger und steiler wird die Strecke. Die 120 km lange Gesamtstrecke von Lilongwe dauert ca. 3 Stunden; die Lodge bietet auch Transfers ab Lilongwe für 135 US$/Strecke an. Alternativ kann man bis Ntchisi fahren, dort den Wagen sicher unterstellen (10 US$) und sich für 30 US$ von der Lodge abholen lassen.

Weiterfahrt ab Ntchisi: Die 30 km lange Strecke von Ntchisi nach Malomo an der Kasungu-Nkhotakota-Road (M18) ist in einem sehr schlechten Zustand und erfordert ein Allradfahrzeug.

Unterkunft

Hinter dem Namen **Ntchisi Forest Lodge** verbirgt sich ein historisches Landhaus, das zum heimeligen, individuellen Gästehaus ausgebaut wurde und heute als Geheimtipp für Ruhesuchende, Wanderer und Naturfreunde gehandelt wird. Errichtet wurde das Haus 1914 vom britischen Distriktverwalter John Canyon, der sich aus den heißen Niederungen hierher zurückzuziehen pflegte. Später unterstand es der Forstbehörde, bis es in den 1970ern privatisiert wurde und mehrere Besitzer sich abwechselten. Seit 2013 ist es in Besitz einer niederländischen Familie aus Lilongwe. Im Haus werden fünf Zimmer vermietet, unterhalb des Hauses am bewaldeten Hang geräumige Hauszelte auf Holzplattformen und ein modernes, uneinsichtiges Chalet mit Kaminfeuer und Panoramafenster, Forest Cabin, genannt.

Auf der Wiese im Garten vor dem Haus gibt es solarbeheizte Duschen und Toiletten für Camper (keine Feuerstelle/Küche/Strom); die Fläche eignet sich für mehrere kleine Zelte und ein Fahrzeug. Weil die Lodge klein und auch bei den Expats in Lilongwe sehr beliebt ist, sollte man hier stets vorreservieren.
Das Personal ist sehr herzlich, insbesondere Alberto, der Koch. Im Juni und Juli kühlt es nachts oft auf 4 Grad ab, zur Mittagszeit erwärmt es sich trotzdem auf etwa 20 Grad. Kontakt: Tel. 0999-971748 und 0886-024833, E-Mail: reservations@ntchisiforestlodge.com, www.ntchisiforestlodge.com. Preise: Zimmer mit Halbpension kosten je nach Größe 90–110 US$/DZpP und 110–150 US$/EZ. Stelzenzelte mit HP 75 US$/DZpP und 90 US$/EZ, die Forest Cabin mit vier Betten und HP 140 US$ pP. Camper bezahlen 10 US$ pP.

Nkhotakota Wildreservat

Mit 1800 km² ist das älteste Wildreservat Malawis auch das größte. 1935 war zunächst ein Waldreservat eingerichtet worden, doch 19 Jahre später wurde es in ein Wildschutzgebiet umgewandelt, führte seither allerdings ein stiefmütterliches Dasein. Erst seit wenigen Jahren existiert hier überhaupt ein touristisches Angebot, und den wenigen Besuchern zeigte sich das Nkhotakota Game Reserve bisher weitgehend als eine unentwickelte, einsame Wildnis. Das machte es den kommerziellen Elefantenwilderern allerdings auch recht einfach, und so verschwanden mehr und mehr der einst 1700 Dickhäuter, ohne dass es beachtet worden wäre. Bis die Situation dramatisch wurde und zum Handeln zwang. Im Sommer 2015 übernahm African Parks (www.african-parks.org) für die nächsten zwanzig Jahre das Parkmanagement, nachdem die NGO schon seit Jahren im Majete Wildreservat erfolgreich war. Bis zu diesem Zeitpunkt hatten nur noch 110 Elefanten im Park überlebt. Und nun begann die **größte Elefantenübersiedlung aller Zeiten**, bei der 500 Dickhäuter neben 600 Antilopen aus dem Liwonde Nationalpark und dem Majete Wildreservat umgesiedelt wurden. Gleichzeitig wurde der Park elektrisch umzäunt – eine unumgängliche Aktion, liegen die Dörfer doch bereits in Sichtweite des Parks. Dann tauschte das neue Management die meisten Wildhüter aus, die sich teilweise der Zusammenarbeit mit den Wilderern, zumindest aber des tatenlosen Zuschauens verdächtig gemacht hatten. Die neuen Wildhüter, leidenschaftlich engagierte und stolze African-Parks-Mitarbeiter, werden seither mit vernünftigen Uniformen, Schuhen und GPS-Geräten ausgestattet und auf regelmäßige Patrouillen geschickt. Daraufhin ist die Wilderei vollständig zurückgegangen. Wilderer aus den umliegenden Gemeinden haben seither mehr als hundert Schusswaffen freiwillig oder unter Strafandrohung an die Wildhüter ausgehändigt. Um die Bevölkerung, vor allem die junge Generation, für den Tier- und Naturschutz zu begeistern, wird am Parkeingang derzeit ein Education Centre mit dem Grundriss eines Elefanten errichtet.

Natur & Tierwelt

Das Reservat dehnt sich zwischen dem zentralen Hochland und der Tiefebene am Malawisee aus. Die steilen Berghänge sind dicht bewaldet, was die Tierbeobachtung erschwert. Vorherrschende Vegetationsformen sind Brachystegia- und Julbenadia-Wälder (Miombo) und immergrüne Waldzonen mit zahlreichen Raffiapalmen. Aufsitzerpflanzen sind verbreitet. Am Chipataberg findet man noch Reste immergrünen Bergregenwaldes. Mehrere Flüsse wie Dwangwa und Bua bewässern die Wildnis und strömen schließlich in den Malawisee. Hier brüten die begehrten Mpasa-Fische, eine in Malawi endemische Karpfenart, die in ihrem Verhalten an Lachse erinnern, denn sie schwimmen zwischen April und Juni den Bua aufwärts, um dort zu laichen. In dieser Zeit können dort bis zu 3 kg schwere Exemplare gefischt werden.

Fotos links: Kanufahren auf dem Bua River; Wasserböcke am Airstrip; Wildhüter
Fotos dieser Seite: Impressionen im Park

Unten: Tongole Lodge; Muta Falls am Ende der Trockenzeit, wenn die ausgewaschenen Felsen größtenteils frei liegen

Der Bua, Malawis zweitgrößter Fluss, bildet auf seinem Abstieg zum See zahlreiche Stromschnellen und Wasserfälle, von denen die **Muta Falls** die größten sind. Dort trägt ein flacher Felsen den Namen **„Livingstone Rock“**, denn angeblich habe der Forscher dort auf seiner Wanderung zur Bua-Quelle genächtigt. An den Ufern des Bua kann man bei einer Kanutour auch eine botanische Besonderheit entdecken, die bis zu 2 m langen Samenschoten des Afrikanischen Traumkrauts (siehe S. 49).

Interessante Erfahrungen sammelten die Tierforscher beim Eingliedern der 500 Elefanten aus den anderen Parks

Als die 500 Elefanten 2016 und 2017 ins Wildschutzgebiet übersiedelt wurden, fanden sie dort zunächst Obhut in einem eigens eingerichteten 16 000 ha großen Schutzbereich, damit sich die sensiblen Tiere vom Stress erholen und eingewöhnen konnten. Von den verbliebenen heimischen 110 Elefanten waren damals 20 mit den Neuankömmlingen zusammen im Schutzbereich eingeschlossen worden. Und diese „alten Hasen“ halfen nun den verunsicherten Immigranten, sich hier zurechtzufinden, sich auf das veränderte Nahrungsangebot einzustellen, die vorhandenen Pfade kennenzulernen, sprich: sie wurden zu Leittieren und beschleunigten so die Eingewöhnungsphase. Ähnlich gute Erfahrungen wurden später auch im Nyika Nationalpark gesammelt (S. 122), wo derzeit ebenfalls wieder Elefanten eingegliedert werden.

Am Airstrip sind oft Wasserböcke zu sehen, und Klippspringer mögen das Habitat an den Muta Falls. Dort sieht man auch häufig Fischadler (Osprey) und Palmgeier, nur zwei der mehr als 280 registrierten Arten in diesem Gebiet. Entlang des Bua Rivers halten sich Elefanten, Paviane und Buschböcke auf. Die Flusspferde im Bua wurden ausgerottet, sollen aber nach aktuellen Plänen wieder angesiedelt werden. Krokodile sind dagegen zahlreich. Jenseits des Flusses sind die Wildtiere im dichten Miombowald eher schwer zu entdecken. Den Zählungen zufolge leben hier neben den Elefanten auch auch noch Büffel, Leoparden und Hyänen.

Am Chipata Mountain sind Weißkehlmeerkatzen in den montanen Urwäldern verbreitet.

Anreise

13 km nördlich von Nkhotakota liegt direkt hinter dem Lozi Trading Centre der deutlich beschilderte Zugang zum Wildschutzgebiet. Die 8 km lange Piste führt durch ein paar kleine Dörfer direkt zum Parkeingang. Von dort gelangt man nach etwa 4 km an eine beschilderte Gabelung, an der es rechts zur Bua River Lodge geht (4,5 km) und links zur Tongole Wilderness Lodge (17 km) und dem Kachenga Camp.

Preise

Der Tageseintritt beträgt 10 US$ pP, 3 US$ für Fahrzeuge bis 2 Tonnen, 5 US$ bis 5 Tonnen und darüber 10 US$. Angeln kostet 10 US$ pro Tag, die Begleitung eines Wildhüters ebenfalls. Beste Saison zum Fischen: April bis Juni, zum Wandern: Juli bis Anfang Oktober.

Unterkunft

Tongole Wilderness Lodge: Tel. 01-209194 und (UK) +44-208-1230301, E-Mail: reservations@tongole.com, www.tongole.com. Die halboffene Architektur der exklusiven Öko-Luxuslodge gehört zu den romantischsten Safari-Designs in Malawi. Alle vier Suiten liegen weit verteilt auf Stelzenplattformen am Bua River und sind sowohl äußerst großzügig geschnitten als auch geschmackvoll und komfortabel mit Naturmaterialien eingerichtet (mit riesiger Veranda, Handy-Ladestation, Walk-in-Moskitonetzen, Regendusche und Badewanne). Die Aktivitäten sind nicht fix, sondern richten sich nach den Vorlieben der Gäste. Beschauliche Kanufahrten und Bush Walks entlang des Flussufers sind besonders zu empfehlen, zudem kann man hier angeln und Pirschfahrten unternehmen; großes Augenmerk wird dabei auf die Ornithologie gelegt. Sehr gute Küche (Wahlmenüs), edles Fine-Dining-Ambiente am Abend mit tausenden Fröschen, die im Fluss klicken und quaken – ein idealer Platz zum Entspannen auf hohem Niveau. Zufahrt: siehe Bua River Lodge. All-inclusive-Preise: je nach Saison 365–435 US$/DZpP und 365–630 US$/EZ. Transfers ab Lilongwe (ab 2 Personen, jeweils pro Strecke): per Flug 210 US$ pP, im Auto 150 US$ pP. Siehe auch: unser Übernachtungstipp: S.214.

Kachenga Camp: Die Betreiber der Tongole Lodge haben 2017 ein Selbstversorgercamp eröffnet, das nur wenige Kilometer entfernt auf einer Lichtung im Miombowald liegt und mehrere gemauerte Bungalows und Camping mit modernen Sanitäreinrichtungen bietet. Preise: Übernachtung 60 US$ pP, mit ÜF 70 US$ pP, mit HP 82 US$ pP, mit VP 92 US$ pP, EZ-Zuschlag jeweils 40 %. Camping 10 US$ pP. Pirschfahrten können ab 2 Personen für 25 US$ pP gebucht werden, Bush Walks für 20 US$ pP.

Bitte beachten: Der Elektrozaun von African Parks, der das Elephant Sanctuary innerhalb des Parks schützt, verläuft aktuell noch zwischen dem Parkeingang und der Tongole Lodge bzw. dem Kachenga Self Catering Camp; das umzäunte Gebiet soll aber noch 2018 so weit vergrößert werden, dass beide Camps innerhalb des Elephant Sanctuaries liegen. Individuell anreisende Gäste müssen bis dahin vor der Anreise die Tongole Lodge kontaktieren, damit ihnen jemand bei der Anreise den Zaun öffnet.

Bua River Lodge: Tel. 0995-476887, E-Mail: buariverlodge@gmail.com, www.buariverlodge.com. Dieses individuelle, beschauliche Idyll am Ufer des Bua Rivers steht seit 2018 unter neuem Management und wird aktuell deutlich ausgebaut; die künftigen Preise wurden bis zum Redaktionssschluss aber noch nicht veröffentlicht. Viele Vögel und Geckos.

Chipata Camp: Früher gab es einen kleinen, rudimentären Campingplatz am Hang des Chipatabergs, von dem aus Wanderungen zu den Urwaldresten an der Bergspitze unternommen wurden. Das Camp ist inzwischen verfallen, man kann es jedoch noch aufsuchen, wenn man völlig autark ist. Die 7 km lange, unbeschilderte Allradzufahrt zum Chipata Camp beginnt 600 m westlich der Wildhüterschranke an der Straße nach Kasungu.

Nkhotakota

Oben: Der Malawisee ist in Nkhotakota häufig stürmisch

Fotos rechts: Einspurige Holzbrücke auf der Strecke nach Salima; Trockengestelle für sardinenartige Fische aus dem Malawisee

Die schläfrige Hafenstadt war einst der bedeutendste Umschlagplatz für Sklaven am Malawisee und zu dieser Zeit vermutlich auch das größte Dorf Zentral- und Südafrikas. Damals wurden jedes Jahr zehntausend Sklaven durch Nkhotakota geschleust. 1863 lagerte David Livingstone, der die Sklaverei verabscheute, dort unter einem Baum, der angeblich heute noch steht. Manchmal werden auch die über hundert Jahre alten Kapokbäume der Stadt und ihr islamisch-arabisches Flair gerühmt, doch täuschen sie nicht darüber hinweg, dass Nkhotakota heute eine recht verfallene, vermüllte Stadt ist. Die meisten Reisenden kommen daher auch nur wegen der Ilala hierher, die den einsamen, beschädigten Landungssteg von Nkhotakota regelmäßig anläuft.

Zahlreiche Unterkünfte in diesem Seebereich

Etwa 12 km südlich von Nkhotakota reihen sich an den oft windgepeitschten Stränden des Sees mehrere Ferienresorts aneinander. Sie haben jeweils eigene rund 4 km lange Stichzufahrten, weil es keine durchgehende Piste entlang des Seeufers gibt. Viele dieser Anlagen wirken unfertig oder dem langsamen Verfall preisgegeben, manchmal öffnen sie auch nur bei Bedarf.

Szenenwechsel auf der Weiterfahrt

Die weitere Strecke nach Salima verläuft durch sehr flaches, stark besiedeltes und weitflächig abgeholztes Gebiet. Sie führt an der intensiv zur Fischerei genützten Chia-Lagune vorbei, wo Vogelfreunde durchaus interessante Beobachtungen machen können. Leberwurstbäume, Baobabs und Baumwollfelder bestimmen nun das Landschaftsbild. Zudem fallen viele Moscheen auf und verschleierte bzw. mit Kopftüchern bekleidete Frauen, denn dies ist das Siedlungsgebiet der Yao, die seit dem Einfluss der swahili-arabischen Sklavenhändler mehrheitlich dem muslimischen Glauben angehören. Nach gut 100 km trifft man auf die Straße zwischen Lilongwe und Salima (8 km).

Übernachtungsgelegenheit am Hafen

Sitima Inn: Tel. 0999-260005, E-Mail: sitimainn@gmail.com, http://sitimainn.com. Das renovierte Gebäude, ein ehemaliges Government Resthouse, bietet Zimmer, Campinggelegenheit und eine legere Bar. Preise: ÜF im Zimmer mit Bad 30–38 US$/DZpP und 40–75 US$/EZ, Zimmer mit Gemeinschaftsbad 18 US$/DZpP und 25 US$/EZ, Übernachtung im Dormitory 10 US$ pP, Camping 10 US$ pP.

Unterkunft südlich von Nkhotakota

Fish Eagle Bay Lodge: Tel. 0888-853962, E-Mail: fisheaglebay@gmail.com, www.fisheaglebay.com. Eine gepflegte südafrikanische Ferienanlage mit sechs Chalets, zwei Ferienhäusern zur Selbstversorgung, Campinggelände, Bar und Restaurant direkt am Strand. Preise: ÜF im Chalet 28–35 US$/DZpP und 35–45 US$/EZ, im Ferienhaus für vier Personen 130 US$/Nacht. Camping am Strand 10 US$ pP (Allrad nötig), neben den Sanitäranlagen 5 US$ pP.

Kwathu Resort: Tel. 0883-61695, E-Mail: kwathuresort@gmail.com, www.kwathuresort.com. Das kleine inhabergeführte Resort liegt nahe der Fish Eagle Bay Lodge und verfügt über gemauerte Rundbungalows, ein Ferienhaus und ein Strandrestaurant. Preise: ÜF 40 US$/DZpP.

Nkhotakota Safari Lodge: Tel. 0884-170682, E-Mail: nkhotakotasafarilodge@gmail.com, http://www.dedzapottery.com. 13 km südlich von Nkhotakota zweigt die 3,8 km lange Zufahrtspiste zu dieser älteren Lodge ab, die neun teilweise klimatisierte Zimmer und Rundbungalows, ein Strandrestaurant und eine Campingfläche mit Gemeinschaftsküche anbietet. Es werden Safaris ins Nkhotakota Wildreservat und Transfers aus Lilongwe organisiert. Preise: je nach Zimmerausstattung 23–44 US$/DZpP und 33–69 US$/EZ, Camping 5 US$.

Nkhotakota Pottery Lodge: Tel. 0884-581098, E-Mail: info@nkhotakota-pottery-lodge.com, www.nkhotakota-pottery-lodge.com. 15 km südlich von Nkhotakota zweigt die 4 km lange Zufahrt zur alteingesessenen Töpferei ab, die ihre Produktion seit einem Besitzerwechsel allerdings eingestellt hat und nur noch Restposten im angeschlossenen Laden verkauft, denn die deutschen Betreiber wollen die Ferienanlage zum Kunstzentrum entwickeln. Unterkünfte und Restaurant direkt am Strand bleiben erfreulicherweise bestehen, denn sie zählen zu den besten der Region. Preise: Zimmer je nach Ausstattung 49–69 US$ pro Nacht, Übernachtung im Dormitory 15 US$ pP, Camping inmitten der Anlage rund um eine riesige Kastanie 10 US$ pP (heiße Duschen und ein gemauerter Unterstand mit Strom/Licht). Aufpreis für Frühstück 8 US$, für HP 20 US$, für VP 26 US$.

Mlambe Beach Lodge: Tel. 0995-124428. In südlicher Nachbarschaft zur Töpferei auf einem Hügel gelegen, bietet das schattenlose und stark vernachlässigte Resort Zimmer für 90 US$/Nacht, auch Camping wird gestattet.

Salima & Senga Bay

Tipp: Für die Rückfahrt nach Salima kann man den etwa 35 km langen Bogen über Pemba nehmen. Die Sandpiste führt am Wheelhouse und den Sanddünen vorbei durch ein Sumpfgelände voller Baobabs. Wie ein Reihendorf gehen hier die Fischerdörfer bis Salima ineinander über

Von Lilongwe nach Salima und Senga Bay

Die 100 km lange Teerstraße von Lilongwe an den Malawisee erlaubt eine Anreise in weniger als zwei Stunden, was den Ansturm an Wochenendbesuchern erklärt. Die Kleinstadt **Salima**, noch rund 20 km von den Stränden in Senga Bay entfernt, wird von Bussen und Minibussen aus der Hauptstadt angesteuert. Sie hat mehrere Tankstellen, kleine Supermärkte, Banken und auffallend viele „Coffin Shops" (Sargproduzenten). An der Tankstelle am östlichen Stadtrand beim Bahnübergang befindet sich auch ein Getränkeladen (Liquor Store) neben einem gut bestückten Supermarkt.

Die Weiterfahrt zu den Resorts an der **Senga Bay** verläuft durch eine Sumpfebene voller Mangobäume. An Wochenenden und Feiertagen, wenn der Besucheransturm aus der Hauptstadt erwartet wird, reihen sich hier am Straßenrand Tomaten- und Souvenirstände. Schon deutlich vor Senga Bay zweigen die Stichstraßen mit bunten, zum Teil verwitterten Schildern zu verschiedenen Hotels und Ferienanlagen am See ab. Die erste Abzweigung führt an einem Militärcamp vorbei zu den Resorts Wheelhouse und Red Zebra Lodge, auf deren Gelände das „Fish House" von Stuart Grant liegt. In dieser **Zichliden-Zuchtfarm** werden bis zu 250 Buntbarscharten für den Export gezüchtet, die Interessierte bei einer preiswerten halbstündigen Führung besichtigen können. Später folgt die Zufahrt zum Kambiri Hotel, danach der Abzweig zu den Lakeside Chalets und Carolina Lake Resort, anschließend der zu Cool Runnings. Dann folgen eine Tankstelle, ein Getränkeladen, das Red Zebra Café und die Abzweigung zur Safari Beach Lodge. Wer alle Abzweigungen ignoriert, landet nach 22 km am Ende der Teerstraße direkt beim Livingstonia Hotel und dem sich anschließenden „The Steps Campsite".

In **Senga Bay** treffen reiche Malawier aus der Hauptstadt und Touristen unmittelbar auf die arme Bevölkerung, arbeitslose Jugendliche mit Rastazöpfen und Dreadlocks und aufdringliche Souvenirhändler, die von der Hand in den Mund leben – das birgt Konfliktpotenzial. Vor einigen Jahren gab es hier mehrere unangenehme Zwischenfälle, deshalb gilt für diese Region: Keine einsamen Spaziergänge nach Einbruch der Dunkelheit. Keine Wertsachen bei sich tragen. Frauen sollten hier besonders vorsichtig sein.

Unterkunft an der Senga Bay

Wheelhouse Marina: Tel. 0999-963347, E-Mail: wheelhouse@africa-online.net. Die schöne Randlage am Kambiri Point, viel Schatten, eine Bootsanlegestelle und eine runde Bar auf Stelzen sind die Stärken dieses Camps; bescheidene Sanitäranlagen seine Schwäche. Preise: Chalets kosten 80 US$/ Nacht, Übernachtung im Dormitory 8 US$ pP, Camping 5 US$ pP. Am Wochenende teurer.

Red Zebra Lodge: Tel. 0992-568428, E-Mail: zikani@lakemalawi.com, http://redzebra.com.lakemalawi.com. Die gepflegte Anlage ist durch die Zichliden-Fischfarm auf dem gleichen Gelände bekannt. Hier werden acht geräumige Zimmer mit Dusche/WC und Terrasse angeboten, der gepflegte Garten öffnet sich zum Strand und Landungssteg für die hauseigenen Boote, mit denen Ausflugsfahrten und Unterwassersafaris unternommen werden. Das Restaurant serviert gute Fischgerichte. Preise: ÜF 50 US$/DZpP, 55 US$/EZ.

Blue Waters by Serendib: Tel. 0996-999916, E-Mail: gm@globemw.net, https://bluewatersmw.com. Die frisch renovierte, ältere Anlage (früher „Crystal Waters") steht unter neuem Management, hat aber bisher wenig Charme und wird nachlässig geführt. Preise: ab 43 US$/DZpP und 76 US$/EZ.

Cool Runnings: Samantha Ludick, Tel. 0999-915173, E-Mail: coolrunningsmalawi@gmail.com. Wind- und sichtgeschützte kleine, legere Gartenanlage mit Campingwiese hinter dem Hauptgebäude am Strand. Jugendliche Atmosphäre, auch durch die vielen Volunteers, die für Sams soziale Projekte arbeiten. Das Camp, das wie eine blühende Oase wirkt, ist oft ausgebucht. Nördlich von Cool Runnings schließen sich bunte Fischerboote und riesige Trockengestelle an – sehenswert! Preise: Zimmer 20 US$/DZpP, Übernachtung im Dormitory 12 US$ pP, im GlamCamp 10 US$ pP, Camping 5 US$ pP.

Sunbird Livingstonia Beach: Tel. 01-263222, E-Mail: centralres@sunbirdmalawi.com, www.sunbirdmalawi.com. Traditionshaus der Sunbird-Hotelgruppe. Die von Felshügeln umrahmte Privatbucht bietet einen prächtigen Strand, doch das luxuriöse Kolonialhotel ist in

die Jahre gekommen und verströmt heute einen eher legeren Charme. Preise: HP ab 156 US$/DZpP und 250 US$/EZ.

The Steps Campsite: Auf dem Nebengelände des Livingstonia Hotels hat der ummauerte Platz am nördlichen Ende der Bucht einen Traumstrand. Wenig Schatten, kaum Wiese und Bäume, aber ein großer Sanitärblock, Stromanschluss und Snackbar am Strand. Viele Tagesgäste an den Wochenenden. Preis: 6 US$ pP.

Safari Beach Lodge: Tel. 01-263143 und 0993-265538, E-Mail: safaribeachlodge@gmail.com, www.safaribeachlodge.net. Erhöht am bewaldeten Uferhang liegt im schönen Garten das kleine Gästehaus mit Pool, vier klimatisierten Zimmern im Haupthaus und sechs Stelzenchalets, die eine großartige Aussicht über den See genießen. Ein steiler Fußweg führt zum Privatstrand und der malerisch zwischen Felsen liegenden Strandbar hinab. Beim Parkplatz hinter dem Haus wurde neben einem Baum ein Campingbereich mit Platz für Fahrzeuge eingerichtet, der zwar Stromanschluss bietet, ansonsten aber lieblos wirkt. Preise: ÜF 55 US$/DZpP und 90 US$/EZ. Camping 10 US$ pP.

Kumbali Lake Retreat: Kontakt siehe Kumbali Country Lodge, Lilongwe, S. 82. Dieser kleine, intime Ableger des Hauptstadthotels liegt einsam am Ende einer 10 km langen Teerzufahrt von Senga Bay (deutlich beschildert, viele Bodenschwellen) am Steilhang zwischen malerischen Felsenbrocken, in denen Klippschliefer herumtoben. Die unebenen, steilen Pfade zwischen Parkplatz, Chalets und dem Privatstrand erfordern durchaus Fitness, dafür residiert man hier beschaulich und privilegiert. Preise: VP inklusive Adlerfütterung, Sunset Boat Trip, Schnorcheln und Kajak fahren 95 US$/DZpP und 115 US$/EZ. Transfers ab Lilongwe werden für 25 US$ pP angeboten.

Kuti Wildlife Reserve

Die Alternative zum See liegt für ruhesuchende Naturfreunde zwischen Salima und der Abzweigung nach Nkhotakota (die 5 km lange Zufahrt zweigt 2,5 km östlich der Nkhotakota-Abzweigung von der M5 ab und ist ausgeschildert). Das 3000 ha große Gelände wird als Gemeinde-Wildpark mit internationaler Unterstützung geführt und erstreckt sich über ein flaches, umzäuntes Gelände mit einer Lagune, sumpfigen Marschen, Buschwald und dorniger Savanne, in dem 70 Rappenantilopen, 12 Gnus, zahlreiche Zebras, Kronenducker, Buschböcke, Oribis, Nyalas und Elenantilopen heimisch sind, zudem Giraffen, Meerkatzen und Paviane, Galagos und mehr als 200 verschiedene Vogelarten. Leider ist die Wilderei mit Schlingen ein fortwährendes Problem, dem man künftig mit einem Elektrozaun begegnen will. Ein dichtes Wegenetz durchzieht den kleinen Park, einige Strecken davon für Autopirschfahrten, andere als Fahrrad- oder Walking Trails.

Vom Gate führt eine 2 km lange Piste zum Hauptcamp, unterwegs kommt man an der Lagune mit einem Bird Hide vorbei, der sich für Vogelbeobachtungen im Lagunenuferschilf besonders gut eignet. Neben der Rezeption liegt ein Restaurant, das Sandwiches, Burger, Salate, Pasta und Curry für 4–5 US$ serviert. Die verschiedenen Übernachtungsmöglichkeiten verteilen sich jeweils ein paar Kilometer dahinter: vier „Bush Villas", Ferienhäuser mit Küche für bis zu sechs Personen, ein „Seymore-Cottage" und das Sango Camp, auf dem sich vier rustikale A-Frame-Wohnhütten, ein Campingareal, ein Aufenthaltsraum mit Küche/Licht und die gemeinsamen Sanitäranlagen befinden. Wer hier nächtigt, hat nur Naturgeräusche um sich herum und fühlt sich wie in einem Nationalpark. Preise: Der einmalige Eintritt beträgt 5000 MK (7 US$) pP und Fahrzeug. Die Bush Villas kosten pro Nacht je nach Ausstattung 100–120 US$ für zwei Personen, für jede weitere fallen 20 US$ zusätzlich an. Seymore-Cottage 75 US$/Nacht, A-Frames mit vier Betten 25 US$ pP oder 75 US$ pauschal, Camping 12 US$ pP. Man kann Trekkingräder ausleihen und geführte Bush Walks unternehmen. Außer für Camping ist eine Vorreservierung empfehlenswert, besonders am Wochenende. Kontakt: Tel. 0997-334683, www.kuti-malawi.org, E-Mail: info@kuti-malawi.org.

Thuma Waldreservat

Oben: Ein Scout blickt über das Schutzgebiet

Entlang der Straße zwischen Salima und Lilongwe (87 km von Lilongwe bzw. exakt 6,5 km westlich der Abzweigung nach Nkhotakota) zweigt die unauffällig beschilderte Zufahrt in das 164 km² große Thuma Forstreservat ab. Nach 11 km entlang dieser Piste erreicht man den Beginn des Reservats, nach weiteren 10 km das Camp.

Das einsame, bergige Waldschutzgebiet schmiegt sich am Rande der Tiefebene an die Berghänge. Eine Vielzahl alter, hochgewachsener Bäume, zahlreiche Bambusstauden und reizvolle Flussläufe zeichnen das kleine Waldgebiet aus. Lange Zeit blieb Thuma ungeschützt, und viele Einheimische betrieben hier Raubbau an der Natur. Bäume wurden abgeholzt und verfeuert, die einst reiche Tierwelt mit Fallen gejagt und dezimiert. 2002 übernahm die deutsche NGO „Wildlife Action Group" das Management des Forstgebietes. Zu diesem Zeitpunkt vermutete man noch 25 Elefanten im Wald, die allerdings so scheu und verschreckt waren, dass sie niemals gesehen wurden. Um die malträtierte Flora und Fauna zu retten, mussten jetzt erst einmal Wege angelegt, ein erstes Camp errichtet und Wildhüter ausgebildet und auf Patrouille geschickt werden, um die ausgelegten Schlingen einzusammeln und Wilderer und illegale Holzfäller zu überführen. Das ehrgeizige Projekt zeigt nach 15 Jahren enorme Erfolge. Wildtiere wie Kudus, Buschböcke und Paviane fühlen sich hier inzwischen wieder sicher, und regelmäßig werden jetzt auch die 140 Elefanten gesichtet, auf die sie nach der letzten Zählung von 2017 angewachsen sind. Dies wiederum führte zwischenzeitlich zu neuen Problemen, weil immer öfter Elefanten auf nächtlichen Streifzügen in die umliegenden Dörfer gerieten und dort Konflikte entstanden. Daher wird Thuma nach und nach vollständig elektrisch umzäunt (mit Solarenergie). Bislang fehlt noch die Umzäunung der westlichen Parkgrenze. Die illegale Abholzung und das Abbrennen der Wälder sowie die Elefantenwilderei sind fast völlig zum Erliegen gekommen, seit auch der Staat die Strafverfolgung ernst nimmt. Für ein so kleines Projekt, das von Spenden lebt, ist das beachtlich.

Parkbesucher sind hier sehr willkommen, eine Vorankündigung ist allerdings notwendig, und der Besuch erfordert körperliche Fitness. Für 65 US$ pP sind die Übernachtung in den sechs einfachen Lehmhütten oder den beiden komfortableren Grashütten (mit rustikalen Außenduschen und Toiletten), Halbpension und Bush Walks inklusive. Individualreisende bezahlen für Eintritt und Camping je 5 US$/Tag; Bush Walks kosten 10 US$ pP und sind aus Sicherheitsgründen nur in Begleitung eines Wildhüters erlaubt. Das Camp ist rudimentär (kein fließendes Wasser, kein Strom), die Zufahrt ausgewaschen und es gibt lästige Tsetsefliegen. Doch die Natur und die begeisterten Wildhüter entschädigen für alle Unbill! Für 2019 ist sogar geplant, im östlichen Parkgebiet eine Öko-Lodge zu eröffnen. Kontakt: WAG, Salima, Tel. 0991-224599, E-Mail: lynardc1@gmail.com und thuma@wag-malawi.org, www.wag-malawi.org.

Von Salima nach Mangochi

Diese Strecke ist eine malerische „Straße der Baobabs“, denn die ungewöhnlichen Bäume finden in diesen heißen Niederungen ideale Lebensbedingungen. Hunderte Baobabs, alle verschieden in Aussehen und Größe, prägen die ansonsten dünn besiedelte Region. Unterwegs verkaufen die Bauern Strohmatten, um ihren Lebensunterhalt aufzubessern. Nach 60 km lohnt sich der kurze Abstecher zur Mua Mission. 2 km südlich der Mua Mission zweigt eine Schotterpiste nach Monkey Bay ab. Die meisten Reisenden fahren jedoch noch 15 km weiter bis Golomoti zur Abzweigung der Asphaltstraße, die als erhöhter Fahrdamm durch eine flache, einsame Flutebene voller Dornbüsche und Fieberbäume verläuft und nach 57 km auf die Straße zwischen Mangochi (50 km) und Monkey Bay (12 km) trifft. Anschlussbeschreibung von Monkey Bay: siehe S. 154.

Fotos dieser Doppelseite: Szenen in der Mua Mission

Mua Mission

60 km südlich von Salima liegt eine der interessantesten Missionsstationen Malawis. Durch das Engagement eines Priesters mit künstlerischem Gespür entwickelte sie sich zu einer überregionalen Kulturbegegnungsstätte. Pater Boucher gestaltete die Mua Mission in den letzten fünf Jahrzehnten mit viel Liebe zum Detail und forderte die Menschen zur bewussten Auseinandersetzung und Beschäftigung mit ihrer eigenen Kultur auf. So entstand eine Künstler- und Handwerkerwerkstatt. Alle

Gebäude wurden mit traditionellen Techniken und Materialien erbaut. Glanzstück ist das **Chamare Museum** der malawischen Kunst (Mo–Sa ganztags von 7.30–16 Uhr geöffnet, Eintritt 5 US$). Bereits von außen ist es beachtenswert, ließ doch der Pater die Landesgeschichte an die Außenwand malen. Im Inneren gliedert sich das Museum in drei runde Räume mit den Schwerpunkten Landesgeschichte, Maskenkunst und Volksgruppen. Allmählich verblassen viele der historischen Fotografien, spektakulär bleibt allerdings der mittlere Raum mit seiner immensen Vielzahl an gesammelten Masken. Da gibt es bunte Federmasken, dunkle Nachtmasken, fratzengleiche Tiermasken und rotgesichtige Tanzmasken der Chewa, die Europäer portraitieren.

Infos und Unterkunft

Nebenan verkaufen Schnitzer und Maler in der **Ku Ngoni Art Gallery** ihre Erzeugnisse zu fairen Preisen (Eintritt 1 US$). Die rührige Mission bietet ihren Besuchern auch eine charmante Übernachtungsgelegenheit. Auf dem Gelände stehen in einem gepflegten Garten zehn ansprechende Rundbungalows mit je zwei Doppelzimmern und Dusche/Toilette. Mit Frühstück kostet eine Übernachtung 20 US$/DZpP und 26 US$/EZ, auch Camping wird gestattet (7 US$, man nützt die Chalet-Badezimmer). Ein liebenswerter Koch bereitet begeistert Mahlzeiten zu (etwa 8 US). Empfehlenswert!

Kontakt: Tel. 01-262706 und 0999-035870, E-Mail: kungoni@gmail.com, www.kungoni.org.

Zur Missionsgeschichte

1889 waren die ersten vier katholischen „Weißen Väter" ins Land gekommen und hatten sich in Mpondas Dorf bei Mangochi niedergelassen, doch sie kapitulierten schon bald vor der Grausamkeit und Mordlust der vom Sklavenhandel lebenden Yao. 1902 versuchten die Weißen Väter erneut, in Nyasaland Fuß zu fassen und gründeten drei Missionsstationen: Kachebere, Likuni und Mua Mission, wo 1927 eine Leprastation entstand.

Über den Golomoti-Pass nach Dedza und Lilongwe

In Golomoti, 15 km südlich der Mua Mission, beginnt eine reizvolle Bergstraße, „Dedza-Shortcut“ genannt, die als kurvenreiche Panoramastrecke über den Golomoti-Pass das Escarpment erklimmt. Die 29 km lange Teerstraße bewältigt in engen Serpentinen fast 1000 m Höhenunterschied mit wechselnden Ausblicken und pittoresken Dörfern und Feldern am Wegesrand, ehe sie im Hochland 16 km vor Dedza auf die M1 zwischen Ntcheu und Dedza trifft. Am Kreuzungspunkt beider Straßen verkaufen die jugendlichen „Golomoti-Carvers“ sehr hübsche selbst gebastelte Autos aus Weichholz.

Dedza

Die sympathische Kleinstadt liegt in klarer Luft von Bergen und Pinienwäldern umgeben auf kühlen 1550 m Höhe – der Szenenwechsel vom dunstigen, viel dichter bevölkerten und muslimisch geprägten Tiefland ist gewaltig. Hier in den Bergen wird viel Ackerbau, vor allem Kartoffelanbau, betrieben. Vereinzelt sieht man Ochsenkarren. Die gemauerten Bauernhäuser der Chewa und Ngoni sind gepflegt, die Dörfer wirken sauberer als im Tiefland. Dedza lässt noch erkennen, wie beschaulich das Städtchen in kolonialen Tagen war. Der Reisende findet hier eine Bank, einen kleinen Supermarkt, eine Tankstelle, ein Hospital, einen überquellenden Markt und eine weithin bekannte Töpferei. Die Umgebung mit ihren typischen Inselbergen, dem 2200 m hohen Dedza Mountain und dem markanten Mzengeleza Mountain ist malerisch und wird mitunter als Miniatur-Nyika bezeichnet.

Dedza liegt nur 89 km von Lilongwe entfernt. Auf der Weiterfahrt entlang der sehr gut ausgebauten M1 verändert sich das ländliche, verkehrsarme Malawi, mehren sich die Fahrzeuge und die Verkehrskontrollen, werden die Dörfer moderner. Übergangslos mündet die Straße schließlich direkt in die Hauptstadt.

Zuvor sind unterwegs allerdings zwei Sehenswürdigkeiten beachtenswert: die alte **Diamphwe-Brücke von 1923**, die einzige aus Ziegelsteinen errichtete Brücke des Landes, die mit ihren römisch anmutenden Rundbogen rund 40 km vor Lilongwe rechts der neuen Brücke den gleichnamigen Fluss überspannt. Und die **Chongoni-Felsbildstätten**, die von so großer historischer Bedeutung sind, dass sie von der UNESCO zur Weltkulturerbestätte erklärt wurden (siehe S. 112).

Unterkunft in Dedza

Dedza Pottery Lodge: Tel. 0888-853425, E-Mail: dedzapottery@africa-online.net, www.dedzapottery.com. Am ruhigen nördlichen Ortsrand (beschildert) befindet sich eine Töpferfabrik mit Verkaufsladen, einem netten Restaurant und Apartments, die individuell mit den Töpfereiprodukten ausgestattet worden sind. Die Zimmer und Apartments, der Speiseraum und die sanitären Anlagen haben so einen ganz unverwechselbaren, sympathischen Touch erhalten. Während die Produktion läuft und die Handwerker den Ton bearbeiten, können Besucher im Verkaufsraum hübsche Einzelstücke erstehen und auf der Terrasse köstlichen Käsekuchen und würzige Gerichte wie Lasagne und Moussaka genießen. Im Garten reihen sich sechs Doppelzimmer mit Veranden aneinander, von denen vier über eine Küchenzeile verfügen. Auf der Wiese nebenan darf campiert werden (mit heißen Duschen, Strom und Unterstand). Direkt von der Lodge aus kann man durch die Bergwelt wandern. Es werden neben geführten Wanderungen auch Touren zu den Chongoni-Felsbildern und Transfers aus Lilongwe angeboten. Unserer Ansicht nach ist dies eine herrlich ruhige Sommerfrische zum Entspannen. Zimmerpreise: 23 US$/DZpP und 33 US$/EZ, mit Küchenzeile 28 US$/DZpP und 42 US$/EZ. Camping 5 US$.

Oben: Eindrucksvolle, längst vergessene Mphunzi Mission Church direkt vor der Chongoni Rock Art Monument Area

Felsmalereien im Chongoni Waldschutzgebiet

Die kaum zugängliche Bergregion um Dedza gilt als eine **Schatzkammer für Felsbildstätten** und beherbergt auf recht engem Raum mehr als 200 Fundorte. 2006 erhob die UNESCO die „Chongoni Rock Art Monument Area" deshalb zum **Weltkulturerbe**. Die interessantesten Fundstätten, die sich nördlich von Dedza im Chongoni Forest Reserve und seiner Umgebung befinden, sind ohne Führer kaum zu finden. Relativ einfach zugänglich sind dagegen die Felsbilder nahe der Mphunzi Mission.

Mr. Missindi versteht es, die Felsbilder zum Leben zu erwecken

Zufahrt: Exakt 12,6 km nördlich der nördlichen Dedza-Zufahrt weist direkt nach einer Brücke links das ziemlich verblichene „Rock Art"-Schild auf eine schmale Piste, die nach 8,3 sehr unauffällig beschilderten Kilometern und einer Dorfdurchquerung zur Mphunzi Secondary School und der stattlichen alten Missionskirche führt, wo sie gleich dahinter an einem Berg endet (GPS S 14.22.721 O 34.10.469). Parkt man hier, dauert es nicht lange und Mr. Missindi, Tel. 0996-730855, der Wächter über die Welterbestätte, eilt herbei. Für ein kleines Trinkgeld führt er mit leidenschaftlicher Begeisterung zu den unterschiedlichen Bildern, und man sollte sein Angebot unbedingt annehmen, sind die versteckten Felsbilder allein doch sehr schwer zu finden und noch schwieriger zu interpretieren, während Mr. Missindi mit Komik und Knowhow brilliert. Er ist es auch, der verhindert, dass die Bildstätten vandalisiert werden, indem er engagiert in die Schulen geht und Aufklärung betreibt. Zwei Fußpfade führen vom Parkplatz in den Berghang zu acht ausgewiesenen Fundstellen sowohl mit roten Zeichnungen aus der „Red Animal Tradition" des kleinwüchsigen Twa-Volkes, die auf ca. 16 700 Jahre v. Chr. zurückdatiert werden, als auch mit weißen Zeichnungen der „White Spread-eagled Tradition" und der noch deutlich jüngeren „White zoomorphic Tradition", groben Menschen- und Tierdarstellungen, die beide von Bantu-Gruppen stammen. Über den rechten Weg gelangt man zu den Felsbildern Nr. 1 und 5, nach links zu Nr. 8 und 2. Um Nr. 6 und 7 zu besuchen, muss man etwa 15 Minuten Berganstieg bewältigen; Nr. 3 und 4 erfordern eine kurze Autofahrt. Es lohnt sich, alle acht zu besichtigen.

Die acht Felsbildstätten

Nr. 1: Die Zeichnungen der Red Animal Tradition zeigen Motive wie Schmetterlinge, Tontopf, Leiter, Speer und Händeabdrücke

Nr. 2: Rote Zeichnung einer Giraffe mit geknicktem Hals beim Trinken, daneben ein Wasserfall

Nr. 3: Gute erhaltene weiße Zeichnung von Eidechse und Schlange aus der White Spread-eagled Tradition

Nr. 4: Felsüberhang mit der Zeichnung eines Rindes, „Bull Site" genannt

Nr. 5: Ein der Sonne ausgesetzter Felsüberhang zeigt eine lebensgroße dünne Giraffe und einen Speer

Nr. 6: Kleine Fundstelle mit roten Blumenzeichnungen

Nr. 7: Die besterhaltene Fundstätte der White zoomorphic Tradition ist am schwierigsten zu erreichen, belohnt den Besucher aber mit lebhaften, detaillierten Bildern von allerlei Tieren wie Löwe, Chamäleon, Krokodil, einem Kuckuck und Menschen.

Nr. 8: Die flächigen Zeichnungen eines Elefanten, einer Eidechse und von Chewa-Masken sind leider stark verschmiert. Sie entstammen der White zoomorphic Tradition.

Fotos: Mr. Missindi im Felsüberhang von Nr. 5; Beschilderung unterwegs

Chitipa
TANSANIA
Karonga
S.136
SAMBIA
Chilumba
S.138
Livingstonia
Mission
S.134
Nyika
National
Park
S.122
Katumbi
Vwaza
Marsh
G.R
S.120
Rumphi
S.119
Ekwendeni
Mzuzu
S.117
Nkhata Bay
S.140
Chintheche
S.141
Mzimba
Luwawa
S.116
Likoma
S.144
MOSAMBIK
Dwambazi
Forest
Reserve
S.98
Nkhotakota
Game R.

DER NORDEN

Den Norden Malawis prägen Hochplateaus, mit Urwaldresten bewaldete Berghänge und malerische Buchten am Malawisee. Besondere Attraktionen stellen der einzigartige Nyika Nationalpark und die kolonialhistorische Livingstonia Mission dar.

Von Kasungu nach Mzuzu

Die 240 km lange Strecke ist sehr gut ausgebaut. Die ersten 70 km führen durch das dicht besiedelte Hochland, später folgen staatlich geschützte Miombo-Bergwälder. 82 km nördlich von Kasungu ist in Jenda eine permanente Polizeikontrolle stationiert, weil die Straße hier direkt die Grenze zu Sambia berührt. Danach führt die Strecke durch einsame Forste und entlang der rund 2000 m hohen **Viphya-Berge**, in denen großflächige Kiefernwälder über mehr als 50 000 ha Fläche angelegt worden sind. Etwa auf halber Strecke nach Mzuzu liegt abseits der Straße die Luwawa Forest Lodge (S. 116). Wenig später gabelt sich die Straße (links geht es in die Kleinstadt Mzimba). Die Straße nach Mzuzu steigt nun ins Hochland an und erreicht nach 26 km Raiply Sawmill, ein kleines Holzfällerzentrum mit Polizeikontrollposten. Dahinter liegt auf 1800 m Höhe die Siedlung Chikangawa mit ihren älteren Holzhäusern und windschiefen Verkaufsbuden. Riesige Kiefernforste stehen hier in krassem Gegensatz zu völlig kahl geschlagenen Berghängen. Etwa 60 km vor Mzuzu verändert sich das. Es wird sehr bergig und wieder stärker bewaldet. Wuchtige Granitkegelberge ragen aus den grünen Forsten und bieten jetzt ein völlig neues Panorama. In geschützten Lichtungen hat sich der alte **Bergurwald** wieder ausgebreitet. Paviane sonnen sich tagsüber auf der Teerstraße.

Ausreise nach Sambia

97 km vor Mzuzu zweigt eine unbeschilderte Piste von der M1 ab, die nach beschwerlichen 51 km über die „Loudon Mission Station", der alten Embangeni Mission, zur Grenze nach Sambia und weiter in die Stadt Lundazi führt (siehe S. 259). Zur Orientierung dient die Power Line, der die Piste folgt.

Unterkunft in den Viphya-Bergen

Luwawa Forest Lodge: Tel. 0999-512645, E-Mail: Luwawalodge@yahoo.com, www.luwawaforestlodge.net. Das ehemalige Forestry Resthouse auf 1530 m Höhe steht seit der Privatisierung schon viele Jahre unter britischer Leitung. Es liegt idyllisch am einsamen Luwawa-Stausee. Die neueren Chalets und Cottages und die einfacheren Zimmer im Haupthaus verbinden den traditionellen Stil der Forstbehörde mit afrikanischen Elementen. Bar und Restaurant sind heimelig mit viel Holz gestaltet und bieten schöne Ausblicke in die Natur. Das Gelände ist ideal zum Mountainbiken, Klettern, Abseiling, Kanu fahren, Reiten und Wandern, und das sportliche Angebot ist hier ausgesprochen vielfältig. Mit Blockhaussauna (15 US$) und WLAN. Der Campingplatz liegt etwas abseits im schattigen Wald. Anreise: Von der Teerstraße M1 gibt es drei ausgeschilderte Zufahrten zur Lodge, von denen die mittlere empfohlen wird. Den ersten Abzweig erreicht man 111 km nördlich von Kasungu, der zweite liegt 9,5 km weiter nördlich und die dritte Zufahrt nach weiteren 3,5 km. Alle Zufahrtspisten sind zwischen 8 und 13 km lang und recht ausgewaschen. Preise: Familienchalets mit vier Betten kosten mit VP 125 US$ pro Person, mit HP 115 US$ und mit ÜF 85 US$. Doppelzimmer mit Gemeinschaftsbad (ohne Verpflegung) kosten 40 US$/DZpP und 50 US$/EZ, Übernachtung im Dormitory 14 US$ pP und Camping 8 US$ pP. Die Ferienhäuser zur Selbstversorgung kosten ab 120 US$/Nacht. Verpflegung: Frühstück ab 7 US$, Lunch und Dinner je 24 US$. Die Aktivitäten liegen jeweils zwischen 5 und 40 US$.

Kasito II Resthouse: Das Gästehaus des Forstamts vor Chikangawa ist stillgelegt.

Mzuzu

Die 1300 m hoch gelegene Universitäts- und Provinzhauptstadt ist die Kapitale des Nordens, und sie zeigt sich, obwohl auch hier neue Wohnviertel wie Geschwüre an den Stadträndern wachsen, noch relativ beschaulich. Außer ein paar Banken, den Läden in der Mzuzu Mall und im Ortszentrum, dem Flughafen und ein paar Unterkünften hat Mzuzu (sprich: „Msusu") für Reisende wenig zu bieten. Selbst das Museum, das früher eine Ausstellung über Nordmalawi, seine Ethnien und die Missionsgeschichte von Livingstonia zeigte, ist inzwischen geschlossen. Doch das angenehme Klima und die freundliche Atmosphäre rechtfertigen einen Aufenthalt in dieser sympathischen Stadt.

Oben: Mzuzus Zentrum mit dem markanten Uhrturm aus kolonialen Tagen

Foto links: Idyllischer Campingplatz der Luwawa Forest Lodge

Das beste Warenangebot findet man in der neuen Mzuzu Mall, mit Shoprite Supermarkt, Apotheke, Wechselstube und ATM-Geldautomat. Entlang der Hauptstraße beim Uhrturm befinden sich Versicherungsagenturen, Banken mit Geldschaltern und ein Peoples Superette. Parkt man hier irgendwo im Zentrum, kommen fliegende Händler mit frischem Obst und Gemüse vorbei. Problematischer sind Milchprodukte und hochwertiges Frischfleisch zu finden, diese sind auch beim Shoprite oft nicht lagernd. Tiefgefrorenes Fleisch und andere Lebensmittel vertreibt auch der kleine Laden „North". Campinggas auffüllen kann man bei Afrox (am Uhrturm rechts abbiegen und ca. 550 m weiterfahren). Der riesige Stadtmarkt ist durchaus sehenswert.

Zwischen Mzuzu und Kasungu, Rumphi, Karonga und Nkhata Bay bestehen zahlreiche tägliche Busverbindungen. Axa-Busse nach Lilongwe und Blantyre starten um 6, 13 und 19 Uhr ab dem Mzuzu Axa Terminal, Tel. 01-312997.

Unterkunft in Mzuzu

Grand Palace Hotel: Tel. 01-303323, E-Mail: info@thegrandpalacemalawi.com, www.thegrandpalacemalawi.com. Mzuzus graufarbener Neuzugang bietet moderne Zimmern, gratis WLAN, Gym, Pool und Restaurant, hat aber kaum Ausstrahlung. Das Mittelklassehotel liegt an der südlichen Stadtzufahrt. Preise: ÜF ab 115 US$/DZpP und 165 US$/EZ.

Sunbird Mzuzu Hotel: Tel. 01-310622, E-Mail: centralres@sunbirdmalawi.com, www.sunbirdmalawi.com. Ruhiges, gepflegtes Mittelklassehotel mit 60 klimatisierten Zimmern, Restaurant und WLAN-Hotspot, das sich in einer begrünten Gartenanlage am Stadtrand nahe dem Sportclub und Golfplatz befindet. Preise: ÜF ab 138 US$/DZpP und 246 US$/EZ.

Ilala Crest Lodge: Tel. 01-331834, 0888-894196, E-Mail: ilalacrestlodge@africa-online.net, www.ilalacrestlodge.com. Ein älteres Gästehaus am Ortsrand in der Jomo Kenyatta Road (hinter dem Hospital) mit 31 ruhigen, klimatisierten Zimmern und einem Restaurant. Viele Geschäftsreisende sind hier Stammgäste. Preise: ÜF ab 45 US$/DZpP und 70 US$/EZ.

Macondo Camp: Tel. 0991-792311, E-Mail: info@macondocamp.com, www.macondocamp.com. Das sympathische Camp liegt in der Choma Road Nr. 4 am nordöstlichen Stadtrand in der ruhigen Wohngegend Chimaliro und ist bei Expats wie Touristen für sein italienisch geprägtes Restaurant und eine lässige Bar beliegt. Im Haus werden Zimmer vermietet und im Garten stehen drei Zelte auf Stelzenkonstruktionen, auch Camping ist möglich. Nette Atmosphäre, gute Küche (Pizza, Pasta und Salate), herzliche Betreuung. Preise: Stelzenzelte 30 US$/Nacht, Zimmer 15 bzw. 25 US$/DZpP (ohne/mit Bad), Camping 6 US$ pP (mit Stromanschluss und Holzbänken). Siehe: Übernachtungstipp: S. 211.

Mzoozoozoo: Tel. 0888-864493. Kleine Backpackerlodge mit lässiger Musikbar/Restaurant und einfacher Campingmöglichkeit im Garten. Zu ereichen über die Jomo Kenyatta Road; nach der Neuapostolischen Kirche muss man rechts einbiegen. Preise: ab 12 US$/DZpP, Dormitory 8 US$, Camping 5 US$ pP.

uMunthu Lodge & Campsite: Tel. 0992-417916, E-mail: umunthucamp@gmail.com. Freundliche Backpackerlodge mit gratis WLAN und Restaurant. Preise: Zimmer 30 US$/ Nacht, Camping im Garten 5 US$ pP.

Von Mzuzu nach Norden

Die 66 km lange Straße von Mzuzu nach Rumphi verläuft durch eine durchgehend besiedelte Hügellandschaft, die nach Westen hin immer bergiger wird. Nach 20 km durchfährt man den historischen Ort **Ekwendeni** mit prächtiger Missionskirche (siehe rechts). 35 km später gabelt sich die Straße. Zum Vwaza GR und Nyika NP biegt man hier links ab und folgt dem kurvigen South Rukuru River flussaufwärts durch die kleine, felsige Njakwa-Schlucht bis in die Kleinstadt Rumphi (Anschlussstrecke von hier nach Livingstonia: S. 133).

Die gemütliche kleine Ortschaft **Rumphi** bietet zwei Banken mit Geldschalter und die letzten beiden Tankstellen auf dem Weg zum Nyika Plateau.

Unterkunft in Rumphi

Adios: Tel. 0997-242040, E-Mail: info@adiosresort.com, https://adiosresort.com. Am ruhigen Ortsrand von Rumphi eröffnete ein niederländischer Entwicklungshelfer ein Backpacker-Gästehaus mit Zimmervermietung, kleinem Restaurant und Campinggelegenheit im Garten. Es werden auch Tagestouren und Safaris in die umliegenden Parks organisiert. Preise: ÜF je nach Zimmer 8–10 US$/DZpP und 9–15 US$/EZ, Dormitory 6 US$ pP, Camping 4 US$ pP.

Matunkha Mission: Tel. 0888-203424, www.matunkha.com. Die Übernachtungsgelegenheit bei einer niederländischen Mission 3 km außerhalb Rumphis in Richtung Katumbi ist geschlossen worden, nur Camping wird auf dem Missionsgrundstück gegen eine Spende noch erlaubt.

Ekwendeni Mission

1881 hatte die Free Church of Scotland ihre Missionsstation nach Bandawe im Tongaland verlegt, wo Dr. Laws praktizierte. Wenig später wurde von Dr. Elmslie eine erste kleine Außenstelle in Njuyu bei den stolzen Ngoni gegründet. Im Jahre 1887 verschlechterte sich das gespannte Verhältnis zwischen den beiden Volksgruppen derart, dass alle Zeichen auf Krieg deuteten und die Missionare mit dem Schlimmsten rechnen mussten. Der Kontakt untereinander brach ab. Dr. Elmslie versuchte, wenigstens die wertvollen Instrumente und wichtigen Vorräte zu erhalten, indem er nächtelang heimlich mit blanken Händen in die Erde tiefe Löcher grub und alles darin versteckte. Er zeichnete genaue Pläne, um sein Hab und Gut später wieder zu finden.

Beide Parteien rüsteten tatsächlich zum Krieg. Dr. Laws, der sich im Laufe der Jahre bei den Tonga sehr großen Respekt erworben hatte, drängte aber ruhelos auf Versöhnung. Schließlich erklärten sich die offensiven Ngoni zu einer „Indaba" bereit, einer Diskussionsrunde der Chiefs und Ältesten. Einen ganzen Tag saß Dr. Laws mit den Ngoni beisammen, um den Krieg abzuwenden. Es stellte sich dabei heraus, dass bei den Ngoni völliges Unverständnis darüber herrschte, dass der Hauptsitz der Mission im Tongaland lag, sahen sie doch die Tonga als minderwertig an. Chief Mtwalo aus der Region um Ekwendeni verlangte nun für den Kriegsverzicht eine eigene Missionsstation in seinem Dorf. 1889 wurde deshalb die Mission in Ekwendeni gegründet. Sie wird noch heute von der großen Backsteinkirche mit den schönen Glasfenstern überragt.

Quelle: „Àmong the Wild Ngoni" v. W. A. Elmslie, 1899

Vwaza Marsh Wildreservat

Dieses kleine Wildschutzgebiet, umschlossen von zahlreichen Dörfern in einer fruchtbaren 1100 m hoch gelegenen Ebene, fristete lange ein trauriges Dasein, denn die Wilderei dezimierte die Tiere und machte Büffel wie Elefanten aggressiv. Seit die Peace Parks Foundation hier und im Nyika Nationalpark involviert ist, hat sich der Schutz der Wildtiere deutlich verbessert. Inzwischen beherbergt das Schutzgebiet wieder 400 Elefanten, die sich von Jahr zu Jahr entspannter zeigen. Außerdem ist das Reservat Heimat zahlreicher Wasserböcke, Kudus, Impalas, Pukus, Riedböcke, Buschböcke, Warzenschweine, Paviane und Mangusten und gilt zudem als ein Vogelparadies. Vereinzelt werden sogar Afrikanische Wildhunde und Löwen gesichtet.

Schön ist die Lage des Kazuni Camps direkt am flachen Seeufer, umrahmt von Anabäumen, Dornakazien, Kandelaber-Euphorbien und Leberwurstbäumen, mit friedlichen Elefantenherden und grasenden Hippos vor den bläulichen Bergen in der Ferne. Im See leben Flusspferde, an seinen Ufern sind Wasservögel wie Gänse, Enten, Reiher und Kiebitze zu sehen. So friedlich schön diese Uferszenerie tagsüber ist – abends sieht man leider die Lichter des gegenüberliegenden Dorfes, und am Wochenende schallt die Diskomusik aus den Bars herüber. Entschädigt wird man für das Romantikdefizit am Abend mit einem großartigen Hippo- und Vogelkonzert im Morgengrauen.

Natur & Tierwelt

Es dominieren Marschen und Grasebenen in der Umgebung des Lake Kazuni, der vom South Rukuru gespeist wird. Die Wasserläufe sind schilfig, sanfte Hügel beleben das Bild. Jenseits des Sees schließen sich Dornsavannen und Trockenwälder an. Die Elefanten nutzen das Wildreservat auch als Durchzugsgebiet zwischen dem Luangwatal in Sambia und dem Nyika Plateau.

Anreise

Das 970 km² große Wildschutzgebiet liegt 29 km von Rumphi entfernt. Die Zufahrt ist anfangs noch geteert und wird ab der Abzweigung 10 km westlich von Rumphi zur Piste. Die Straße führt über die Nkhamanga-Ebene, ein dicht besiedeltes Tabakanbaugebiet. Nach 19 km erreicht die Piste den Parkeingang am Kazunisee. Das umzäunte Reservat ist ganzjährig geöffnet.

Der Tageseintritt beträgt 10 US$ pP, Fahrzeuge bis 2 Tonnen 3 US$, bis 5 Tonnen 5 US$, darüber 10 US$. „Game Walks" in Begleitung eines Wildhüters kosten 10 US$ pP.

Pirschfahrten im Schutzgebiet

Ein Pirschweg führt vom Kazuni Camp am Seeufer entlang mehrere Kilometer bis zu einem alten Metallgestell, das früher ein Beobachtungsturm war. Dort gabelt sich der Weg. Links geht es weiter am Ufer entlang, rechts führt der Weg ins Dickicht.

Das Wegenetz erfordert teilweise hohe Bodenfreiheit. Leider sind die vielen Tsetsefliegen eine Plage, und je dichter die Vegetation ist, umso mehr Tsetsefliegen schwirren dort herum.

Parkdurchquerung: 2013 wurde die 38 km lange Straße durch das Reservat vom Eingang bis zum Kawiya Scout Camp instand gesetzt, man darf sie aber nur in Begleitung eines Wildhüters befahren. Von dort gelangt man nach 10 km zur Rumphi-Katumbi-Straße.

Theoretisch gibt es auch noch drei weitere Campingsplätze, die aber nur mit Vorausbuchung in Lilongwe und mit einem Wildhüter angesteuert werden dürfen.

Abkürzung zum Nyika NP: 4 km nördlich des Parkeingangs zweigt eine malerische Dorfpiste nach Westen ab, die nach 20 km an der „Bowe-Junction" auf die Rumphi-Katumbi-Straße trifft.

Unterkunft

Das staatlich geführte **Kazuni Camp** am Lake Kazuni bietet eine nette überdachte Boma mit schönem Ausblick auf die Hippos im See, eine Küche für Selbstversorger, aber zum Schlafen nur vier äußerst einfache, ungepflegte Graschalets mit jeweils zwei Betten, Dusche und WC (es bestehen Pläne, sie zu renovieren). Camping findet direkt im Camp zwischen den Hütten statt; man benützt die Sanitäreinrichtungen eines Chalets. Für heiße Duschen heizen die Caretaker den Donkey an. Es gibt kein Trinkwasser. Nachts grasen oft die Hippos im Camp. Preise: Die Riedchalets kosten 15 US$ pro Nacht, Camping 10 US$ pP. Camping ist für zwei Personen demnach teurer als eine Übernachtung in der Hütte.

Oben: Elenantilopen ziehen mit ihrem Nachwuchs die Berghänge hinauf

Nyika Nationalpark

Der Nyika Nationalpark ist mit 3200 km² das größte und höchst gelegene Schutzgebiet Malawis. 900 km² seiner Fläche liegen über 2100 m hoch. „Nyika" bedeutet Wildnis. Doch die Wildnis dieses Parks besteht nicht aus dichtem Busch und unberechenbaren Wildtieren. Die Wildnis der Nyika-Berge ist von einer sehnsuchtsvollen, melancholischen Art, wie man sie eher in den schottischen Hochmooren als in Afrika vermuten würde.

Berge, die sich auf 2600 m auftürmen, ein mächtiges Plateau und herbes Klima erwarten den Besucher. Beim ersten Anblick wirkt die Hochlandszenerie fremdartig, karg, ja fast abweisend. Die Stille und Leere erscheint nach der Anreise aus der afrikanischen, quirligen und schwülen Gegenwart befremdend. Auf den zweiten Blick zieht einen dieser eigenwillige Naturraum auf dem Plateau dann umso stärker in seinen Bann. In einer Weise, wie es im Südlichen Afrika sonst nur die Zentralkalahari vermag.

Natur & Tierwelt

Fotos rechts: Die Pferdeantilopen in Nyika fressen auch Wasserpflanzen; Wegmarkierung im Park; Elenantilopen

Nyikas Säugetierreichtum ist einzigartig für eine so hoch gelegene Bergregion; der Park beherbergt denn auch einziges Berggebiet im südlichen Afrika Großwild. Darüber hinaus ist auch die Flora spektakulär zu nennen: 214 Orchideen sind in Nyika heimisch, darunter sechs Arten, die nirgendwo sonst vorkommen.

Weitere 13 Pflanzenarten sind hier endemisch, und in Nyika wachsen die südlichsten, seit 1948 geschützten Ostafrikanische-Wacholder-Urwälder Afrikas (*Juniperus procera*). Doch war auch dieses Naturparadies bedroht. Wilderer dezimierten die Wildtierherden, gezielte Waldbrände der illegalen Jäger vernichteten die sensitive Flora, Siedler schlugen Holz im Schutzgebiet und raubten der Natur ihre Pufferzonen. Vor etwa fünf Jahren wendete sich das Blatt zugunsten des Parks, als die Peace Parks Foundation und ihre Mitstreiter die Regierung Malawis von dringend erforderlichen Maßnahmen überzeugten. So ist bei diesem auf dem Grenzgebiet von Sambia und Malawi liegenden Park eine länderübergreifende Koordinierung des Managements von Schutzgebieten vonnöten, auch musste die Strafverfolgung angeglichen und eine Verfolgung von Wilderern auch im Parkgebiet des Nachbarstaats erlaubt werden. Am wichtigsten war wohl die Anhebung der Strafen: Während früher ein Elefantenwilderer in Malawi mit einer symbolischen Strafe von rund 3 Euro davon kam, riskieren die Wilderer heute bis zu 30 Jahre Haft in einem malawischen Gefängnis.

Der starke Einsatz der NGOs wie der Peace Parks Foundation und African Parks in enger Zusammenarbeit mit den malawischen Ministerien macht sich inzwischen positiv bemerkbar mit verbesserten Zufahrten und deutlich größeren Wildtierbeständen. Elenantilopen, Pferdeantilopen, Riedböcke und Zebras streifen wieder in gesunden, großen Herden umher, auch Klippspringer, Oribis und Rotducker werden regelmäßig gesichtet. Direkt im Chelinda Camp sind zahlreiche Buschböcke heimisch. Nach Anbruch der Nacht streifen Hyänen, Leoparden,

Servale, Stachelschweine, Honigdachse und Streifenschakale über die Hochebenen. Wo das kurze Kikuyu-Gras gedeiht, sind Riedböcke nicht weit, die auch im Juni und Juli auf dem Hochplateau bleiben, wenn andere Antilopen den Schutz der wärmeren Niederungen suchen. Während die Zebras junge Triebe und Grashalme fressen, die sie mit ihrem Verdauungsgas zersetzen, weiden Riedböcke, Elen- und Pferdeantilopen alte, feste Halme ab. In den montanen Urwäldern turnen Weißkehlmeerkatzen umher, und immer öfter sieht man heute auch wieder **Elefanten** in diesen Höhen. Einst war der Park Heimat von 400 Elefanten, doch der massiven Elfenbeinwilderei fielen mehr als zwei Dritten davon zum Opfer. Die restlichen Herden hielten sich zuletzt im nördlichen Nyika-Gebiet auf, sind dort aber dem steigenden Siedlungsdruck ausgesetzt. Um die Nyika-Elefanten zu retten, wurden im August 2017 die ersten 34 Elefanten aus dem Liwonde NP zunächst in ein riesiges Elephant Sanctuary innerhalb des Parks umgesiedelt, das sich über 10 km Länge zwischen dem Thazima Gate und Chelinda erstreckt. Diese Aktion war eine schwierige Leistung, wurde aber mit Bravour bewältigt. Die Elefanten mussten zuerst in ihrer Heimat betäubt und auf große Lkws verladen zur Bowe-Junction gefahren werden, wo sie längst wieder bei Bewusstsein waren. Daher mussten sie dort erneut betäubt und auf kleine Trucks verladen werden, die die Piste bis zum Sanctuary bewältigen konnten. Um den empfindsamen Tieren den zusätzlichen Stress beim Anblick all der beteiligten Menschen zu ersparen, fanden die letzten Aktionen und die Freilassung im Sanctuary nachts statt. Zwanzig der hundert heimischen Nyika-Dickhäuter gerieten auch in das Sanctuary, was den Tierschützern durchaus recht war. Denn die Erfahrungen zeigen, dass sich Elefanten schneller an eine fremde Umgebung und Vegetation gewöhnen, wenn sie von Artgenossen dazu angeleitet werden. Die übrigen 80 „echten" Nyika-Elefanten halten sich jetzt bevorzugt in der Nähe des Sanctuaries auf, wie man an zahllosen Fußabdrücken erkennen kann. Sie sind allerdings scheu; nur beim Zambian Resthouse sieht man sie öfters vorüberziehen.

Löwen und Afrikanische Wildhunde waren einst auch hier verbreitet, wurden aber schon seit vielen Jahren nicht mehr gesehen. Außer einer harmlosen Natternart gibt es keine Schlangen im Hochland.

Nyikas Naturraum besteht in den tieferen Zonen zwischen 1600 und 1900 m aus dichten, artenreichen Miombo-Laubwäldern, die mit zunehmender Höhe lichter werden. In diesem Waldgürtel wachsen völlig andere Gräser und Blumen als in den höheren Lagen. Oberhalb von 2000 m stehen kaum noch natürliche Bäume, der Bewuchs besteht dort eher aus kurzem, widerstandsfähigem Gras, wilden Proteen und allerlei Farnen und Blumen. Wie Inseln im windigen, weiten Hochland ragen allerorten Felsen und Gesteinsblöcke aus dem Gras, auch gibt es zahlreiche immergrüne Urwaldinseln, wie Kasaramba und Chowo Forest, die an geschützten Berghängen oder Tälern erhalten blieben. Sie stehen im krassen Gegensatz zur Strenge der riesigen Kiefernforste. Denn auf dem Plateau wurden zwischen 1952 und 1958 fast 570 ha Nadelwälder – vorwiegend Kiefern (*Pinus patula*) – angepflanzt. Ein anderer typischer Zierbaum, der in Chelinda neben den Kiefernforsten wächst, ist der Kosobaum (*Hagenia abyssinica*). Künstlich sind auch die drei Stauseen, in denen Forellen gefischt werden.

Fotos: Wilde Proteen, Seidelbastgewächse und Disteln; Eisenschmelzofen, Buschbock und Parkeingang

Lediglich Lake Kaulime ist natürlichen Ursprungs. Mehrere Quellen entspringen in den Bergen, und kleine Bäche durchfließen die einsame Grassavanne. Durch das Abbrennen der Berghänge ab Juni – zum Schutz der Urwaldbestände vor selbst entfachten Bränden – wirkt die Landschaft zum Ende der Trockenzeit mitunter trost- und farblos. Erst nach dem ersten Regen ergrünen die weiten Flächen wieder. Dann setzt im November ein besonders schönes Naturschauspiel ein, denn mit dem Gras kommen auch tausende bunt blühende Blumen wie gelbe Strohblumen und andere widerstandsfähige Korbblütler. Orchideen wie die rosafarbene *Hesperantha baurii*, die bereits im September vor dem ersten Regen zu blühen beginnt, Wilde Gladiolen, Schwertlilien, Seidelbastgewächse und alpine Blumen zählen zu den Schönsten. Auch grünliche Bartflechten der Gattung *Usnea*, die sich besonders bei sehr sauberer Luft entfalten, sind weit verbreitet.

Die weite, offene Landschaft des Parks ermöglicht eine gute Fernsicht. Tiere sind zwar leichter zu entdecken als in vielen anderen Parks, dafür aber sehr scheu. Hier leben prächtige Elenantilopen in großen Herden, die in anderen Parks nur selten beobachtet werden können. Zahlreich sind auch Crawshay-Zebras, Pferdeantilopen, Busch- und Riedböcke, Rotducker, Galagos, Schakale und Warzenschweine. Hyänen besuchen nachts manchmal den Campingplatz und suchen nach Essensresten. Manchen Quellen zufolge weist der Nyika NP die größte Dichte an Leoparden in ganz Afrika auf. Die meisten Antilopen halten sich allerdings nicht ganzjährig auf dem Plateau auf. Die kalte Jahreszeit von April bis September verbringen die Tiere lieber in den Niederungen, wo sie dann kräftigere Nahrung finden. In diesen tieferen Regionen leben außerdem Paviane und Büffel.

Ornithologen kommen im Nyika Nationalpark mit 400 registrierten Arten voll auf ihre Kosten. Rund ums Chelinda Camp tummeln sich Streifenpieper, Adler, Schwarzkehlchen und Schildraben. Im hohen Gras entdeckt man den Spiegelwida; und sein hübscher Gesang verrät den Sternrötel. Bergtrogon und Barrat-Buschsänger sind vertreten, außerdem Trauerturteltauben, Füllebornwürger, Bergbartvögel, Rotflügelfrankoline, Stanleytrappen und Rötel-, Stahl- und Perlbrustschwalben. Mit ein wenig Glück entdeckt man hier auch Lobelien-Nektarvögel oder einen Grünastrild. Unter den Raubvögeln ist der Augurbussard dominant. Ornithologen suchen zudem gerne die Region um das Zambian Resthouse auf, deren dichte Wälder andere Spezies beherbergen.

Anreise

Der Hauptzugang des Nationalparks liegt 55 km westlich von Rumphi. Die Strecke wird nach rund 10 km zur Piste. Nach 45 km Fahrt gabelt sich die Straße. Links führt sie zur 12 km entfernten Landesgrenze in **Katumbi**, rechts zum 10 km entfernten Thazima Gate, dem 1660 m hoch gelegenen Parkeingang, wo der Eintritt zu bezahlen ist (Foto S. 125 u.).

Es gibt ab der Bowe-Junction eine Abkürzung zum Parkeingang. Die zeitweise malerische 11 km lange Piste führt über fünf alte Holzbrücken zum 260 m höher gelegenen Thazima Gate.

Vom Parkeingang hier ist das Chelinda Camp auf dem Plateau noch 60 km entfernt. Die früher berüchtigte, steinige Straße wurde mit internationaler Entwicklungshilfe ausgebessert und ist nun gut befahrbar, hat aber immer noch zahlreiche Passagen mit feinstem Puderstaub, der das ganze Fahrzeug einhüllt. Ab Rumphi sollte man für die 115 km lange Gesamtstrecke etwa vier Fahrstunden rechnen. Besucher müssen das Gate bis 16 Uhr erreicht haben, da die Ankunft im Chelinda Camp sonst nicht mehr bei Tageslicht gewährleistet ist (man darf notfalls am Gate nächtigen). Alternativ kann man auch von Norden über das Kaperekezi Gate in den Park einreisen. Die Strecke zwischen Thazima Gate und Kaperekezi Gate darf im Transit ohne Eintrittsgebühr gefahren werden (nur bis 15.30 Uhr täglich). Diese Straße zwischen Rumphi und Chitipa befahren Minibusse, und Touristen können an der Gabelung zum Chelinda Camp aussteigen, müssen die restlichen 12 km dann allerdings laufen.

Im Park ist für die meisten Wege Allrad zu empfehlen. Manche der in Landkarten verzeichneten Pisten entpuppen sich als Management Roads, die den Wildhütern vorbehalten sind. Die Tankstelle in Chelinda ist stillgelegt, daher sollte man in Rumphi entsprechend viel auftanken.

Tipps & Infos

Der **Eintritt** beträgt pro Tag 10 US$ pP. Fahrzeuge bis 2 Tonnen 3 US$, bis 5 Tonnen 5 US$, darüber 10 US$. Der Park ist ganzjährig geöffnet. Man darf zwar allein **wandern**, doch ist es nicht anzuraten. Die Orientierung verliert man in der gleichförmigen Landschaft schnell; und plötzliche Wetterumschwünge mit Nebel sind jederzeit möglich. Daher sollte man größere Wanderungen nur mit einem Führer unternehmen.

Man befindet sich überwiegend in mehr als 2000 m **Höhe**. Empfindliche Reisende haben damit möglicherweise (Kreislauf-)Probleme. Auch klimatisch ist der Park eine Herausforderung. In der warmen Jahreszeit hat er angenehme Tagestemperaturen und frische Nächte, in der kalten Jahreszeit kühle Tage und eisige Nächte (Frost!). Auch in den wärmsten Monaten Oktober/November klettern die Temperaturen mittags nur auf 22° C. Richten Sie sich zudem auf starken Wind ein. Also unbedingt warme Kleidung mitbringen! Auch eine Taschenlampe gehört ins Gepäck.

Tipps: Die informative Publikation „A Visitor's Guide to Nyika National Park" ist manchmal am Thazima Gate erhältlich, auch schmackhafter Honig aus dem Dorf wird dort verkauft.

Wilderness Trails: Wanderrouten zwischen einem und sechs Tagen Dauer können bei der Nationalparkbehörde in Lilongwe oder vor Ort reserviert werden. Die Routen dürfen nur in Begleitung eines Scouts erwandert werden. Träger fürs Gepäck kann man in Chelinda anheuern; übernachtet wird im eigenen Zelt. Central African Wilderness Safaris organisiert den beliebten „Livingstonia Trail" von Chelinda hinab zur Livingstonia Mission als 3 Tage / 2 Nächte-Trip mit Führer, Träger, Zelt und Verpflegung für 550 US$ pP.

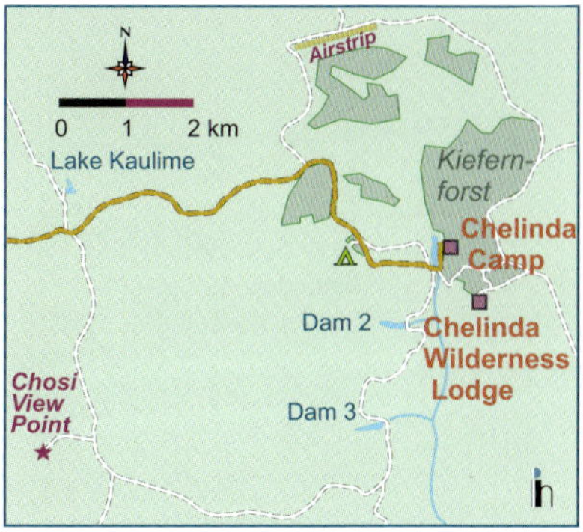

Nyika
National Park
SAMBIA
Nyika
National P.
Zambia
Chitipa
North Rukuru
Domwe
View
Point
Jalawe
View
Point
Wovwe
Nganda
2601m
Chisenga
Falls
Zambian
Resthouse
Chowo
Forest
Chosi
View
Point
Chosi
2379m
Chelinda Lodge
Chelinda Camp
Dembo
North Rumphi
Nthakati
2482m
Nthakati
2482m
Melting
Pot
Ndembera
2523m
Kasaramba
View
Point
Kasaramba
2405m
Juniper
Forest
Vitumbi
2521m
Fingira
Rock
Sambara
2284m
2065m
Thazima
Gate
Katumbi
Bowe
Junction
South Rumphi
Runyina
Teerstraße
Piste befestigt
Piste unbefestigt 4x4
Piste schwierig 4x4
Rumphi
South Rukuru
N
0
3
6 km
Vwaza
Game
Reserve

Unterwegs im Nationalpark: Rundfahrten

Nördlich von Chelinda führen Pisten zu den Attraktionen **Nganda Peak**, dem mit 2605 m höchsten Punkt der Plateaus, 30 km von Chelinda entfernt, und **Jalawa Rock**, 34 km von Chelinda. Beim Jalawa Rock muss man vom Parkplatz noch 1 km laufen, um an klaren Tagen von der Spitze des Berges den weiten Ausblick über den in der fernen Tiefe liegenden Malawisee zu genießen. Hier sollte man auch auf die verschiedenen Proteen achten und nach Klippspringern Ausschau halten.

Gute 40 km südöstlich von Chelinda liegt der **Kasaramba Forest** mit dem gleichnamigen Aussichtspunkt, zu dem ein 2 km langer Fußweg vom Parkplatz aus führt. Auch hier genießt man spektakuläre Ausblicke zum See. Wandert man noch 3 km weiter, offenbart sich ein hübscher Wasserfall. Im dichten **Juniper Forest**, rund 44 km südlich von Chelinda, wachsen die sehr seltenen Ostafrikanischen Wacholderbäume.

Eine Fundstätte von Steinwerkzeugen, augenscheinlich menschlichen Skeletten und allerlei Felsbildern liegt nur 22 km südlich von Chelinda: der **Fingira Rock**, an dessen Ostseite eine Felsenhöhle diese historischen Schätze bis zu ihrer Entdeckung hütete.

Noch näher am Camp liegt **Lake Kaulime**, wo man Pferdeantilopen beim Abweiden von Wasserpflanzen beobachten kann.

Empfehlenswerte Kurzwanderungen sind der Urwaldpfad **Chowo Forest Trail**, der jedoch oft stark zugewachsen ist, und der Weg zu den **Chisanga Falls**. Eindrückliche Ausblicke gewährt bei klarer Sicht auch der **Domwe Viewpoint**.

3,5 km südlich des **Chosi Circular Drives** wurde in der Nähe des Sangule Kopje ein **Eisenschmelzofen** entdeckt, über dessen Alter gestritten wird.

Elefanten und Klippspringer entdeckt man eher im steinigen Terrain beim 1953 erbauten, frisch renovierten **Zambian Resthouse**, die Klippspringer auch nahe dem Schmelzofen aus der Eisenzeit. Rund um die Siedlung und die Camps von Chelinda halten sich etliche Buschböcke völlig entspannt und nahezu zahm auf. Sie sind die Gewinner der Forstwirtschaft, konnten sich erst durch die Kiefernforste bis in diese Höhenlagen ausbreiten.

Sambias Anteil am Nyika Plateau

Die Grenze zwischen Sambia und Malawi verläuft mitten durch den Nationalpark. Das frisch renovierte Zambian Resthouse und einige Wege wie der Chowo Trail liegen auf sambischem Staatsgebiet. Im Park verweisen jedoch nur sporadische Schilder darauf. Es ist nicht möglich, direkt von Sambia das Plateau zu erreichen, die Zufahrt muss immer über Malawi erfolgen.

Unterkunft im Nyika Nationalpark

Chelinda entstand in den späten 1950er Jahren als Holzfällerdorf innerhalb der Nyika Pine Plantation, einem kommerziellen Forstbetrieb. In den 1960ern wurden hier Chalets und ein Campingplatz errichtet, die Luxuslodge folgte in den späten 90ern. Alle Unterkünfte werden heute von Central African Wilderness Safaris (S. 88) betrieben. Deren Personal ist ausgesprochen versiert, hilfsbereit und freundlich. In der Rezeption des Camps können Besucher Pirschfahrten (empfehlenswert!), Night Drives und geführte Wanderungen buchen oder sich Trekkingräder ausleihen.

Chelinda Lodge: Tel. 0881-085177 und 0993-294056, E-Mail: reservations@cawsmw.com, http://cawsmw.com. Knisterndes Kaminfeuer im luxuriösen Holzchalet, Wärmflaschen im riesigen Bett, ein großartiger Ausblick über das hügelige Hochland von der eigenen Veranda und der Duft von Kiefern – die Chelinda Lodge ist in ihrer Art einzigartig in Malawi. Hier gibt es weder Strom noch Fernseher in den Chalets und sehr limitiertes Handynetz. Drei erstklassige Guides begeistern ihre Gäste für den speziellen Naturraum des Nyika-Plateaus und zelebrieren den Sundowner mit heißem Tee. Die acht Bungalows sind ein ungewöhnlicher, sehr stimmungsvoller Platz für Naturfreunde und Ruhesuchende. Preise: All-inclusive je nach Saison 330–385 US$ pP. Siehe auch: unser Übernachtungstipp: S. 216.

Chelinda Camp: An das Ufer des Stausees reihen sich drei Chalets und ein Resthouse, ein viertes Chalet liegt im Wald. Diese gemütlichen Ferienhäuser bieten je zwei Doppelzimmer, Küche, Bad, einen wärmenden Kamin im Wohnzimmer und werden jeweils von einem sehr hilfsbereiten Attendant betreut (Feuer schüren, kochen, spülen, putzen). Bei der Rezeption befindet sich auch ein kolonial anmutender Speisesaal mit historischen Fotografien und wärmendem Kaminfeuer. Im gegenüberliegenden Resthouse befinden sich Doppel- und Mehrbettzimmer. Preise: All-inclusive je nach Saison 264–292 US$ pP. Selbstversorger bezahlen 176 US$ pro Nacht für ein Ferienhaus mit vier Betten. Zusätzlich buchbar sind Walks (20 US$), Pirschfahrten (35 US$), Trekkingräder (20 US$/halber Tag) und Mahlzeiten bei Voranmeldung (Frühstück 15 US$, Lunch 20 US$, Dinner für 25 US$).

Campingplatz: Der spartanische Campingplatz für 10 US$ pP bietet Hanglage mit tollem Ausblick und weist heiße Duschen, überdachte Tische und Bänke und einige Feuerstellen auf (kein Strom). Feuerholz wird durch den Caretaker gestellt. Nachts erlebt man hier scheuen Hyänenbesuch, tagsüber diebische Schildraben und neugierige Buschböcke.

Juniper Forest Lodge: Trotz des wohlklingenden Namens handelt es sich hierbei nur um eine sehr einfache staatliche Schutzhütte am Rande des Juniper Forest, rund 43 km südlich von Chelinda, in der Wanderer bei Vorausbuchung preiswert unterkommen können.

Zambian Rest House: Das alte Resthouse liegt etwa 16 km vor Chelinda auf 2220 m Höhe mit herrlichem Ausblick auf Felskuppen und Waldinseln. Es bietet sechs einfache Zimmer und Campinggelegenheit. Wer hier nächtigt, muss auch den sambischen Parkeintritt bezahlen (5 US$). Das Gebäude wurde 2017 renoviert, ein neuer Betreiber hat sich bislang aber noch nicht gefunden.

Links: Ferienhaus und Kaminzimmer im Chelinda Camp; Oben: Blick auf die Chelinda Lodge

Nyika im Wandel der Jahreszeiten

Januar/Februar:	Chelinda erhält in diesen Wochen durchschnittlich 1200 mm Regen. Alles ist grün, das Wild weit verteilt.
März:	Beginn der Proteenblüte, nachlassende Regenfälle, gute Vogelbeobachtungen.
April:	Blüte der Winterblumen und Proteen; Abkühlung und klare Sicht
Mai:	Das Gras wird gelb, die klare Luft kühlt ab auf max. 20 ° tagsüber und 10 ° nachts.
Juni:	Early Burning macht die Luft diesig; die Grasflächen sind schwarz verbrannt; die Tiere ziehen ins Tiefland.
Juli:	Frostnächte. Die verbrannte Erde ergrünt langsam und das Wild kehrt zurück.
August:	Ab Mitte August wird es deutlich wärmer. Ankunft der gefährdeten Stahlschwalben (*Hirundo atrocaerulea*) als erste Migranten des Jahres. Die Elenantilopen ziehen mit ihren Neugeborenen wieder auf das Hochplateau zurück und bilden Herden mit bis zu hundert Tieren.
September:	Die Elen-Herden wachsen bis auf 300 Tiere an, auch die Pferde antilopen und Zebras ziehen wieder auf das Plateau. Die Miombo-wälder werden bunt und die Grasflächen sehr grün.
Oktober:	Im wärmsten Monat bleibt es nachts etwa 15 ° warm und tagsüber 26 °. Beginn der Orchideenblüte, großartige Pirschfahrten, erste Stürme und Gewitter kündigen die baldige Regenzeit an.
November:	Wechselhafter Monat mit erstem Regen, der die Sonnenblumen zum Blühen bringt.
Dezember:	Extremes Wetter mit Gewitter und Regenstürmen, Orchideenblüte, das Wild konzentriert sich rund um Chelinda.

Von Rumphi nach Livingstonia

Einfachere Zufahrt ohne Serpentinen

Es stehen zwei Straßen zur Auswahl: Zwischen den Nyika-Berghängen und dem South Rukuru River verläuft eine ausgewaschene, sehr staubige Piste nach Livingstonia. Sie beginnt vor der Brücke über den South Rukuru und bleibt an dessen westlichem Ufer. Die Region zwischen Nchenachena und Livingstonia ist attraktiv; häufiger Steigungsregen an den steilen Berghängen sorgt für üppig grünen Bewuchs mit riesigen Bambusstauden. Diese Straße wird geteert; bisher sind aber erst die letzten ca. 9 km vor Livingstonia fertiggestellt.

Berüchtigte Serpentinenauffahrt vom Malawisee

Die andere Route verläuft über die Hauptstraße M1 nach Norden (siehe auch S. 139). Die Straße windet sich kurvenreich durch das bewaldete, liebliche South-Rukuru-Tal. Vor Chiweta steigt sie auf 1100 m an, ehe sie 600 Höhenmeter zum See hin abfällt. Dann geht es direkt am schmalen Ufer in der Tiefebene weiter zur Chitimba Bay mit ihren Camps und Strandanlagen (siehe S. 138). 75 km nach der Rumphi-Abzweigung erreicht man die berühmte Serpentinenstrecke *Longmuir-* oder *Gorode-Road* zur Livingstonia Mission, die mit 20 **Haarnadelkurven** das 800 m höhere Escarpment erklimmt. Die Abholzung des Bergurwalds zeigt hier verheerende Folgen; an vielen Stellen wird der alte Serpentinenweg regelmäßig fort gespült und die Erdstraße ausgewaschen wie ein Bachbett. Für Lkws ist sie nicht zugelassen, für Pkws zerstörerisch und selbst für einen Geländewagen eine Tortur. Die Strecke wird nicht mehr ausgebessert und es gibt keine öffentlichen Verkehrsmittel. Rucksackreisende lassen sich mit einem 4x4-Transfer der umliegenden Camps hinauf fahren und bezahlen etwa 100 US$ dafür, alternativ kann man das Plateau natürlich auch in einer schweißtreibenden Wanderung erklimmen.

Tipp: Alternativ zur Serpentinenauffahrt zweigt die Piste „D30" in den Bergen südlich von Chiweta neben der auffälligen Kohleabraumhalde ins Landesinnere ab und stößt 23 km vor Livingstonia auf die Strecke zwischen Nchenachena und der Mission

Foto S. 132: Traumhaft schöne Farbspiele bei Sonnenuntergang auf dem Nyika Plateau

Links: Die Bergstrecke zwischen Rumphi und Livingstonia

Livingstonia Mission

Auf dem Bergplateau entwickelte sich in der frühen Kolonialzeit die bedeutendste Missionsstation Malawis mit einem Krankenhaus und vorbildlicher Schule. Bei einem Rundgang durch die weitflächige Siedlung fällt sofort auf, wie ordentlich und harmonisch die roten Ziegelhäuser mit den blau gestrichenen Tür- und Fensterrahmen und den hübschen Veranden einst angelegt wurden. Allein die gewaltige Secondary School erinnert mit ihren Arkaden eher an eine Klosteranlage als an eine Schule. Ähnlich wirken das ehrwürdige Gordon Memorial Hospital und der Clock Tower. Nebenan befinden sich das alte Post Office und der kleine Laden von Livingstonia. Heute leben auf dem 6 km² großen Plateau etwa 10 000 Menschen. Man überlässt die alten Gebäude ein wenig ihrem Schicksal, der frische Geist früherer Jahre ist verschwunden, alles dämmert dahin. Doch die Fernsicht von hier aus ist beeindruckend wie vor hundert Jahren, und die verbliebenen Zeugnisse der Anstrengungen und Ideale längst verstorbener schottischer Missionare stimmen nachdenklich. Da verwundert es, dass dieses Relikt nicht längst als Welterbe unter den Schutz der UNESCO gestellt wurde.

Manchewe Falls

Rund 5 km unterhalb der Mission liegen die höchsten Wasserfälle Malawis. In mehreren bis zu 50 m hohen Einzelfällen stürzen sie über 270 m tief. Man kann hier in einem Pool baden und die Höhle mit Felszeichnungen direkt hinter dem Wasserfall erforschen. Eintritt ca. 2 US$.

Die Geschichte der Livingstonia Mission

1874 hatte Dr. Laws die erste Livingstonia Mission in Cape Maclear gegründet und sie sieben Jahre später nach Bandawe verlegt (S. 119, 141 und 149). Weil sich auch diese Station als Malariaherd entpuppte, machte er sich 1894 auf die Suche nach einer neuen, dauerhaften Bleibe und entdeckte bei Chilumba das unerschlossene Plateau. Zwar war es nur in mehreren Tagesmärschen und mit viel Kletterei zu erreichen; war man aber einmal oben angekommen, bot es einen spektakulären Ausblick und ein mildes, gesundes Klima auf 1360 m Höhe.

Der Umzug fand noch im selben Jahr statt, und nach vier Jahren hatte der unermüdliche Doktor schon über zehntausend Patienten behandelt. 1903 errichtete Dr. Laws sein Stone House nach schottischem Vorbild. Er legte eine Wasserleitung für die Mission und baute die Longmuir-Road zum See. 1905 erhielt die Mission das erste elektrische Licht der Kolonie, 1910 eröffnete das Gordon Memorial Hospital. Der strenge und couragierte Arzt war die markanteste Erscheinung unter den Missionaren in Nyasaland. Nach mehr als 50 Jahren in Zentralafrika nahm er 1927 seinen Abschied und kehrte nach Schottland zurück, wo er im August 1934 starb. Im alten Stone House ist seit seiner Abreise vieles unverändert geblieben. In einem Teil des Hauses ist heute das **Museum** untergebracht, das eine Ausstellung zur Missionsgeschichte bereithält (Mo–Sa ganztags, So nur nachmittags, geringer Eintritt). Sehenswert ist auch die 1894 im schottischen Stil erbaute **Kirche** mit dem imposanten, bunten Glasfenster, das David Livingstone mit seinen Begleitern Susi und Chuma bei der Ankunft am Malawisee zeigt. Im Innern der Kirche gelangt man hinter dem Altar in eine kleine angebaute Kapelle.

Unterkunft in Livingstonia

Stone House: CCAP Church, Tel. 01-368223, E-Mail: house.stone@yahoo.co.uk. In Dr. Laws' ehemaligem Wohnhaus findet man einfache Unterkunft in origineller Atmosphäre: dicke Gemäuer, hölzerne Flure, alte Möbel. Es gibt mehrere Zimmer im Obergeschoss, einen Salon und Gemeinschaftsduschen im Keller. Einfache Mahlzeiten werden gereicht. Im Vorgarten wird Camping ohne jegliche Einrichtungen gestattet. Übernachtungspreis im Mehrbettzimmer 20 US$ pP, Camping 5 US$.

Livingstonia Lodges: Die CCAP Church bietet zudem Holzchalets mit eigener Veranda und teilweise eigenen Bädern für 30 US$ pro Nacht an (mit gratis WLAN).

Lukwe Eco Camp: Tel. 0999-434985, E-Mail: info@lukwe.com, www.lukwe.com. Das lässige Öko-Naturcamp und Freiluftrestaurant liegt mit viel Ausblick gute 500 m nach den Manchewe Falls direkt am Steilhang. Der Ökologe Auke Swennen baut Biogemüse an, hat Öko-Duschen, Toiletten und eine Gemeinschaftsküche für die Gäste errichtet. Doch die Küche des sympathischen Camps ist so gut – insbesondere die frischen Salate – dass sich das Selbstkochen hier nicht lohnt.

Preise: Zelte und Chalets kosten 14 US$/DZpP und 17 US$/EZ, Ensuite-Chalet 50 US$/Nacht, Camping im Hintergrund 6 US$ pP, Mietzelte 7 US$. Hauptgerichte um 10 US$.

Mushroom Farm: Tel. 0999-652485, E-Mail: themushroomfarmmalawi@gmail.com, www.themushroomfarmmalawi.com. Auch dieses Öko-Backpackercamp liegt mit spektakulärem Weitblick noch etwas weiter abwärts in Richtung der Serpentinen am Steilhang und steht unter US-amerikanischer Leitung. Es ist etwas größer, jugendlicher und einfacher. Es gibt ein Restaurant mit Gerichten von 5–8 US$ und bietet Bergwanderungen und soziale Aktivitäten an. Die unterschiedlichen Zelte, „Cob Houses" und A-Frames kosten 8–20 US$ pP und 10–30 US$/EZ, Übernachtung im Mehrbettzelt und Camping je 5 US$.

Oben: Kahle Berghänge, wo früher Urwald stand, sind heute leider vielerorts Realität

Der äußerste Norden: Chitipa und Karonga

Ganz im Norden ist Malawi schon deutlich ostafrikanisch geprägt. Zwischen den trockenen Dornbüschen weiden Zebuherden (Buckelrinder), Ochsenkarren werden jetzt immer häufiger, und viele Frauen tragen bunte Perlenketten und hüllen sich in große, farbige Tücher. Zwischen die Tumbuka-Laute mischt sich allerorten die ostafrikanische Verkehrssprache Suaheli.

Karonga

Bescheidene Übernachtungsmöglichkeiten und ein sehenswertes Museum

Die nördlichste Stadt des Landes hat außer einem interessanten Museum nur wenig Aufregendes zu bieten; ein paar kleine Läden, ein Versicherungsbüro, ein Büro der Immigration und die nördlichste Bankfiliale Malawis. Der schilfige Strand eignet sich hier nicht zum Baden, und die bescheidenen Unterkünfte wie das Mphiri Guesthouse in der New Town (Tel, 09-197402, Zimmer für 40 US$/Nacht), das völlig vernachlässigte Beach Chamber Motel am See (Tel. 01-362534, Zimmer ab 45 US$/Nacht) und die lebhafte Golden Sands Beach Lodge in der Altstadt (Tel. 0993-915134) laden nicht zum längeren Verweilen ein. Die Bungalowanlage Club Marina Lodge direkt am Seeufer macht noch den besten Eindruck (Tel. 01-362391 /0999-458657, Zimmer ab 50 US$/Nacht).

Ausreise nach Tansania

Es bestehen Busverbindungen nach Mzuzu und zur 50 km entfernten **tansanischen Grenze** in Mwandenga/Songwe Bridge, die täglich von 8–18 Uhr öffnet. Tansania-Visa sind bei der Einreise erhältlich, Geldwechsel ist ebenfalls möglich; mitunter wird ein Gelbfieberimpfnachweis verlangt. Tansania ist Malawi um eine Stunde voraus.

Karonga genießt in mehrfacher Hinsicht **historische Bedeutung**: Für die African Lakes Company war sie ein wichtiger Handelsplatz zwischen den Seen Lake Tanganjika und Lake Nyasa und sie lag direkt an der geplanten Cape-to-Cairo-Strecke. Karonga war zudem Schauplatz der einzigen Schlacht im Ersten Weltkrieg innerhalb der britischen Kolonie (siehe S. 15) und Stützpunkt des mächtigsten Sklavenjägers in Nyasaland (siehe unten). Die Umgebung Karongas gab vor einigen Jahren aber auch 100 Mio. Jahre alte **Dinosaurierknochen** frei und 2,5 Mio. Jahre alte Fragmente von Vor- und Urmenschen – eine paläoanthropologische Sensation. Der deutsche Wissenschaftler Prof. Dr. Schrenk war viele Jahre hier tätig. Er gründete die Uraha Foundation und setzt sich für das **Cultural & Museum Centre** von Karonga ein, in dem Fossilienfunde ausgestellt, Tänze und Bräuche der Bevölkerung vorgestellt und „Historical Tours" angeboten werden. Auch ein Besuch der alten Old Stevenson Road (siehe unten), der Mbande Hotsprings und der deutschen Kriegsgräber aus dem Ersten Weltkrieg stehen dabei auf dem Programm. Das Museum im Ortszentrum ist Mo-Sa von 8.30–17 Uhr geöffnet, So von 13–17 Uhr, der Eintritt beträgt 5 US$. Kontakt: Uraha Foundation, Tel. 0888-515574, E-Mail: karongamuseum@gmail.com, www.facebook.com/CMCK.Malawi und http://www.warmheartofmalawi.org.

Die spektakulären Funde im Ostafrikanischen Grabenbruch sind wertvolle Puzzlestücke in der Erforschung der Menschheitsgeschichte

Auf historischen Spuren: Chitipa und die legendäre „Old Stevenson Road"

Von Karonga führt eine 100 km lange Teerstraße über die Nkondeebene in das Hochland und nach **Chitipa** nahe der sambischen Grenze. Der 1250 m hoch inmitten von Bergen gelegene Ort bietet neben zahlreichen Raffiapalmen eine Tankstelle und bescheidene Unterkunft im Chitipa Inn. Wenig erinnert daran, dass hier einst eine historische Route zwischen dem Malawi- und dem Tanganjikasee existierte, deren Name heute sogar noch ein Begriff ist. Teilstücke wurden von chinesischen Bautrupps wiederhergestellt.

Von Chitipa kann man über kleine, einsame Grenzen sowohl nach Tansania als auch nach Sambia weiterreisen. Die bergige Region ist landschaftlich grandios.

Ein historischer Rückblick: Sklavenjäger Mlozi in Karonga

„Sultan von Nkondeland" nannte sich der berüchtigte Sklavenhändler Mlozi, der seine Festung mit dicken Mauern und Wällen umgab und eine Schreckensherrschaft über der Nkondeebene ausübte. Auf seinen Raubzügen zerstörte er die Dörfer, verbrannte das Land und schleppte tausende in Eisen gefesselte Sklaven zu den Märkten nach Sansibar. Er betrieb sein grausam-lukratives Geschäft auch dann noch, als Großbritannien Nyasaland zur britischen Kolonie erklärte, und vertrieb den einsam hier ausharrenden Missionar Dr. Kerr Cross 1888 von seiner Missionsstation. 1895 unternahmen die Briten endlich massive Schritte, um den letzten Sklavenhändler zu stellen und griffen mit hunderten Soldaten und mehr als 700 Nkonde-Angehörigen Mlozis Armee an. Nach schweren Kämpfen wurden Mlozi gefangen genommen und mehr als 600 Sklaven befreit. Die Nkonde-Chiefs verurteilten den gefürchteten Araber zum Tode und knüpften ihn auf. Damit gehörte das grausame Kapitel der Sklaverei in Nyasaland endgültig der Vergangenheit an.

Von Karonga nach Mzuzu

Die M1 führt von Karonga am Seeufer entlang nach Süden. Die flache Niederung ist während der Regenzeit häufigen Überschwemmungen ausgesetzt, was regelmäßig zu Straßenschäden im Asphalt führt. Über Ngara führt sie über **Chilumba**, dessen 6 km abseits gelegener Hafen wöchentlich von der M.V. Ilala angelaufen wird, nach **Chitimba Bay**. Hier reihen sich jetzt zahlreiche legere Camps an das flache Seeufer (siehe rechts).

Noch Zukunftsmusik: ein Stausee und eine neue Straßenführung nach Livingstonia

Ein geplanter Staudamm am South Rukuru führt derzeit zu einem Straßengroßprojekt: Eine neue ca. 80 km lange Verbindung von Chitimba Bay über Livingstonia Mission nach Njakwa bei Rumphi. Die projektierte Straße soll also zukünftig durch das bergige Hinterland von Chitimba Bay führen und die Serpentinenauffahrt zur Mission überflüssig machen.

Zuwurufu-Hängebrücke

Südlich vom Kings Highway Rest Camp erklimmt die Teerstraße rasch das Hochland; Paviane sieht man oft auf dieser kurvigen, malerischen Strecke. Im weiteren Verlauf schlängelt sie sich neben dem Fluss durch das Tal des South Rukuru. Hier befindet sich die letzte verbliebene Bambushängebrücke des Landes (genau 9,5 km südlich der Brücke über den South Rukuru bzw. 33 km nördlich der Rumphi-Abzweigung). Ein kleines „Tourist Centre" mit verblichenen Schildern markiert die Stelle, von der man nach Hundert Metern zur Hängebrücke gelangt. Sobald man dort anhält, kommen zahlreiche Jugendliche angelaufen und wollen den Besucher zur Brücke führen. Früher waren solche Hängebrücken in der Nordprovinz häufig, ehe sie durch Stahl- und Holzkonstruktionen ersetzt wurden. Auch diese Hängebrücke ist inzwischen durch ein Stahlseil gesichert, doch es ist immer noch faszinierend, über die wackelige Brücke zu gehen.

Foto rechts: Typisches Regenzeitidyll: Intensive Gewitterstimmung über dem Malawisee

Unten: Die Zuwurufu-Hängebrücke, die auch „Kandewe Bamboo Traditional Suspension Bridge" genannt wird

Unterkunft zwischen Ngara und Chitimba Bay

FloJa Malawi: Tel. 0999-060185, E-Mail: info@flojamalawi.nl, www.flojamalawi.nl. Das niederländische Kinderprojekt unterhält eine Tagesstätte für 90 bedürftige Kinder und offeriert auf dem Gelände zwei Bungalows und Camping mit Strom und WLAN. Das Projekt liegt 35 km südlich von Karonga bzw. 3 km nördlich von Ngara. Preise: ÜF im Cottage 20 US$ pP, Camping 7 US$ pP.

Sangilo Sanctuary: Tel. 0999-395203, E-Mail: sanctuary@sangilo.net, www.sangilo.net. 80 km südlich von Karonga ist die 1,5 km lange Zufahrt zu dieser ruhigen, idyllisch in einer steilen Bucht gelegenen Lodge; die Anreise auf den letzten ausgewaschenen 400 m erfordert ein Allradfahrzeug. Beim Eingang liegt eine Campingwiese, und über steile Steintreppen gelangt man zu den Chalets und hinunter zur sandigen, von großen Felsen umrahmten Bucht mit Strandlokal. Preise: je nach Ausstattung kosten die Zimmer 33-38 US$/DZpP und 45-0 US$/EZ, Camping 10 US$.

Chitimba Camp: Tel. 0888-387116, E-Mail: camp@chitimba.com, www.chitimba.com. Dieses große Backpacker- und Overlander-Camp nahe der Serpentinenauffahrt zur Livingstonia Mission ist mit Abstand das lebhafteste und beliebteste der Region, denn es bedient exakt die Ansprüche seiner Klientel und liegt an einem schönen, breiten Sandstrand. Zur Auswahl stehen gemauerte Bungalows mit Seeblick, Blockhütten mit Gemeinschaftsbad, ein Dormitory und ein großes Campingareal im Hof (teilweise auf Sand oder Wiese; mit Strom, Schattenbäumen, Hotspot, Bar- und Restaurant). Preise: Ensuite-Chalets 50 US$/Nacht, Blockhütten 25 US$/Nacht, Dormitory 11 US$ pP, Camping 7 US$ pP (Strom 2 US$ extra).

Hakuna Matata Campsite: Tel. 0882-297779, E-Mail: hakunamatata.chitimba@gmail.com, http://hakunamatatacamp.com. Direkt nebenan kostet die Übernachtung im Doppelzimmer oder Dormitory 10 US$ pP und Camping im Hof 5 US$ pP. Mit kleinen Schattendächern, Strandbar/Restaurant und sehr einfachen Sanitäranlagen.

Kings Highway Rest Camp (Florence Bay Restcamp): Tel. 0997-779355, E-Mail: florencebay@kingshighway.co.za, www.kingshighway.co.za. Der elektroumzäunte Campingplatz am schmalen Strand der südlichen Chitimba Bay steht unter südafrikanischem, kirchlichem Management und bietet begrünte Parzellen mit Grillstand und Strom für 10 US$ pP. Viele Bäume, die aber kaum Schatten geben, gute Duschen und Toiletten. Es stehen auch einige Zimmer für 10 US$ pP zur Verfügung.

Oben: Holz sägen in Malawi: Mit den langen Sägeblättern ist dies ein Knochenjob im Zweierteam

Ein Abstecher nach Nkhata Bay

Die Lage der Kleinstadt ist traumhaft, ihre Atmosphäre die vieler Hafenstädte: unruhig, aufdringlich und vermüllt. Nkhata Bay wirkt wie ein durchgehender chaotischer Straßenmarkt. An das einstige Zentrum swahili-arabischer Sklavenjäger erinnern höchstens noch ein paar alte Häuser mit Halbmond-Verzierungen. Vor Jahren wurde die Stadt von den Rucksack-Touristen entdeckt, daraufhin entstanden im Ort und am südlich anschließenden Chikale Beach mehrere Low-Budget-Unterkünfte und passende Kneipen, aber inzwischen macht das meiste einen Eindruck des Niedergangs. Wegen der M.V. Ilala, die zweimal wöchentlich hier anlegt und Passagiere von und nach Likoma Island befördert (siehe S. 263), wird die stickige Ortschaft regelmäßig von Backpackern angesteuert; doch Strände und Unterkünfte sind anderswo attraktiver, vor allem für Camper, Ruhesuchende und Familien. Im Ortszentrum gibt es eine Bank mit Geldschalter für VISA, einen Supermarkt und eine Tauchschule mit Zimmervermietung. Eine Auswahl der besseren Unterkünfte:

Unterkunft in Nkhata Bay und Chikale Beach

Mayoka Village: Tel. 0999-268595, E-Mail: info@mayokavillagebeachlodge.com, www.mayokavillagebeachlodge.com. Die Backpackerlodge an der Landzunge zwischen Nkhata Bay und dem südlichen Chikale Beach ist die beste Unterkunft am Platz, denn ihre Lage an einer steilen, kleinen Sandbucht ist attraktiv, der Ausblick auf den Hafen von Nkhata Bay inspirierend und die Atmosphäre freundlich. Ortschaft und M.V. Ilala sind fußläufig erreichbar, trotzdem hat der Reisende Ruhe und Privatsphäre – zwei Attribute, die hier sonst schwer zu finden sind. Unterschiedliche Stein-, Bambus- und Lehmchalets, ein Dormitory und ein Stelzenlokal mit Pool verteilen sich am Berghang über der kleinen Sandbucht, zwischen deren Felsen man schnorcheln und Einbaum fahren kann. Preise: Ensuite-Bungalows 23 US$/DZpP und 25 US$/EZ, Bambushütten 18 US$/DZpP und 20 US$/EZ, Dormitory 12 US$ pP, Camping (nur kleine Zelte geeignet) 5 US$ pP.

Njaya Lodge: Tel. 0999-48673, E-Mail: info@njayalodge.com, www.njayalodge.com. Idyllische Bambushütten und Steinchalets am Felshang, eine große Bar mit Blick über den See, Restaurant und Campinggelegenheit – die lässige Anlage mit dem schönen Strand und altem Baumbestand ist beliebt. Preise: Die unterschiedlichen Beach Cottages, Garden Chalets und Villas kosten ab 60 US$/Nacht, Übernachtung im Dormitory 15 US$ pP.

Aqua Africa Lodge: Tel. 0999-921418, E-Mail: divemalawi@gmail.com, https://aquaafrica.co.uk. Die Tauchschule neben dem Ilala-Hafen liegt mitten im trubeligen Ort, deshalb steigen hier hauptsächlich Taucher ab, die das Angebot an Day & Night Dives für 50–120 US$ nutzen. Die Zimmer sind einfach, aber sauber. Preise: Standardzimmer 40 US$/Nacht, Deluxe-Zimmer 80 US$/Nacht.

Usisya Beach Eco-Lodge: Tel. 0995-636585, E-Mail: D.Kartscher@gmx.de. Sehr abgelegen im Fischerdorf Usisya, das wöchentlich von der M.V. Ilala angelaufen wird, ansonsten aber nur über eine zweistündige Allradpiste von Mzuzu erreichbar ist, liegt dieses idyllische, ruhige Camp an einem herrlichen Felsen- und Sandstrand. Preise: Die Naturchalets kosten 20 US$/DZpP und 30 US$/EZ, Camping am Strand 8 US$ (auch für Wohnmobile geeignet).

Von Mzuzu nach Salima

Eine frisch geteerte Panoramastraße führt von Mzuzu nach Nkhata Bay. Mit rasanten Kurven schlängelt sie sich durch das dicht besiedelte und leider weitflächig abgeholzte Escarpment hinab und verliert dabei rund 800 Höhenmeter. Zwischen Zitrusfrüchten und Cashewnüssen werden am Straßenrand Bambusmatten verkauft. Nach 45 km erreicht man den festen Polizeikontrollposten an der Abzweigung nach Nkhata Bay (siehe links).

Auf der Weiterfahrt von Nkhata Bay nach Süden beginnen die riesigen Gummibaumplantagen der kommerziellen „Vizara Plantation". Entlang der Strecke durch die Gummiforste verkaufen Kinder lustige kleine Bälle aus Kautschuk (Foto rechts; die Bälle verlieren leider mit der Zeit ihre Spannkraft und erschlaffen). Auf der Weiterfahrt sind noch großartige Küstenwälder an den Hängen erhalten geblieben, ehe die ersten Dörfer auftauchen. Nach 40 km kurviger und hügeliger Fahrt erreicht man die schönen Sandstrände um die unauffällige Ortschaft **Chintheche**. Hier liegen wieder mehrere Strandresorts, die zumeist individuelle Zufahrten haben. Die weitläufige Chintheche-Region ist eher familiär und spricht ruhesuchende Individualisten an. Am nördlichen Ortsrand liegen kleine, einfache Anlagen. Die schöneren Resorts folgen von Chintheche weit versprengt bis ca. 5 km südlich der Ortschaft, wo die feinen, weißen Sandstrände durch glatte Felsblöcke aufgelockert werden.

Old Bandawe Mission

10 km südlich von Chintheche liegt der 1881 gegründete zweite Standort der Livingstonia Mission (S. 119, 135 und 149). Weil Bandawe direkt im Einzugsgebiet der Sklavenjäger lag, harrten die Missionare hier nur drei Jahre aus, ehe sie nach Livingstonia weiterzogen. Die denkmalgeschützte Ruine ihrer mächtigen Backsteinkirche steht heute noch neben einigen alten Gräbern und einem kleinen Museum.

Unterkunft bei Chintheche

Chintheche Inn: Central African Wilderness Safaris, Tel. 01-771393, E-Mail: info@cawsmw.com, http://cawsmw.com. Abgeschirmt in einem großen Garten ruht dieses gemütliche, kolonial wirkende Ferienhotel, das renoviert und aufgemöbelt wurde (mit asphaltierter Zufahrt). Die Zimmer sind eher klein, aber ansprechend. Mit Bar, Restaurant, Bootsverleih, Katamaranfahrten; es werden auch Ausflüge zur Old Bandawe Mission und Bird Walks angeboten. Der angegliederte große Campingplatz bietet eine teilschattige Wiese, Sanitäreinrichtungen, Strom, Licht und eine eigene Bar am breiten Sandstrand. Preise: VP 205 US$ pP, HP ab 180 US$ pP, Camping 10 US$. Lunch und Dinner je 20 US$, Aktivitäten 5–20 US$.

Sunga Moyo (ehemals Nkhwazi Lodge): Stella Fuerst, Tel. 0999-964053, E-Mail: sunga-moyo@webmail.mw, www.sunga-moyo.com. Nach einigen Kilometern Waldzufahrt gelangt man zu dieser von hohen Bäumen umschirmten Anlage am weißen, felsigen Sandstrand. Sie bietet gemütliche Chalets und begrünte, schattige Campingplätze unter den Bäumen, mit Campküche, gepflegten Sanitäranlagen, Hängematten, Steintischen, Licht, Strom, Grillstellen und Bar mit schönem Aussichtsdeck. Ein prima Platz zum Erholen und Ausspannen; Verpflegung gibt es jedoch nur bei Vorausbuchung. Preise: Zweibettchalet mit ÜF 90 US$/Nacht, Luxuschalet für 120 US$/Nacht, Camping 10 US$ pP.

Makuzi Lodge: Tel. 0999-283980, E-Mail: info@makuzibeachlodge.com, www.makuzibeachlodge.com. 5 km südlich von Chintheche zweigt die 3 km lange sandige Zufahrt nach Bandawe ab (siehe S. 141); und die beschauliche kleine Anlage schmiegt sich in dessen Nähe in eine ausgesprochen malerische, uneinsichtige Bucht (Foto rechts). Die hochwertigen Chalets, einfacheren Rondavels und die Campingwiese auf Terrassen mit Strom, Grillstellen und ausreichend Schatten liegen im gepflegten Garten neben dem Restaurant auf Stelzen. Preise: Standard bzw. Superior-Chalet mit ÜF kosten 90 bzw. 120 US$/DZpP und 115 bzw. 145 /EZ, Camping kostet 10 US$ pP.

Rauchsäulen über dem See

An Neumondtagen glaubt man mitunter riesige Rauchsäulen über dem Malawisee zu entdecken. Es handelt sich dabei um den Paarungstanz der geschlüpften Büschelmücken (auch Seefliegen genannt, *Chaoborus edulis*). Nach der Paarung sinken diese zur Wasseroberfläche und legen dort ihre Eier ab, die sich im See zu Glasstäbchenlarven entwickeln und die nächsten Wochen im Malawisee verbringen werden. Um den gefräßigen Fischen zu entgehen, bleiben die Larven tagsüber 250 m tief in den sauerstoffarmen Regionen des Sees. Nachts tauchen sie auf und ernähren sich vom tierischen Plankton in etwa 50 m Tiefe. Bei Neumond schlüpfen die Larven und beginnen ihrerseits den Paarungstanz in der Luft. Steht der Wind ungünstig, werden ganze Wolken mit Abermillionen dieser harmlosen, winzigen Mücken an Land getrieben, wo die Malawier bereitstehen und sie von Booten aus in Körben einfangen, um sie begeistert zu einer Art frittiertem Fladen zu verarbeiten, denn die winzigen Mücken gelten als Leckerbissen; sie enthalten sieben Mal mehr Einweiß als Fleisch.

Südlich von Chintheche wird die Vegetation allmählich trockener und die Berge treten zurück. Die nächste Ortschaft, **Kande**, ist kleiner als Chintheche und hat sich eigentlich nur durch seine Ferienresorts und den Reitstall einen Namen gemacht. 90 km südlich von Chintheche bzw. 60 km vor Nkhotakota kündigen in **Dwangwa** saftiggrüne Zuckerrohrfelder eines der beiden Zuckerzentren Malawis an. Nun ist endgültig kein Urwald mehr zu sehen, statt dessen Aufforstungen mit Kiefern und Eukalyptus. Auch die Besiedelung nimmt deutlich zu. Auf den letzten Kilometern fährt man am Elektrozaun des Nkhotakota Wildreservats entlang (s. S. 98).

Unterkunft zwischen Kande und Ngala

Kande Beach: Tel. 0888-263500, E-Mail: info@kandebeach.com, www.kandebeach.com. Das große Resort am Kande Beach (2,5 km sandige Zufahrt) ist ganz nach den Bedürfnissen der Overlander und Backpacker ausgerichtet. Das Campingareal ist eine riesige Sandfläche mit Bambus-Abstelltischen und -Schattendächern (für Lkws passend, aber wenig Privatsphäre und unruhig). Die betont lässige Bar vor dem strahlend weißen Sandstrand bietet Hängematten, einen kleinen Shop und WLAN-Hotspot, dahinter reihen sich die unterschiedlichen Unterkünfte. Mit Tauchschule. Preise: Camping 7 US$ pP, Dormitory 12 US$, Cabins 15 US$/Nacht, Strandchalets 34 US$/ Nacht, Cottages 54–88 US$/DZpP.

Kande Horse Stables: Tel. 0888-500416, kandehorse@gmail.com, www.kandehorse.com. Die alternativ angehauchte, britisch geführte Pferdefarm bei Kande liegt landeinwärts neben der M1 in einem schönen Miombowald und bietet neben den Reitstunden am Strand auch gemütliche Zimmer im Farmhaus an. Preise: ÜF 70 US$ pP, mit AI 120 US$ pP. Camping im Garten ist ebenfalls möglich. Reiten kostet 70 US$ für zwei Stunden (zweimal täglich mit Abholung innerhalb Kandes und gemeinsamem Bad im See).

Kachere Castle: Tel. 0993-809321, E-Mail: kacherekastle@hotmail.com, www.kacherekastle.com. Nach sieben Jahren Bauzeit wurde das leicht exzentrische Burghotel mit seiner ungewöhnlichen Architektur 2016 fertiggestellt. Es liegt in Kachere, etwa 10 km südlich von Kande, direkt am einsamen Strand und bietet moderne Zimmer mit dreierlei Kategorien, einen Innenhof mit Pool und Bar, ein sehr gutes Restaurant und nebenan einen bestens ausgestatteten kleinen Campingplatz unter Bambusstauden (mit Strom/Licht, Grillstellen, Sanitäranlagen, direkt am Strand). Preise: HP je nach Zimmer 90–117 US$/DZpP und 180–233 US$/EZ, Camping 14 US$ pP.

Ngala Beach Lodge: Tel. 0888-192003. E-Mail: info.ngala@iwayafrica.com, www.ngalabeach.com. Die gemütliche, ältere Mittelklasselodge liegt 15 km nördlich von Dwangwa in Ngala (65 km südlich von Chinteche) nur 400 m neben der Straße auf einem kleinen Höhenzug mit Blick auf den palmenbestandenen, flachen Sandstrand. Bar/Restaurant und die Chalets sind räumlich sehr großzügig gebaut, es gibt einen kleinen Pool im Garten und auf der Wiese am Strand Campinggelegenheit unter schattigen Bäumen. Das Restaurant serviert auch frische Holzofenpizza. Preise: ÜF 95 US$ pP, VP 135 US$ pP, Camping 10 US$ pP.

Insel-Abstecher: Likoma Island

Likoma Island und Chizumulu, die kleine Schwesterinsel, liegen im Norden des Malawisees etwa auf der Höhe von Chintheche, dem mosambikanischen Ufer direkt vorgelagert. Dass sie dennoch zu Malawi zählen, liegt an der britischen Missionstätigkeit, die auf Likoma bereits 1885 begann.

Likoma Island ist mit 17 km^2 nur etwa 3 x 8 km groß, überwiegend flach und sehr trocken, da sie wenig Regen erhält. Der spärliche Bewuchs wurde längst abgeholzt und verfeuert, nur die vielen eindrucksvollen Baobabs blieben erhalten und zahlreiche neu gepflanzte Mangobäume. Likoma hat viele schöne Strände und Buchten, z. B. die Jofuh-Bucht, die viele sonnenhungrige Urlauber anzieht.

Das imposanteste Gebäude der Insel ist nach wie vor die gigantische neugotische St. Peter's Kathedrale, die von 1903–1905 mit 100 m Länge und 25 m Breite genau gleich groß wie die Winchester-Kathedrale in England gebaut wurde. Der Überlieferung nach wurde das Kruzifix über dem Altar aus dem Holz jenes Baumes geschnitzt, unter dem Dr. David Livingstones Herz nach seinem Tod in den sambischen Bangweulu-Sümpfen begraben worden war. Das mächtige Backsteingebäude mit seinen farbigen Glasfenstern wurde in den 1980er Jahren grundlegend renoviert und zählt heute noch immer zu den eindrucksvollsten Bauwerken Malawis.

Eine unruhige Missionsgeschichte

Bischof Mackenzie von der Universities Mission war der erste Missionar, der dem Ruf Dr. Livingstones nach Zentralafrika folgte. Nach dem tragischen Ende seiner Missionsreise (siehe S. 11) hielt sich die Mutterkirche lange Zeit aus Afrikas Geschicken heraus und sandte erst 1885 wieder Missionare an den See. Aufgrund der schlechten Erfahrungen auf dem Festland mit Sklavenhandel, Stammesfehden und Malaria ließen sie sich dieses Mal auf der kleinen Insel Likoma nieder. Den ersten beiden Gefahren gingen sie damit aus dem Weg, doch unter der Malaria litten sie hier noch stärker als alle anderen Missionsstationen Nyasalands. Im Durchschnitt starb jeder dritte Missionar auf Likoma an der verheerenden Krankheit. Erst 1889 erhielt die Mission Unterstützung durch einen Arzt, und 1901 wurde auf der Insel ein kleines Hospital gegründet. Bei den Insulanern war ein starker Aberglaube lebendig, dem die frommen Missionare lange Zeit nur wenig entgegensetzen konnten. Vor den Augen der Missionare wurden einmal drei Frauen wegen Hexerei bei lebendigem Leib verbrannt. An jener Stelle erbauten die Missionare deshalb ab 1903 eine pompöse Kathedrale. Nach einigen Jahrzehnten waren schließlich doch alle Inselbewohner zum Christentum bekehrt worden (sehr viele waren es ja auch nicht). Damit hatte die Mission die höchste Christianisierungsrate Afrikas erreicht!

Anreise

Fluganreise: Ulendo Airlink (Tel. 01-794638, www.flyulendo.com) fliegt regelmäßig zwischen Lilongwe und Likoma (ca. 260 US$ pro Strecke zzgl. 10 US$ Airporttax beim Rückflug). Schiffsanreise: Die M.V. Ilala fährt fahrplanmäßig auf ihren wöchentlichen Routen montags von Nkhata Bay die Insel an und kehrt samstags abends zurück (S. 263). Die kleinere, etwa preisgleiche M.V. Chambo fährt die gleiche Strecke planmäßig donnerstags und kehrt mittwochs zurück.

Unterkunft auf Likoma Island

Kaya Mawa: Tel. 0976-366054, E-Mail: welcome@greensafaris.com, www.kayamawa.com. Die romantische Luxuslodge, die seit 2018 zu Green Safaris gehört, schmiegt sich zwischen zwei malerischen kleinen Sandbuchten auf eine Felszunge und bietet idyllische Chalets, in denen man die Zeit vergessen kann, traumhafte Gelegenheit zum Schnorcheln, Tauchen, Kiten und Segeln, einen Spa-Bereich und eine exquisite Küche. Preise: All-inclusive 300–545 US$/DZpP und 390–710 US$/EZ.

Mango Drift: Tel. 0999-746122, E-Mail: enquiries@mangodrift.com, www.mangodrift.com. Auch die legere Backpackerlodge mit Bar und Restaurant liegt in einer hübschen Bucht. Preise: Chalets kosten (ohne/mit eigenem Bad) 15 bzw. 35 US$/DZpP und 25–60 US$/EZ, Dormitory 8 US$ pP und Camping 5 US$ pP. Kitesurfen, Tauchen und Schnorcheln möglich.

Ulisa Bay Lodge: Tel. 0994-748707, E-Mail: Ulisabaylodge@gmail.com, www.ulisabaylodge.com. Unter dem Management der Dedza Pottery liegt hier ein weiteres entspanntes, gemütliches Ferienidyll mit unterschiedlichen gemauerten Chalets (ÜF 29–44 US$/DZpP und 40–53 US$/EZ), Mietzelten (22 US$/DZpP und 28 US$/EZ), Dormitory (8 US$) und Camping (5 US$).

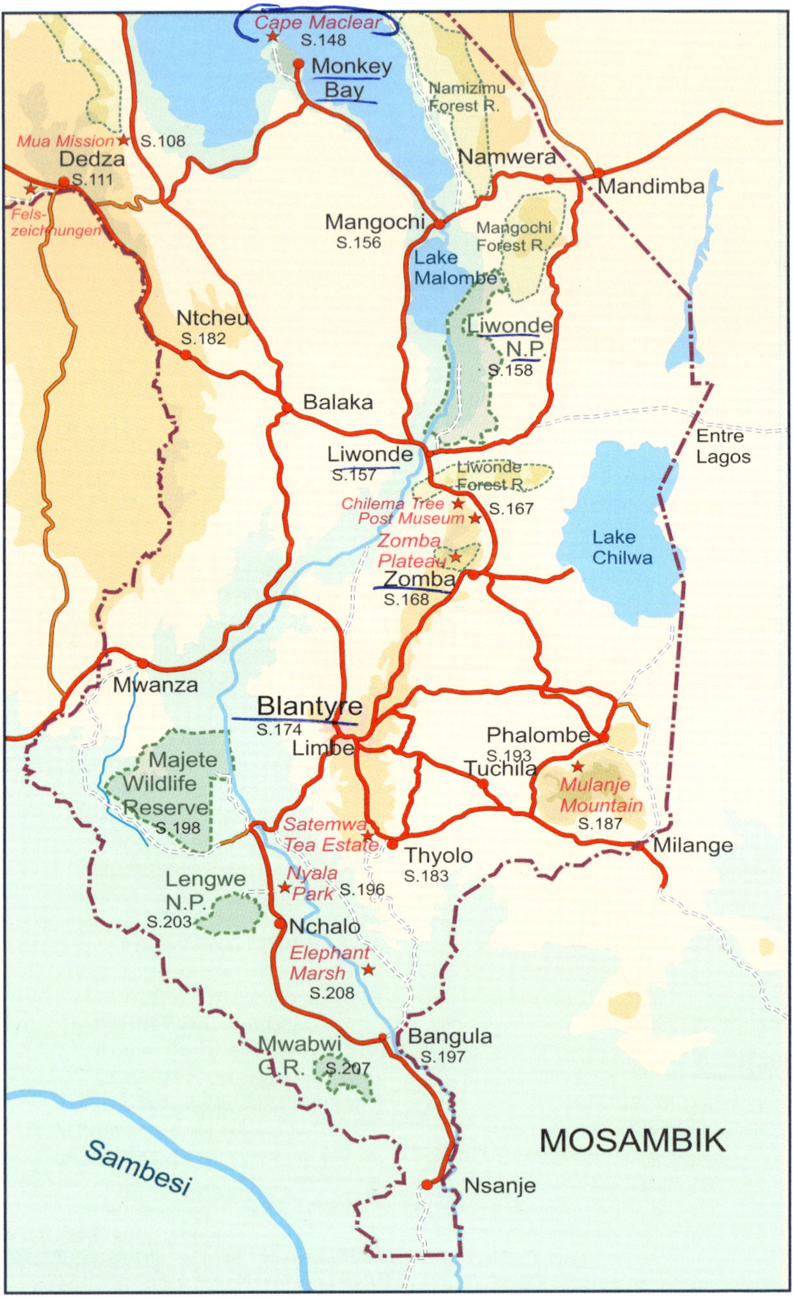

Cape Maclear
S.148
Monkey Bay
Namizimu Forest R.
Mua Mission
S.108
Dedza
S.111
Namwera
Mandimba
Fels-zeichnungen
Mangochi
S.156
Mangochi Forest R.
Lake Malombe
Ntcheu
S.182
Liwonde N.P.
S.158
Balaka
Entre Lagos
Liwonde
S.157
Liwonde Forest R.
Chilema Tree
Post Museum
S.167
Lake Chilwa
Zomba Plateau
Zomba
S.168
Mwanza
Blantyre
S.174
Limbe
Phalombe
S.193
Tuchila
Majete Wildlife Reserve
S.198
Mulanje Mountain
S.187
Satemwa Tea Estate
Thyolo
S.183
Milange
Lengwe N.P.
S.203
Nyala Park
S.196
Nchalo
Elephant Marsh
S.208
Bangula
S.197
Mwabwi G.R.
S.207
MOSAMBIK
Sambesi
Nsanje

DER SÜDEN

Malawis Süden birgt allerlei Gegensätze mit einer Fülle an Sehenswürdigkeiten. Hier liegen großartige Nationalparks, beeindruckende Teeplantagen, schroffe Berge und der Lake Malawi Nationalpark mit seiner bunten Unterwasserwelt, felsigen Buchten und feinsandigen Badestränden.

Lake Malawi Nationalpark

Der Nationalpark wurde 1980 als erster Süßwassernationalpark Afrikas gegründet und vier Jahre später von der UNESCO zum Weltnaturerbe erklärt. Er erstreckt sich über die traumhaft schön gelegene Bucht von Cape Maclear, die ihr vorgelagerten bewaldeten und felsigen Inseln und den umgebenden See. In erster Linie wurde er zum Erhalt und Schutz der einzigartigen Unterwasserwelt des Malawisees eingerichtet. Hunderte verschiedener Buntbarsche, von denen etliche Arten noch immer unbekannt sind, leben in diesem warmen Gewässer; ein beachtlicher Teil davon ist sogar endemisch. Aquarianer in aller Welt lieben diese bunten Zierfische. Die berühmtesten unter ihnen, die Mbuna aus der Familie der Zichliden, sind 15 cm große Steinfische und leben ausschließlich in felsigem Terrain, wie es Cape Maclear bietet. Bei den Buntbarschen haben sich besonders viele eigenwillige Arten herausgebildet, z. B. Schuppenfresser, Schnecken- und Wulstlippenbuntbarsche. Hier tummelt sich auch der gelbe, mit schwarzen Längsstreifen gezeichnete Türkisgoldbarsch. Ferner kommen zahlreiche Tiger- und Katzenfische, Karpfen und Barsche vor.

Auch Krokodile und Flusspferde waren hier einst zahlreich, sie sind aber stark bejagt worden. Man sieht sie noch in der Bucht nahe der Pumulani Lodge. Mit etwas Glück entdeckt man in den felsigen Buchten Warane, muntere Klippschliefer oder die scheuen Fischotter, die dem Otter Point seinen Namen gaben. Vogelfreunde werden neben dem markanten Schreiseeadler und dem Hammerkopf auch Schwarzadler, Seeschwalben, Eisvögel, Ibisse, Kormorane, Reiher und Milane entdecken.

Oben: Fischerdörfer unter Mangobäumen, vor denen die bemalten Boote im See dümpeln

Bilder rechts: Schnorcheln vor Mumbo Island; Parkbeschilderung; Chembe Village

Historischer Rückblick

Der Name der malerischen Halbinsel geht auf den Königlichen Astronomen Thomas Maclear zurück, einen Freund Dr. David Livingstones. Schottische Missionare gründeten hier 1875 die erste Livingstonia Mission, zogen 1881 aber bereits nach Bandawe weiter (siehe S. 141). Direkt am Parkzugang führt ein Fußweg zu den Gräbern der fünf Missionare der Livingstonia Mission, die hier der Malaria erlagen. Die Kreuze und eine Gedenkplatte sind noch erhalten.

1948 eröffnete ein Luxushotel an der reizvollen Bucht. Der Vorläufer von British Airways legte damals auf der Strecke zwischen England und Südafrika mit „Flying Boats" regelmäßige Stopps in der Bucht ein. Die Flieger konnten 28 Passagiere aufnehmen und landeten direkt auf dem See. Doch schon nach einem Jahr wurde die Flugroute wieder eingestellt. Das Luxushotel war somit nur noch per Boot oder über beschwerliche, schlechte Straßen zu erreichen. Die Besucher blieben aus und schon 1951 wurde das schöne Hotel wieder geschlossen. Das Golden Sands Camp, heute selbst dem Verfall preisgegeben, steht auf den Ruinen jenes Hotels.

Chembe Village

Das Fischerdorf Chembe liegt neben dem legendären Cape Maclear direkt im Nationalpark und profitiert davon gewaltig. Hier reihen sich Tauchschulen, Beach Bars und Chalet- bzw. Campinganlagen neben einfachen Fischerhütten. Da viele „Hoteliers" direkt aus Chembe stammen, ist die Bevölkerung den Touristen gegenüber aufgeschlossen. So leben hier traditionelle Fischer und sonnenhungrige Urlauber dicht beieinander. Chembe wurde bereits in den 1980ern zum Dorado junger Rucksackreisender und geriet wegen des illegalen Konsums von Haschisch und Marihuana ein wenig in Verruf. In den letzten Jahren gelang eine deutliche Kehrtwende. Viele Anlagen wurden verbessert, erweitert und durch Umzäunungen abgeschirmt; damit sich eine anspruchsvollere Klientel wohl fühlt. Wer gerne mit den Einheimischen auf Tuchfühlung geht und auch abends noch außerhalb der eigenen Anlage umherschlendern möchte, dürfte in Chembe fündig werden. Für das Dorf zahlt sich das aus: Viele einfache Fischerhütten haben sich zu Lehmziegelhäusern gemausert; ein irisches Gesundheitszentrum und ein Wasser-Projekt wurden gegründet, die wirtschaftliche Situation und der Verkehrsanschluss haben sich verbessert, bald soll die Zufahrt geteert werden. Die Atmosphäre ist heute in Chembe spürbar angenehmer als z. B. in Senga Bay und Nkhata Bay.

Anreise

Die 18 km lange Wellblech- und Teerzufahrt in den Nationalpark zweigt 6 km südlich von Monkey Bay ab und endet in Chembe, wo die meisten Unterkünfte liegen. Von Monkey Bay werden Shuttle-Bus-Fahrdienste angeboten.

Mwala wa Mphini: Die Zufahrtsstraße in den NP führt nach 12,5 km an einem Felsen mit vielen tiefen Rillen vorbei, die durch Naturkräfte entstanden (auf der rechten Seite, nur unauffällig beschildert).

Tauchen & Schnorcheln

Ausgezeichnete Schnorchel- und Tauchgründe bieten die vorgelagerten Inseln und der felsige Otter Point im Nationalparkgelände am südlichen Ende der Bucht. Qualifizierte Tauchschulen im Dorf bieten Anfängerkurse und Profi-Tauchgänge ab 30 US$ pro Tauchgang an. Schnorchel kann man sich in den Gästehäusern ausleihen. Bitte beachten Sie, dass der Uferbereich von Chembe als bilharziosegefährdet gilt.

Kajakfahrten & Inselhopping

Kayak Africa, Tel. +27-21-7831955, www.kayakafrica.net, organisiert für Selbstversorger mehrtägige Kajakfahrten mit Tauchen, Schnorcheln und idyllischen Inselübernachtungen auf der nahe gelegenen **Domwe Island**. Dafür bezahlt man 10 US$ Kajakmiete pro Tag oder 7 US$ für einen Bootstransfer zur Insel sowie 50 US$ pP für eine Nacht im Safarizelt. Wer mit eigenem Zelt anreist, bezahlt nur 20 US$ pP, als Tagesbesucher 15 US$.

Unterkunft in Cape Maclear und Chembe (von West nach Ost)

Golden Sands Camp: Das einzige Camp im Nationalpark liegt am schönsten Strand von Cape Maclear und gewährt ungemein schöne Ausblicke auf den See. Leider ist die stille, idyllische Anlage völlig heruntergekommen und vereinsamt, während sich in Chembe die Touristen tummeln. Ein Caretaker kümmert sich um kalte Duschen und Toiletten. Preise: Camping kostet 7 US$ pP zzgl. NP-Eintritt 10 US$ pP und 3 US$/Fahrzeug.

Annie's Lodge: Tel. 0882-967367, E-Mail: capemaclear@annieslodge.com, www.annieslodge.com. Diese gepflegte Ferienanlage mit Doppelzimmern zählt zu den besten Empfehlungen am Ort. Ruhig und abgeschirmt am Strand gelegen, mit Pool und Restaurant. Preise: ÜF 55–70 US$/DZpP und 90–120 US$/EZ, Apartment 150 US$/Nacht.

The Funky Cichlid: Tel. 0999-969076, E-Mail: thefunkychichlid@malawianstyle.com, www.thefunkycichlid.com. Einfaches, legeres Camp am südwestlichen Ende der Bucht mit Restaurant, Zimmern (ab 15 US$ pP), Dormitory (10 US$) und Camping (5 US$). Wassersportangebote wie Bootstouren, Kajak fahren, Stand Up Paddling kosten 10–25 US$.

Gecko Lounge: Tel. 0999-787322, E-Mail: geckolounge.bookings@gmail.com. Beschauliche Anlage mit Chalets (105 US$/Nacht), Zimmern (43 US$/DZpP und 65 US$/EZ) und einem Dormitory (ab 15 US$ pP). Schöner Strand, romantische Bar auf Stelzen am Seeufer, beliebte Pizzeria. Gratis WLAN und Kreditkartenzahlung möglich.

The Warm Heart Adventure Lodge: Tel. 0999-913972, E-Mail: kaycdesilva@gmail.com. Die ehemalige Tuckaways Lodge steht heute unter malawischer Leitung. Sie bietet fünf große Stelzenchalets mit Bar und Restaurant direkt am Strand. Preise: ÜF je nach Chalet 30–100 US$ pP, Camping auf Anfrage.

Mgoza Lodge: Tel. 0995-632105, E-Mail: alan @mgozalodge.com, www.mgozalodge.com. Freundlich geführte kleine Anlage mit Chalets für 33 US$/DZpP und 50 US$/EZ, A-Frames für 30 US$/Nacht, Hütten mit Dusche/WC für 40 US$/Nacht, Pool und Restaurant/ Barbetrieb.

Thumbi View Lodge: Tel. 0997-463054, E-Mail: info@thumbiviewlodge.com, http:// thumbiviewlodge.com. Im früher legendären „Steven's Guesthouse" gibt es Doppelzimmer für 25–55 US$/Nacht und ein Bett im Dormitory für 12 US$ pP. Mit schönem Strand, Pool und Restaurant.

Cape Mac Lodge: Tel. 0999-621279, E-Mail: capemaclodge@yahoo.com und rogerl@ africa-online.net, www.capemaclodge.com. Das französische Hotel mit gepflegten klimatisierten Zimmern, einem Pool und gutem Restaurant zählt zu den besten Unterkünften in Chembe. Freundlicher Service, viele Ausflugsangebote. Preise: ÜF ab 83 US$/DZpP und 115 US$/EZ.

Malambe Camping: Tel. 0999-258959, E-Mail: malambe_camp@btinternet.com, www.malambecamp.co.uk. Ein einfaches, beengtes Backpackercamp mit Strandbar, Strohhütten für 20 US$/Nacht, Mietzelten für 15 US$, Dormitory für 7 US$ pP und schattenlosen Campingflächen für 5 US$ pP. Freie Küchenbenützung und morgens gratis Tee und Kaffee.

Fat Monkeys Lodge: Tel. 0999-948501, E-Mail: fatmonkeys@esafrican.com, www.fatmonkeysmw.com. Sehr beliebte, jugendlich-lässige Backpackerlodge mit Strandlokal und Hotspot. Preise: klimatisierte Selbstversorger-Vierbett-Chalets 120 US$/ Nacht (mit Kühlschrank), Ensuite-Zimmer 65–75 US$/Nacht, Dormitory 10 US$ pP und Camping im Innenhof unter Mangobäumen 10 US$ pP.

Chembe Eagles Nest: Tel. 0999-966507, E-Mail: enquiries@chembenest.com, www.chembenest.com. Eine der schönsten Anlagen in Chembe: Grandiose ruhige Randlage etwa 2 km abseits des Trubels am östlichen Ende der Bucht mit schönem Strand, eigenem Katamaran und im Schatten hoher Bäume gelegenen klimatisierten Chalets. Der kleine, äußerst idyllische Campingplatz am Strand wurde nach hinten erweitert (mit Strom). Preise: HP ab 85 US$/ DZpP, Camping 10 US$ pP.

Luxus-Unterkünfte im Nationalpark

Pumulani: Robin Pope Safaris, Tel. 0993-504600, E-Mail: info@robinpopesafaris.net, www.robinpopesafaris.net und www.pumulani.com. Einsam gelegenes, beschauliches Luxusresort zwischen knorrigen Kastanien am Westhang der Nankhumba-Halbinsel, mit zehn riesigen Chalets, zwei Pools und schöner Badebucht. Stilvolles Design, entspannte Atmosphäre, anspruchsvolle Gastronomie. Mit eigener Dhau für stimmungsvolle Sunset Cruises und modernen Motorbooten für Schnorcheltrips zu den Inseln. Auch Wasserski und Tagesausflüge sind möglich. Preise: AI je nach Saison 385–505 US$ pP. Siehe auch: Unser Übernachtungstipp auf S. 218.

Mumbo Island Camp: Kayak Africa, Tel. (SA) +27-21-7831955, E-Mail: letsgo@kayakafrica.co,za, www.kayakafrica.net. Residieren auf einer Privatinsel – Robinson Crusoe lässt grüßen! Das Luxuscamp auf Mumbo Island ist nur per Boot erreichbar (Fahrzeuge können in Chembe sicher untergestellt werden). Die fünf Doppelzelte und die Familieneinheit können max. 16 Gäste aufnehmen. Preise: AI im Familienzelt 200–220 US$ pP, im Luxuszelt 250–280 US$ pP.

Blue Zebra Island Lodge: Tel. 0992-244244, E-Mail: info@bluezebra.mw, www.bluezebra.mw. Auch dieses luxuriöse Camp auf der Insel Nankoma ist nur per Boot erreichbar und ein romantisches Hideout für Anspruchsvolle. Viel Wassersport, Tauchen, ein herrlicher Pool und die Unterwasserwelt des Marelli-Archipels sorgen hier für Entspannung auf hohem Niveau. Preise: je nach Saison und Ausstattung mit VP und Inseltransfer im Safarizelt 135 US$/DZpP und 170 US$/EZ, in der Lodge 270–330 US$/DZpP und 370–430 US$/EZ.

Bilder links: Szenen aus Chembe Village;
Rechts: Infinity-Pool der Pumulani Lodge; am Strand von Chembe; Dorfszenerie mit Baobab

Von Monkey Bay nach Liwonde

Monkey Bay

Der beschauliche Ort liegt in einem Naturhafen und ist als militärischer Stützpunkt und Seehafen von Bedeutung; Touristen besuchen Monkey Bay meist nur, um sich auf der M. V. Ilala einzuschiffen (S. 262; das Buchungsbüro der „Malawi Lakes Services", befindet sich am Hafen). Es gibt einen Supermarkt und eine Tankstelle, jedoch keine Bank.

Die 62 km lange Strecke nach Mangochi führt parallel zum südlichen Malawisee fast kerzengerade durch eine flache Ebene voller Fächerpalmen und Baobabs. Auch hier reihen sich zahlreiche Resorts aneinander. Die Strände dieses Uferabschnitts können sich allerdings kaum mit denen in Cape Maclear messen; auch Schnorcheln ist weniger ergiebig, da hier die Felsen als Lebensraum bunter Zichliden fehlen. Dafür bieten viele Resorts hoteleigene Badestrände und liegen somit isoliert und sehr ruhig.

Unterkunft zwischen Monkey Bay und Mangochi (von Nord nach Süd)

Monkey Bay Beach Lodge: Tel. 0992-045483, E-Mail: warren@monkeybaybeachlodge.com, www.monkeybaybeachlodge.com. Etwa 1 km westlich des Hafens von Monkey Bay liegt das freundlich geführte Strandresort unter südafrikanischer Leitung. Nettes Restaurant, schöner Strand, aber die Bucht eignet sich wenig zum Baden. Preise: Doppelzimmer mit Gartenblick 30 US$/Nacht, mit Seeblick 38 US$/Nacht, Camping auf der Wiese im Garten 9 US$ pP.

Mufasa Eco Lodge: Tel. 0993-080057, E-Mail: mufasamonkeyb@gmail.com. Backpackerlodge in einer Bucht mit Campingmöglichkeit, Zimmern und Restaurant. Preise: 10 US$ pP.

Norman Carr Cottage: Tel. 0999-207506, E-Mail: taffy@africa-online.net, www.normancarrcottage.com. Die familiäre Ferienanlage steht unter engagierter Leitung und bietet sechs Mittelklassezimmer in einer kleinen Bucht. Preise: AI 150 US$/DZpP und 180 US$/EZ (inklusive Bootstrip, Schnorcheln und Schreiseeadlerfütterung). Auch Wasserski, Tages- und Bootsausflüge werden angeboten.

Madzi Kuwala: Tel. 01-794555, E-Mail: reservations@ulendo.com, www.madzikuwala.com. Das elegant im modernen Kolonialstil eingerichtete Ferienhaus für bis zu 12 Personen, in dem Hauspersonal zum Kochen bereitsteht, liegt versteckt südlich des Norman Carr Cottage. Preis: je nach Wochentag 250–350 US$/Nacht.

Nkhudzi Lodge & Camping: Tel. 0999-386669, E-Mail: nkhudzilodge@yahoo.com, https://nkhudzilodge.wixsite.com/nkhudzilodge/contact. Ein nachlässig geführtes Gästehaus mit Strandlokal, Pool, zwei Bungalows und Campinggelegenheit unter den hohen Bäumen im Garten. Viele Vögel. Preise: ab 25 US$/DZpP und 50 US$/EZ, Camping 10 US$ pP (nur sehr spartanische Sanitäreinrichtungen). Siehe Foto links unten.

Nanchengwa Lodge: Tel. 0888-474079, www.nanchengwalodge.com. Entspannte Backpackerlodge mit Restaurant, Pool, A-Frames und Zimmern für 45 US$/DZpP und 50 US$/EZ, Dormitory für 18 US$ pP und Camping im begrünten Garten 6 US$ pP.

Sun'n'Sand Holiday Resort: Tel. 01-598145, E-Mail: reservations@sunnsandmw.com, www.sunnsandmw.com. Nüchterne Ferienanlage unter lokaler Leitung mit Pool in „Olympic Size" und zahlreichen Appartments und Zimmern. Preise: ÜF ab 45 US$/DZpP und 60 US$/EZ.

The Makokola Retreat: Tel. 01-580772, E-Mail: reservations@makokola.com, www.makokola.com. Sporthotel mit feinstem Strand, großem Freizeitangebot, eigenem Airstrip. Eine 70-Zimmer-Bungalow-Anlage im Stil einer feudalen Clubanlage für gehobene Ansprüche. Preise: Zimmer und Suiten mit VP je nach Kategorie 161–252 US$/DZpP und 210–308 US$/EZ.

Sunbird Nkopola Lodge: Tel. 0888-965123, E-Mail: centralres@sunbirdmalawi.com, www.sunbirdmalawi.com. Traditionsreiches, aber etwas unpersönliches Hotel mit 55 klimatisierten Zimmern, Pool und großem Freizeitangebot an der idyllischen Nkopola-Bucht. Preise: HP je nach Zimmerausstattung ab 140 US$/DZpP und 220 US$/EZ. Am anderen Ende der Bucht liegt ein zum Hotel gehörender großer, parzellierter Campingplatz mit schattigen Grünflächen (10 US$ pP, mit Strom), einigen Chalets (45 US$/Nacht) und Mietzelten (20 US$).

Palm Beach Leisure Resort: Tel. 0999-943050, E-Mail: palmbeach@africa-online.net, www.palmbeach-lakemalawi.com. Legere Anlage mit viel Wiese im idyllischen Palmenhain. Kleines Fischerdorf nahebei, viele Vögel, und ein mittelmäßiger Strand, der sich nicht zum Baden eignet (Bilharziosegefahr). Preise: ÜF 33 US$/DZpP und 35 US$/EZ, Self-Catering-Chalet 85 US$/Nacht, Camping 5 US$ pP.

Unten: Zwei der letzten Hippos im südlichen Seegebiet

Mangochi

1891 entstand am Ostufer des Shire (sprich: Schireh) der Stützpunkt Fort Johnston, um den Sklavenhandel im Yao-Land zu bekämpfen. Nach der Unabhängigkeit in Mangochi umbenannt entwickelte sich die Kleinstadt mit mehreren Supermärkten, Banken (mit ATM) und Tankstellen, einer Afrox-Gasstation, einem Museum und einfachen Unterkünften zum quirligen Zentrum der mehrheitlich muslimischen Yao. Mitten im Ortszentrum steht vor der Brücke über den Shire River ein viktorianischer Uhrturm aus dem Jahr 1903 (Foto links). Eine Gedenktafel im „**Queen Victoria Memorial Tower**" erinnert an das Seeunglück der M. V. Vipya, die 1946 auf dem Malawisee sank und fast 150 Menschen mit in den Tod riss. Daneben wurde eine Eisenkanone aus dem historischen Kanonenboot „Gwendolen" aufgestellt (siehe hierzu S. 15).

Ausreise nach Mosambik

Eine Teerstraße führt von Mangochi nach Namwera und weiter zur Grenze nach Mosambik, die bei Chiponde liegt (51 km). Unterwegs besteht Übernachtungsgelegenheit im **Namizimu Forest Retreat**, Tel. 0997-225300, www.namizimu.com, jedoch nur für Gruppen ab acht Personen (VP 150 US$ pP, Selbstversorgung 80 US$). Die Zufahrt liegt kurz nach dem Dorf Chowe, ca. 20 km östlich von Mangochi.

Eine idyllische Campinggelegenheit für 10 US$ pP bietet sich am Ostufer des Malawisees etwa 50 km von Mangochi: **Norman Carr Chikulu** heißt das neue Schwestercamp des Norman Carr Cottage (S. 155, http://normancarrchikulu.com).

Museum of Malawi

Die Kleinstadt Mangochi besitzt ein besuchenswertes Natur- und Kolonialhistorisches Museum, das 100 m vor dem Uhrturm rechts an einer Piste liegt (Foto oben).

Interessant ist hier der Nachbau des Hafens von Monkey Bay mit einer Ausstellung alter Schiffsteile und zeitgenössischer Fotografien. Es ist von Mo–Fr von 7.30–12 Uhr und 13.30–17 Uhr geöffnet, Eintritt 2 US$.

Auf der Weiterfahrt von Mangochi führt die Straße zuerst durch regelrechte Fieberbaumalleen und danach am Ufer des flachen, schilfigen Malombesees entlang, der vom Shire durchflossen wird. Gelegentlich lösen sich an der Shiremündung Teile des Ufers und treiben als schwimmende Inseln im See. Früher säumten Fischtrockengestelle seine Ufer, doch die verschwanden, als die Überfischung überhand nahm und die Lebensgrundlage der Anwohner zerstörte. Auch die Abholzung ist hier so verheerend, dass die Menschen inzwischen sogar die heiligen Baobabs klein schlagen. Malombe-, Chiuta- und Chilwasee sind nicht zum Baden geeignet, und ihre Unzugänglichkeit bietet vielen Wasservögeln wertvollen Schutz. Der 650 km² große Chilwasee trocknet in regenarmen Jahren mitunter sogar aus. Die sumpfig-flache Region zwischen den drei Seen wird selten von Touristen besucht.

Liwonde

Liwonde liegt 76 km südlich von Mangochi in der dicht besiedelten Ebene und breitet sich beiderseits der Brücke über den Shire aus. Am Westufer liegt die Busstation, am Ostufer der Bahnhof, und dahinter erstreckt sich der eigentliche Ortsteil.

Bei Bedarf bieten die „Hippo View Lodge" am Westufer und die „Zest Garden Lodge" zwischen der Shire-Brücke und der Stadt saubere Unterkunft. Schöner wohnt man allerdings in den Safaricamps im Liwonde NP (siehe S. 164).

Ausreise nach Mosambik ab Liwonde

In Liwonde besteht eine weitere Möglichkeit, nach Mosambik auszureisen: 36 km entlang der Teerstraße nach Namwera zweigt in Nsanama eine Sandpiste nach Nayuchi ab, und sie führt parallel zu den Bahngleisen nach 43 km zum malawischen Grenzposten Nayuchi (mit Zoll, Immigration, Versicherungsgesellschaft, jedoch ohne Bank).
2 km weiter liegt die kleine Grenzstation Entrelagos in Mosambik (keine Versicherung oder Bank vor Ort).

Liwonde Nationalpark

Die bezaubernde Szenerie am Shire mit unzähligen Palmen, Baobabs und gelben Fieberbäumen vor den Escarpmentbergen in der Ferne macht den 550 km² großen Park zu einem besonderen Schmuckstück, in dem zudem eine artenreiche Tierwelt erkundet werden kann. Danach sah es allerdings lange nicht aus: Bevölkerungsdruck und Wilderei nahmen hier in den letzten Jahrzehnten derart zu, dass Spezies wie Nashorn, Zebra und Büffel ausstarben, und die Löwen und Elefanten von Liwonde zu den aggressivsten in Zentralafrika zählten. Die Erfolgsgeschichte des Parks startete 2015 mit der Übernahme des Parkmanagements durch African Parks. Die konsequente Strafverfolgung der Non-Profit-Organisation reduzierte die Wilderei signifikant, und die weltweite Resonanz auf die erfolgreiche Rückführung von Geparden und Löwen belebt den Park und fördert den Tourismus. Unseres Erachtens ist Liwonde heute Malawis schönster Safari-Nationalpark.

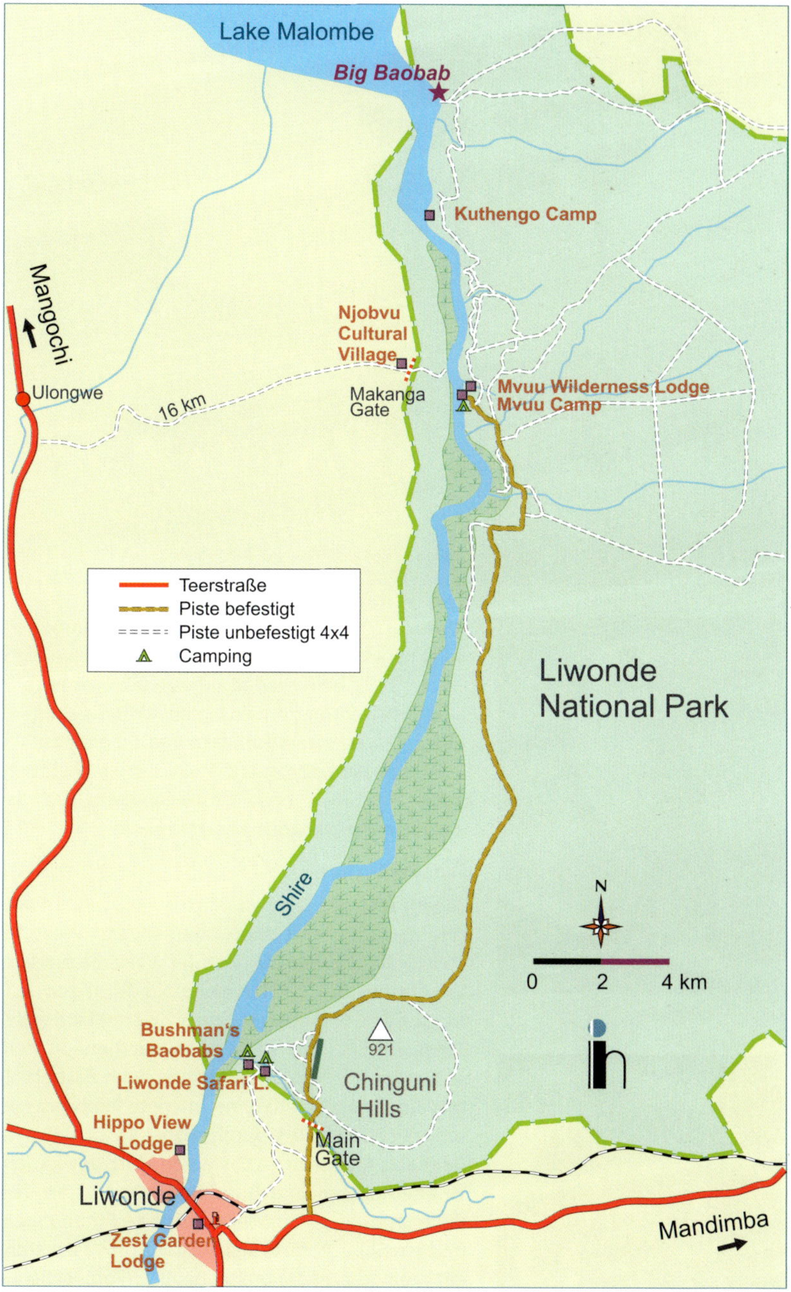

Lake Malombe
Big Baobab
Kuthengo Camp
Mangochi
Njobvu
Cultural
Village
Ulongwe
16 km
Makanga
Gate
Mvuu Wilderness Lodge
Mvuu Camp
Teerstraße
Piste befestigt
Piste unbefestigt 4x4
Camping
Liwonde
National Park
Shire
N
0
2
4 km
Bushman's
Baobabs
921
Liwonde Safari L.
Chinguni
Hills
Hippo View
Lodge
Main
Gate
Liwonde
Zest Garden
Lodge
Mandimba

Oben: Schreiseeadler
Unten: Tüpfelhyäne

Im August 2017 fiel trotz aller Schutzmaßnahmen ein Spitzmaulnashorn Wilderern zum Opfer (die Tiere waren 1992 hier wieder angesiedelt worden). In einer effizienten gemeinsamen Aktion gelang es African Parks, den Wildhütern und der örtlichen Polizei rasch, die Täter zu ermitteln und vor Gericht zu stellen. Seit 2018 verwaltet African Parks auch das angrenzende Mangochi Forest Reserve.

Natur und Tierwelt

Lebensader des landschaftlich so reizvollen Parks sind der Shire und seine Lagunen. Das Westufer steht voller Palmen, das Ostufer weist die typische **Vegetation** der heißen Shire-Niederungen auf: Sandböden, Grasebenen und Schwemmland voller Termitenhügel. Ufernah stehen märchenhaft viele gelbgrüne Fieberbäume, örtlich auch Fächerpalmen und Leberwurstbäume. Im Hinterland dominieren mit Euphorbien durchsetzter Mopanebusch, Baobabs, Afrikanische Kastanien, dornige Akazien, Würgepflanzen und Buschweiden. Nur an den Chinguni Hills gibt es nennenswerte Erhebungen; und am Shire-Abfluss aus dem Malombesee steht ein beeindruckender uralter Baobab (Foto rechts).

Dieser Park bietet **Flusspferd**-Garantie. Um das Mvuu Camp („Hippo Camp“) halten sich zu jeder Zeit Flusspferde und Krokodile auf. Die Antilopenvielfalt ist beachtlich; hier leben Wasser- und Riedböcke, Kuh-, Rappen- und Steinantilopen, Kudus und Impalas. Die Anzahl an Raubtieren ist derzeit noch gering, worauf auch die starken Warzenschweinbestände deuten.

Hyänen bevorzugen den Bereich der Chinguni Hills, wie auch viele Kudus, Buschböcke und die rund 50 Elenantilopen im Park. In den Flussauen und in den Ebenen voller Termitenhügel halten sich gerne Warzenschweine, Paviane, Oribis und Wasserböcke auf; den malerischen Riverside Drive mit seinen Würgefeigen und Baobabs mögen Elefanten und Riedböcke. Trockenen Mopanewald schätzen Impalas, Zebras, Büffel, Elen-, Kuh- und Rappenantilopen. Allerorten turnen flinke Buschhörnchen und Meerkatzen durchs Gebüsch.

Viele Elefanten halten sich in der Trockenzeit am Westufer des Shire auf. Sie vermehrten sich in den letzten Jahrzehnten so stark, dass der Park mit etwa 800 Dickhäutern einen Überschuss hatte, der Anlass gab, seit 2016 mit der weltgrößten Elefantenumsiedlung etwa 500 Tiere in das Nkhotakota Wildlife Reserve umzuquartieren.

Oben: Wassertriel
Unten: Ausflugsboote im Mvuu Camp

Fotos rechts: Bootssafari inmitten einer Elefantenherde; Sattelstorch; der Helikopter von African Parks kreist dicht über einer Elefantenherde

Mehr als 400 **Vogelarten** sind im Liwonde Park ermittelt worden, darunter das hübsche Erdbeerköpfchen, eine Papageienart, die in Malawi nur hier vorkommt, außerdem Rotschnabeltokos, Hagedasch-Ibisse, Glanzhaubenturakos, Buntastrilde und allerlei unterschiedliche Eisvögel. Zwischen Juni und August sammeln sich bis zu 400 Scherenschnäbel im Park. Präsent ist auch der Morgenrötel, der ähnlich wie Drongos stimmlich bis zu sieben verschiedene Raubvögel imitieren kann. Wer sich für die bunte Vogelwelt interessiert, darf keinesfalls eine Bootssafari versäumen.

Im März 2018 wurden zwei männliche **Löwen** aus dem Majete Game Reserve in den Liwonde Nationalpark umgesiedelt, um die verlorene Löwenpopulation wieder neu zu gründen, denn seit mehreren Jahren waren hier keine Löwen mehr gesichtet worden. Bis zu zwölf weitere Löwen sollen in naher Zukunft aus Südafrika eingeführt werden. Im Majete GR waren die Raubkatzen auch erst 2012 wieder angesiedelt worden; sie entwickelten sich dort so gut, dass jetzt berechtigte Erwartungen auf eine ähnlich erfolgreiche Wiederansiedlung im Liwonde NP bestehen.

Die faszinierenden **Geparde** leben seit 2017 wieder im Park und haben inzwischen auch schon Nachwuchs bekommen. Sie werden regelmäßig in der Chinguni Hills Area gesichtet, vor allem am Airstrip, einem idealen Jagdrevier für die besten Sprinter der Welt.

Tipps für die Pirschfahrten

Die **Geparden** sind mit Funkhalsbändern ausgestattet und stehen unter ständiger Beobachtung von African Parks. Mitunter verraten die Tierschützer den Safariguides auf Pirschfahrten, wo sich die Raubkatzen derzeit aufhalten, sodass gute Chancen auf eine Sichtung bestehen.

Auch die **Nachtpirschfahrten** sind häufig sehr ergiebig. Buschschweine, Stachelschweine, Greisböcke und Meller-Mangusten zu erspähen zählt vielleicht nicht zu den besonders herbeigesehnten Tiersichtungen von Safarineulingen, sind aber wegen ihrer Seltenheit für erfahrene Safarigäste umso großartigere Erlebnisse.

Da sich der Park zwischen der Mvuu Area und der Chinguni Area stark unterscheidet und andere Tiersichtungen verspricht, empfehlen wir einen Aufenthalt in beiden Regionen und unbedingt auch eine Bootssafari auf dem Shire.

Allgemeine Infos

Der Park wird im Norden durch den Malombesee und im Süden durch die Bahnlinie begrenzt. Im Westen reichen die Parkgrenzen 1 km über den Shire hinaus, im Osten bis an das Mkongwa-Escarpment. Der flache Park liegt auf 500 m Höhe, nur im Süden gibt es einige Hügel bis 900 m. Der Eintritt beträgt pro Tag 20 US$ pP (Kinder die Hälfte) und 4 US$ pro Fahrzeug. Tagesbesucher können am Eingang einen Community Guide für 10 US$ anheuern. Öffnungszeiten: täglich von 6–18 Uhr.

Anreise

Der Haupteingang liegt nur 6 km östlich von Liwonde entlang der Straße nach Namwera (beschildert). Nach weiteren 27 km erreicht man das Mvuu Camp.

Alternativ zum Haupteingang kann man beim Dorf Ulongwe, 26 km nördlich von Liwonde an der Straße nach Mangochi auf eine beschilderte Sandpiste abzweigen, die beim 16 km entfernten Makanga Wildlife Camp am westlichen Shire-Ufer endet. Von hier setzt man nach vorheriger Absprache mit einem Boot zum Mvuu Camp über. Dieser Zugang ist ganzjährig möglich, während der Hauptzugang in der Regenzeit geschlossen wird.
Alle Parkwege sind Erdstraßen; ein Fahrzeug mit hoher Bodenfreiheit ist empfehlenswert, nach Regenfällen ist auch Allrad nötig. Berüchtigt sind die von Elefanten zertretenen Sumpfebenen mit Black Cotton Soil, die bei Nässe stark verschlammen.

Oben: Abholung zur Pirschfahrt in der Lodge
Unten: Zeltchalets im Mvuu Camp
Fotos rechts: Sundowner-Deck und Bird Hide im Liwonde Safari Camp; Pool der Mvuu Wilderness Lodge

Unterkunft im Liwonde NP

Mvuu Wilderness Lodge: Central Africa Wilderness Safaris, Tel. 01-771393, E-Mail: info@cawsmw.com, www.cawsmw.com. Acht luxuriöse, uneinsichtige Zeltchalets mit Außenduschen und großen Veranden schmiegen sich an eine Lagune mit hohen, bizarren Fieberbäumen und Fächerpalmen, in der Buschböcke leben und Flusspferde grasen. Das Angebot überzeugt: ein motiviertes Team, gute Guides, Flexibilität den Gästen gegenüber, ein schöner Pool mit Aussicht, viele Vögel, zwei eigene Hides, die bei Vollmond auch nachts besucht werden sowie „Rhino Tracking" und „Bat Safaris", die auf Anfrage organisiert werden. Preise: AI ab 413 US$ pP. Siehe auch: unser Übernachtungstipp: S. 220.

Mvuu Camp: Central Africa Wilderness Safaris, siehe oben. Wenige hundert Meter nebenan liegt das Mittelklassecamp mit Bootsdeck, Safarizelten, Chalets, Camping und halboffenem Restaurant direkt am Shire, wo meistens einige Hippos dösen und Warzenscheine grasen. Die familienfreundliche Lodge bietet eine Gemeinschaftsküche, Pool, WLAN, Spielplatz und Babysitterservice. Die Campingstellplätze liegen nicht unmittelbar am Shireufer und man hört den Generator. Dafür entschädigen viele Vögel, halbzahme Warzenschweine und freche Meerkatzen. Preise: AI ab 265 US$ pP, Camping 15 US$ pP. Frühstück 18 US$, Lunch und Dinner je 25 US$. Individualreisende sollten hier unbedingt eine Bootssafari buchen (120 US$ für zwei bzw. 140 US$ für vier Personen). Pirschfahrten kosten 35 US$ pP, Bush Walks 20 US$ pP.

Kuthengo Camp: Robin Pope Safaris, Tel. 0993-504600, E-Mail: info@robinpopesafaris.net, www.robinpopesafaris.net. Der im Juni 2018 eröffnete Neuzugang mit vier modernen Zeltchalets, die feudal möbliert und mit Badewannen und Außenduschen ausgestattet sind, liegt einsam im nördlichen Parkbereich. Preise: AI je nach Saison 425-555 US$ pP.

Bushman's Baobabs: Tel. 0995-453324, E-Mail: bushmansbaobabs@africa-online.net, www.bushmansbaobabs.com. Das weitläufige, gut geführte Mittelklassecamp direkt am südlichen Parkrand (kein Eintritt) bietet gemauerte Chalets für 60 US$ pP, einfachere Zelte für 45 US$ pP, A-Frames für 25 US$ pP, ein Dormitory für 15 US$ pP, ein größeres Campingareal mit Selbstversorgerküche für 8 US$ pP und ein Restaurant. Aktivitäten wie Walking-, Kanu- und Nachtsafaris kosten je 20–35 US$. Der Manager ist ein engagierter Naturfreund und hat einen mächtigen Beobachtungsstand errichtet, von dem aus Elefanten und Hippos am Shire beobachtet werden können. Oft kommen Elefanten, Hippos und Buschböcke auch direkt ins Camp. Ein Swimmingpool und WLAN-Hotspot zählen zu den aktuellen Neuerungen.

Liwonde Safari Camp: Tel. 0881-813240, E-Mail: liwondesafaricamp@gmail.com, www.liwondesafaricamp.com. Nebenan liegt eine recht ähnliche, etwas einfachere Anlage (ebenfalls kein Parkeintritt fällig). Hier stehen im Gebüsch kleinere Kuppelzelte auf Stelzenplattformen, es gibt ein Chalet, ein Dormitory, Bird Hide, Sundowner-Deck und stimmungsvolle Campsites unter den Baobabs mit sehr guten und geräumigen Sanitäreinrichtungen. Preise: Chalet 60 US$/DZpP und 90 US$/EZ, Safarizelte 30 US$/DZpP und 40 US$/EZ, Dormitory 15 US$ pP, Camping 10 US$ pP. Bootsfahrten und Game Drives je 25 US$. Wegen der vielen Wildtierbesuche werden keine Kinder unter 12 Jahren aufgenommen.

Njobvu Cultural Village: Beim Makanga Gate am Westufer des Shire befindet sich ein einfaches Community Camp, in dem Touristen in das malawische Dorfleben eintauchen können (Tel. 0888-623530, www.njobvuvillage.org). Preise: ÜF 16 US$ pP, Lunch/Dinner je 6 US$, Tanz-Show 10 US$ pP.

Kiri oder Die Odyssee eines kleinen Jungvogels

Ein kleiner, erbärmlich schreiender Jungvogel, mit dem die Kinder in einem Dorf bei Nkhotakota spielen, bringt unsere letzte Recherchereise gehörig auf Trab. Wir retten ihn aus seiner Notlage, aber was soll nun mit dem winzigen Etwas geschehen?

Zuerst wird ihm ein kleines, sicheres Nest gebaut, aber danach stellt sich die Frage der Ernährung. Was für eine Spezies ist der Knirps überhaupt und was verträgt er? Körner? Insekten? Das rundum gescheckte Jungkleid verrät nicht, was aus dem Vögelchen einmal werden soll. Wir setzen auf unsere Intuition, spießen auf ein Zweiglein gekochte Reiskörner und Hühnerfleisch und lassen beides mit viel Mühe in seinen aufgerissenen Schnabel fallen. Ob der Kleine das verträgt?

Und wie! Stunden später schreit er sich immer noch die Kehle aus dem Leib, aber er hat mächtig Hunger und verlangt jetzt stündliche Fütterungen. Wir nehmen ihn also mit auf unsere Weiterreise. Gemeinsam geht es nach Süden, jeden Tag zu neuen Camps und Ortschaften, und immer ist der Kleine dabei. Schon am zweiten Tag will er beim Autofahren mehr sehen und hockt wackelig zwischen uns. Am dritten Tag, er ist bereits sichtbar gewachsen, macht er die ersten Flugversuche und stürzt sich mehrmals wie ein Kamikazeflieger zu Boden. Das dämpft seinen Mut aber nur vorübergehend. Die kurzen Schwanzstummelfedern und Flügelchen werden allmählich länger, und schon bald hüpft er unbeholfen von einer Hand auf die Schulter und weiter auf den Kopf. Er braucht immer mehr Reis und Huhn.

So sehr uns der Kleine ans Herz gewachsen ist, wissen wir auch, dass er nicht viel länger mit uns weiterreisen kann, denn wir verlassen bald das Land. Deshalb suchen wir verzweifelt eine sichere Bleibe für ihn, aber entweder haben die Leute keinen Draht zur Aufzucht eines hilflosen Vögelchens oder sie haben Katzen, die schon auf ihn lauern. Wir geben ihm einen Namen: Kiri soll er heißen.

Am fünften Tag bauen wir ihm aus zwei Souvenirkörben einen tragbaren und viel größeren Vogelkäfig, denn Kiri wird es inzwischen schnell langweilig, wenn wir ihn im Auto allein lassen, und er hat gelernt, mehrere Meter weit zu fliegen. Nicht ungefährlich, beobachten ihn doch bereits die Meerkatzen und Schreiseeadler.

Am nächsten Tag geht es in den Liwonde Nationalpark. Mit einem Vogel im Auto hat dort bestimmt noch niemand eingecheckt; alle sind interessiert. Und endlich haben wir Glück: David Mkandawire ist nicht nur ein hervorragender Guide in der Mvuu Lodge & Camp, sondern auch ein großer Vogelfreund und –kenner. Als wir ihn kennenlernen, will er Kiri sofort sehen und identifiziert ihn als juvenilen **Boubouwürger** (*Laniarius aethiopicus*). Und er bietet uns an, Kiri in Obhut zu nehmen, wenn wir den Park verlassen.

So kommt es, dass wir Kiri nach einer Woche an David abgeben, der ihm Grashüpfer fängt und ihn behutsam das Fliegen üben lässt. Eine Woche später schreibt uns David: *„THE YOUNG BIRD HAS BEEN RELEASED. I would like to inform you that the young bird has been released today the 11 October around the camp the day earlier before going for time off."* Wir wissen nicht, ob Kiri sein Abenteuer überlebt hat, aber die Chancen stehen gut.

Von Liwonde nach Blantyre

Auf der Weiterfahrt nach Zomba und Blantyre nähert man sich den Shire Highlands. Die Straße steigt deutlich an und führt durch eine fruchtbare, landwirtschaftlich intensiv genutzte und stark besiedelte Region. Anstelle der Moscheen mehren sich nun kirchliche Projekte und Missionen.

Mtengatenga-Postmuseum

Auf halbem Wege zwischen Zomba und Blantyre, genau 1 km vor Nyungwe, befindet sich auf der rechten Straßenseite im unscheinbaren „Post Rest Hut" ein Postmuseum mit historischen Fotos, Briefmarken und allerlei Objekten und Uniformen aus den frühen Kolonialtagen. Es ist täglich von 7.30–17 Uhr zugänglich, der Eintritt ist sehr gering.

Tenga-Tenga hießen die Träger und Postboten in der frühen Kolonialzeit. Ab 1896 wurden nächtliche Postläufer zwischen den britischen Verwaltungszentren Zomba und Blantyre eingesetzt. Etwa in der Mitte des Weges errichtete man eine Hütte (das Museumsgebäude), in der sich die Träger aus beiden Richtungen kommend trafen und einander die Postsäcke übergaben. Nach einer Erholungspause liefen sie dann den gleichen Weg zurück. Dies verkürzte den Postweg von zuvor vier Tagen auf einen einzigen Tag. Die uniformierten Postläufer waren bewaffnet, um sich gegen Angriffe von Wildtieren zu wehren. Außer Post und Waren trugen die Tenga-Tenga auch Leute in Hängematten (Machilas). Bis in die 1930er Jahre wurden solche Postläufer eingesetzt. Dann bekamen sie Fahrräder, und nach dem 2. Weltkrieg setzten sich Postautos durch.

Oben: Postläufer in schmucker Uniform mit Postsack und Vorderlader

Chilema Tree in Malosa

Im Marktflecken Malosa, 27 km vor Zomba, zweigt die 2 km lange Zufahrt zum St. Luke's Hospital und weiter zum „Chilema Economical Training Centre" ab, wo an der Anglikanischen Diözese und CCAP Kirche ein außergewöhnlicher Baum zu sehen ist. Der gigantische Banyan (*Ficus benghalensis*), eine in Indien beheimatete epiphytisch wachsende Feige, ist das einzige Exemplar Malawis und bildet mit seinen wild verzweigten Luftwurzeln einen regelrechten Hain mit einer Ausdehnung von 200 x 50 m. Dabei soll es sich allen Untersuchungen nach tatsächlich nur um einen einzigen Baum handeln, durch den man da spazieren geht. Der Eintritt beträgt 1000 MK pro Person; man kann hier auch in den sauberen kirchlichen Chalets für 10 US$ nächtigen.

Oben: Das ehemals indische Viertel Zombas mit der Moschee; Zomba Gymkhana Club und das historische Hotel Masongola

Zomba

Zomba, die ehemalige Kolonialhauptstadt Nyasalands, galt einst als eine der charmantesten Hauptstädte des British Empire. Hübsche Kolonialvillen mit ausladenden Holzveranden inmitten blühender Gärten lassen dies noch erahnen, doch leider verfallen die herrlichen alten Gebäude zusehends.

Seit den 1880er Jahren war die Region als Sitz einer Mission in Betracht gezogen worden, doch die Nähe zu den Sklavenrouten der Yao und die Gefahren durch Wildtiere verzögerten diese Entwicklung (historische Berichte erwähnen immer wieder Löwenangriffe auf Menschen). 1891 wurde die kleine Siedlung dann doch zum britischen Verwaltungssitz und daraufhin zahlreiche repräsentative Kolonialbauten wie das schöne State House von 1901 errichtet. Bis 1975 blieb Zomba die Landeshauptstadt, und bis 1994 tagte hier das Parlament. Bis dahin hatte sich Zomba mit seinem alten Golfplatz, einem Botanischen Garten, einer Fischfliegenfabrik und einem sehenswerten Markt viel Ausstrahlung erhalten. Doch durch die rasant angewachsene Bevölkerung entwickelte sich die beschauliche, gefällige Universitätsstadt seither zu einer überquellenden, umtriebigen Stadt.

Unterkunft in Zomba

Casa Rossa: Mountain Road 5, Tel. 0881-366126, E-Mail: info@casarossamw.com, www.casarossamw.com. Das beliebte italienische Restaurant liegt auf 1075 m Höhe in einem wunderschönen Kolonialgebäude mit großem Garten an der Auffahrtstraße zum Plateau. Hier trifft man Expats und Touristen. Im Haus werden vier Zimmer vermietet und im Garten ist Platz für ein Campingfahrzeug. Tolle Lage, gute Pasta, Suppen und Steaks, eine ansprechende Bar und sehr nettes Management durch die Italiener Sylvia und Mark. Zimmerpreise mit Frühstück 40–85 US$/Nacht, Camping 10 US$ pro Person.

Annie's Lodge: Tel. 01-527002, E-Mail: zomba@annieslodge.com, www.annieslodge.com. Stilvolles Gästehaus in einem Kolonialgebäude beim Botanischen Garten (beschildert) mit Zimmern für 38–60 US$/DZpP und 95–110 US$/EZ, Apartments für 130 US$ pro Nacht und einem Restaurant.

Pakachere Backpackers: Tel. 0994-685934, E-Mail: info@pakachere.com, www.pakachere.com. Die Backpackerlodge beim Golfplatz steht unter neuem Management und wird derzeit etwas aufgemöbelt. Sie bietet in einem historischen Gebäude Zimmer und Restaurant, gratis WLAN und gratis Tee/Kaffee. Im Garten liegen eine Gemeinschaftsküche und ein Sanitärblock für Campinggäste. Hier werden auch verschiedene Ausflüge und Tagestouren angeboten. Preise: Zimmer 42 US$/Nacht, Dormitory 10 US$ pP; Camping 6 US$ pP.

Sehenswertes

Am Ortsrand von Zomba steht ein **Kriegsdenkmal** zu Ehren der „King's African Rifles", die in zwei Weltkriegen für das British Empire kämpften. Ihrer Tradition entsprechend legten die britischen Kolonialherren 1891 auch einen **Botanischen Garten** mit **Herbarium** an. Ein Naturpfad führt durch den einst berühmten, ruhigen Stadtpark.

Zomba Plateau

Das Zomba Plateau als nördlicher Ausläufer der Shire Highlands wird von mehreren Bergspitzen umschlossen und steht bereits seit 1913, als es noch mit dichten Bergurwäldern bedeckt war, unter staatlichem Schutz. Trotzdem wurden schon in der frühen Kolonialzeit viele Urwälder gerodet und anstelle dessen Forste angelegt, die ein neues Landschaftsbild schufen. Vorzugsweise pflanzte man damals Mexikanische Kiefern (*Pinus patula*), Zypressen (*Cupressus luscitanica*) und Mulanje-Zedern (*Widdringtonia whytei*) an. Die verbliebenen Urwaldreste und die sehr nordisch anmutenden Forste übten eine große Anziehungskraft auf die europäische Landesbevölkerung aus. Das zwischen 1500 und 2000 m hohe Plateau galt denn auch bald als begehrte Sommerfrische für die britischen Siedler im heißen Tiefland. Hier fanden sie Ruhe, eine kühle, klare Luft, feuchten Nebel, der sich oft über den ganzen Tag hielt, dichte Wälder, in denen Leoparden und Hyänen lebten, und Naturpfade durch blühende Tropenpflanzen, Ranken und Farne. Ein Rundweg auf dem Plateau gab Aussichtspunkte frei, denen sie Namen gaben, die ihre Sehnsucht nach der Heimat verrieten; Wasserfälle sprudelten die Hänge hinab, in den Teichen konnte man Forellenfischen und im kolonialen Ku Chawe Inn feudal mit eigenem Kaminfeuer in der Suite residieren.

Oben: Gartenpracht im kolonialen Ku Chawe Inn

Bilder rechts: Auffahrt auf das Zomba Plateau; Weihnachtsstern, der auf dem Plateau verwilderte; Lastenträger bringen Feuerholz vom Berg nach Zomba hinab

Bis heute hat sich auch hier viel verändert. Das beginnt schon an der einst berühmten Auffahrt auf das Plateau. Sie verläuft steil am State House vorbei bis zu einem ehemaligen Sägewerk, ab dem sich die Erdstraße früher einspurig in steilen Serpentinen durch eine atemberaubend dichte Urwaldszenerie auf das Plateau schraubte. Anfangs wurde die Bergstrecke je nach Uhrzeit nur auf- bzw. abwärts freigegeben, später eine Up Road und eine Down Road angelegt. Allein diese Fahrt war so spektakulär, dass sie sich auch ohne einen Aufenthalt auf dem Zomba Plateau lohnte. Durch den Bau des Mulunguzi Staudamms 1999 / 2000 wurde die Down Road zweispurig ausgebaut und geteert, sie ist seither die alleinige Zufahrt zum Plateau. Die tropischen Bergwälder im Steilhang wurden dabei drastisch abgeholzt und die engen Serpentinen stark entschärft. Damit verlor die Strecke viel von ihren bombastischen Eindrücken; und die tropische blühende Pracht mit Riesenbäumen ging weitgehend verloren.

Die Reste der natürlichen Urwälder findet man heute nur noch entlang der Bäche und an Steilhängen. Mehrere Flüsse wie Mulunguzi und Domasi entspringen in den Bergen. Der Mulunguzi Stausee wurde zur Jahrtausendwende direkt unterhalb der Mandala Falls errichtet. Diese großflächigen Baumaßnahmen, der künstliche Stausee und die ungebremste Abholzung im Tiefland und am benachbarten Malosa Mountain haben den natürlichen Landschaftsraum hier stark verändert. Verhangene Nebeltage, wie sie die Briten früher so schätzten, gibt es auch nicht mehr so häufig, seit die Abholzung das Klima veränderte.

Wanderwege und Sehenswertes

Bei klarem Wetter mit guter Fernsicht lohnt sich ein Besuch der Aussichtspunkte Songani Lookout, Queen's View und Emperor's View, wo man bis zum Chilwasee und dem Mulanje-Massiv blicken kann. Der ca. 27 km lange Rundweg Circular Drive kann nur noch mit einem Allradfahrzeug befahren werden. Am westlichen Aussichtspunkt Chingwe's Hole blickt man auf Resturwälder und das Shiretal. Mehrere Legenden spinnen sich um das eingezäunte, tiefe Loch Chingwe's Hole: Eine Überlieferung besagt, das Loch sei so tief, dass man kein Ende erreichen könne. Einer anderen These zufolge wurden hier früher Begräbnisse abgehalten.

Fußpfade führen von Zomba auf das Plateau, z. B. der Potato Path, der seinen Namen durch die Kartoffelträger erhielt, die landwirtschaftliche Erzeugnisse zum Verkauf von den Feldern im Hinterland über das Plateau trugen. An der Forellenfarm beginnen schöne Wanderpfade, z. B. durch den Naturwald am Fluss zum Mulungushi Stausee oder zu den Williams Falls. Leicht erreichbar sind die Mandala Falls am Mulungushi Damm; hier liegt ein Picknickbereich (200 Kwacha pP) und ein Wanderweg mit Steigungen führt durch Forstwald bis zum Chagwa Damm. Schön ist auch der Weg zwischen Emperor's View und Songani Lookout. Eine anstrengendere Tour führt vom Forstbüro zum Chiradzulu Peak, eine noch längere zum Nawimbe Peak. Der Weg verläuft aussichtsreich am Kamm entlang durch gemischte Wälder. Da es auf dem Plateau bereits zu Überfällen auf einsame Wanderer kam, sollte man ausschließlich mit einem Führer wandern.

Natur & Tierwelt

Das Reservat umfasst 47 km² und erstreckt sich über zwei Bergplateaus: das größere Zomba Plateau und das nördlich gelegene, bis zu 2077 m hohe und touristisch unerschlossene Malosa Mountain Naturschutzgebiet. Das Zomba Plateau erreicht 2087 m Höhe, das Ku Chawe Inn Hotel liegt etwa 1500 m hoch. In den Bergwäldern lassen sich noch scheue Buschböcke, Paviane, Klippschliefer und Otter entdecken. Bezaubernd ist die Vielfalt an bunten Schmetterlingen und Käfern. Zu den auffälligsten Vögeln zählen die selbstbewussten Schildraben. Auch Glanzelsterchen, Sternrötel, Schwarzkehlchen, Schieferschnäpper und Fiskalwürger lassen sich aufspüren, zudem Tschagras, Schopfschnäpper und Sägeflügelschwalben. Typisch sind auch die kehligen Schreie des Langschopfturako.

Tipps & Infos

Ein vernachlässigtes Visitor Centre nahe dem Ku Chawe Inn hält Angellizenzen bereit und zeigt ein Modell des Plateaus mit allerlei Informationen, zudem ist dies neben dem Ku Chawe Inn der beste Platz, um einen Wanderführer zu engagieren (Preise unbedingt vorher aushandeln). Auf dem Plateau verkaufen Jugendliche Mineralien, vorwiegend Feldspat und schwarzen Turmalin, die sie hier aufgelesen haben. Je nach Jahreszeit bieten sie auch Brombeeren, Himbeeren und Erdbeeren an.

Unterkunft auf dem Zomba Plateau

Sunbird Ku Chawe Inn: Tel. 01-514211, E-Mail: kuchawe@sunbirdmalawi.com, www.sunbirdmalawi.com. Das stimmungsvolle Ferienhotel der Sunbird-Gruppe bietet eine herrliche Aussicht, Zimmer mit eigenem Kamin und einen üppig blühenden Garten. Überaus stilvoll und romantisch. Im breiten Ausflugsangebot sind z. B. eine Jeep Tour für 35 US$, Wanderungen ab 7 US$, Tagestouren zum Liwonde NP ab 125 US$ pP und ein Fahrradverleih. Preise: HP je nach Zimmerausstattung ab 164 US$/DZpP und 270 US$/EZ.

Zomba Forest Lodge: Tel. 0888-573325, E-Mail: zombaforestlodge@gmail.com, www.zombaforestlodge.com. Das kleine, liebevoll geführte Kolonialhaus befindet sich auf 1400 m in einsamer Lage und bietet vier Doppelzimmer mit eigenen Bädern und einem Aufenthaltsraum mit Kaminfeuer. Von hier aus kann man vielfältige Wanderungen unternehmen. Die Küche genießt einen ausgezeichneten Ruf. Strom gibt es nicht, dafür brennen romantische Paraffinlampen. Anreise: An der Gabelung nach der Schranke links ca. 5 km auf schmaler Piste (GPS: S 15.22.027 O 35.15.975).

Preise: VP für eine Nacht 110 US$/DZpP und 135 US$/EZ, bei zwei Nächten 100 bzw. 120 US$ und ab drei Nächten 90 bzw. 105 US$ pro Person und Nacht. Eine Vorausbuchung ist hier strikt erforderlich.

CCAP Cottage: Tel. 0999-106082, E-Mail: ammajanga@yahoo.com, www.ccapblantyresynod.org. Die CCAP-Mission in Zomba, die sich hinter der CCAP-Schule befindet, vermietet ihr Gästehaus zur Selbstversorgung nahe dem Ku Chawe Inn auch an Touristen. Es bietet drei Zimmer, Küche und eine spektakuläre Aussicht. Vorreservierung ist allerdings notwendig. Preise: ab 20 US$ pP.

Ku Chawe Trout Farm Campsite: Tel. 01-525271 und 0888-638524. Auf dem fast brachliegenden Gelände der Forellenfarm liegt auf einer Waldlichtung am kleinen Bach windgeschützt ein ruhiger, aber sehr einfacher und vernachlässigter Campingplatz mit überdachten Bänken/Tischen, Plumpsklos und guter Wandermöglichkeit durch den Wald zu den Williams Falls. Preise: Camping 3 US$ pP, ein gemauerter Bungalow wird für 25 US$/Nacht vermietet. Sehr einfach – keine Bar und kein Restaurant vorhanden!

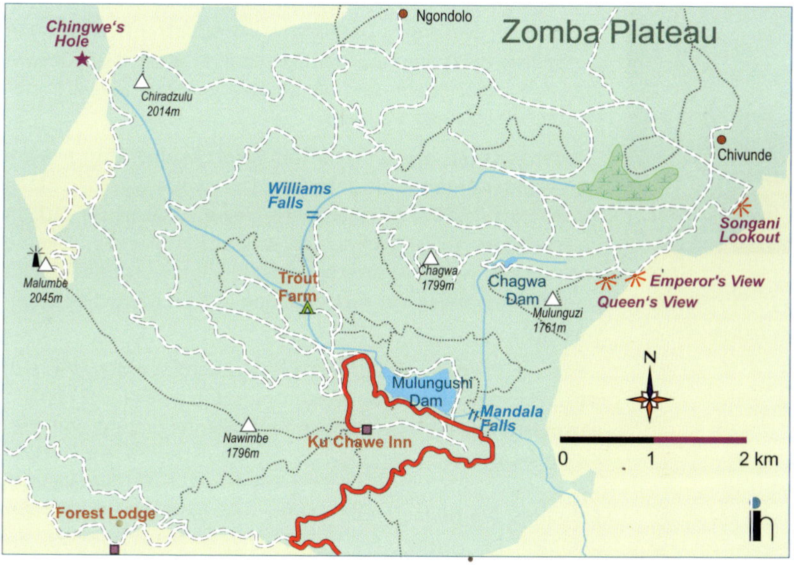

Oben: Im September und Oktober blüht der Jacaranda in der Stadt; Uhrturm der Blantyre Mission

Rechts: Old Town Hall; St. Michael's and All Angels Kirche; Tourist Info im alten Tax Office von 1939

Blantyre und Limbe

In Blantyre liegt die Keimzelle des malawischen Staates; von hier aus begannen die britische Kolonisierung und die wirtschaftliche Entwicklung des Landes. Das ökonomische Zentrum Malawis und die Heimat vieler europäischer Einwandererfamilien ist Blantyre geblieben, auch wenn sich das politische Leben längst in der Hauptstadt Lilongwe abspielt.

Anfangs lagen die Ortschaften Blantyre und Limbe 7 km voneinander entfernt, doch im Laufe der Jahre wuchsen beide Städte immer stärker aufeinander zu. Limbe, zunächst der 1100 m hoch gelegene, ruhige Wohnort der weißen Bevölkerung, ist heute eher ein pittoresker, verarmter Vorort Blantyres, und die Doppelstadt ist inzwischen auf mehr als eine Million Menschen angewachsen.

Ehe die Wälder auf den Hügeln abgeholzt wurden und sich darüber Elendsviertel ausbreiteten, muss Blantyre eine Schönheit gewesen sein; eingebettet in sanfte Hügel und umringt von markanten Bergen, mit einem gigantischen Freizeitwert in seiner Nähe: der schöne Malawisee, die Safarigebiete im Shiretal, die Wanderparadiese bei Mulanje und Zomba und die leuchtenden Teeplantagen bei Thyolo.

Stadtgeschichte

Blantyres Gründungsdatum ist der 23. Oktober 1876, als schottische Missionare unter der Führung von Henry Henderson hier ihr Lager aufschlugen und den Platz nach dem Geburtsort von David Livingstone benannten. Die Missionare waren froh, einen klimatisch günstigen Siedlungsplatz gefunden zu haben, der auch weit genug von den Sklavenrouten der Yao und Araber entfernt lag. 1884 überfielen jedoch die kriegerischen Ngoni die Dörfer in den Shire Highlands und hunderte Menschen suchten bei der Mission Zuflucht. Drei Jahre später gab der Londoner Arzt Dr. Bowie seine Praxis auf und emigrierte nach Blantyre. Eine Strohhütte wurde dort sein erstes Hospital. Unglücklicherweise starb der erste Patient, den er hier behandelte. Daraufhin fürchteten sich die Afrikaner derart vor dem Hospital, dass Dr. Bowie fortan in seinem Wohnhaus operieren musste.

1891 spielte sich hier eine Tragödie ab: Zuerst starb Henry Hendersons Baby an Diphtherie. Wenige Tage später erlag auch seine Frau der heimtückischen Krankheit. Dr. Bowie, der Arzt und Bruder von Mrs. Henderson, hatte sich bei dem Versuch, die beiden zu retten, selbst infiziert und schied in ebenfalls kürzester Zeit dahin. Völlig verzweifelt verließen Henry Henderson und Dr. Bowies Witwe die Mission, um nach England zurückzukehren. Doch kaum hatten sie den Sambesi erreicht, starben dort beide an Malaria.

Bald nach der Befestigung der Straße nach Zomba im Jahr 1893 bekam Blantyre eine Telegrafenleitung nach Salisbury (Harare) und ein den Europäern vorbehaltenes Krankenhaus. Blantyre wuchs nun schnell zur wichtigsten Stadt der jungen Kolonie. In der Umgebung pflanzten die Europäer Kaffee, Baumwolle, Tabak und Tee an. Zwar lag der Verwaltungs- und Regierungssitz in Zomba, doch das gesellschaftliche und wirtschaftliche Zentrum war von Anfang an Blantyre. Leider wurden die meisten historischen Kolonialbauten in den 1980er Jahren abgerissen. Die wenigen verbliebenen befinden sich überwiegend um die 1903 gebaute Town Hall an der Victoria Avenue.

Erste Orientierung

Das alte Zentrum Blantyres beschränkt sich auf das übersichtliche Dreieck zwischen der Haile Selassie Road, der Victoria Avenue und der Glyn Jones Road. Dort liegen viele kleine Geschäfte, Lokale, das Hauptpostamt und einige Hotels.

Von hier aus führt der breite Masauko Chipembere Highway (früher Kamuzu Highway) nach Limbe. Auf halber Strecke liegt das moderne Einkaufszentrum Chichiri Shopping Centre.

Sehenswertes

Blantyre Mission

Die Mission, der älteste Teil Blantyres, liegt an der Chileka Road. Mittelpunkt ist die gewaltige „St. Michael's and All Angels Kirche", die 1891 von Rev. Scott erbaut wurde und unterschiedliche Stilrichtungen aufweist. Scott hatte keinerlei Architektur-Kenntnisse für ein solches Bauvorhaben. Dass die Kirche dennoch so stabil und ausdrucksstark geriet, versinnbildlicht den Tatendrang der Missionare in jener Zeit, in der sie immer im Angesicht des Todes lebten. Ihre Sterberate betrug damals 20 % im Jahr. Erst als 1897 die Ursache der Malaria entdeckt wurde, konnte diese verheerende Rate gesenkt werden.

Chichiri Museum of Malawi

Das Museum befindet sich in Chichiri am Kasungu Crescent. Es handelt sich hierbei um eine Ausstellung zur Stadt- und Missionsgeschichte, außerdem sind traditionelle Musikinstrumente, Waffen und Kunsthandwerk zu sehen. Im Garten stehen eine Dampflok von 1904 und eine Dampfmaschine der African Lakes Company von 1897. Öffnungszeiten: täglich von 7.30–12 Uhr und 13–17 Uhr; Eintritt ca. 2 US$.

Old Manager's (Mandala) House

Das älteste und erste zweistöckige Gebäude Malawis, 1882 für die Brüder Moir gebaut, war der Hauptsitz der African Lakes Company. „Mandala" wurde der Brillenträger John Moir von den Afrikanern genannt, es bedeutet „spiegelndes Licht". Der Name setzte sich bald so stark durch, dass sich die ALC sogar in Mandala Ltd. umbenannte. Heute beherbergt das liebevoll renovierte „Old Manager's House" im ersten Stock die Society of Malawi (mit großartiger Bibliothek und Ausstellung zum deutschen Forscher Albrecht Roscher), das

Erdgeschoss teilen sich der Kunst- und Souvenirladen La Caverna und das beliebte Tagesrestaurant Café Mandala, wo man angenehm im Freien sitzen kann. Unserer Ansicht nach eine wunderbar grüne Ruheoase in der Großstadt: gute Küche, schönes Kunsthandwerk, faszinierende alte Bücher, eine nette Atmosphäre und sichere Parkmöglichkeit unter Jacarandabäumen.

Oben: Victoria Avenue
Unten: Häuser in Limbe

Bilder links: Mandala House mit Gartenlokal und den Räumen der Society of Malawi

Tobacco Auction Floors

In Limbe finden zwischen April und September die Tabakauktionen statt. Die Auktionshallen sind an der Churchill Road, nahe dem Shire Highlands Hotel. Tel. 840377.

Zur Info: Karte des Großraums Blantyre: siehe Umschlagklappe vorne

Michiru Mountain Conservation Area

Blantyre liegt in einer sanfthügeligen Berglandschaft eingebettet. Auf die Gipfel Mount Soche (1533 m), Ndirande (1612 m), Chiradzulu (1773 m) und Michiru (1473 m), führen Wanderwege. Einfacher zu erreichen ist die Michiru Mountain Conservation Area (ca. 15 Minuten mit dem Auto). Man fährt die Glyn Jones Road stadtauswärts und zweigt vor der St. Paul's Kirche erst rechts und gleich danach wieder links in die Michiru Road ein. Nach 12 km erreicht man das Visitor Centre des einsamen Schutzgebiets (geringer Eintritt). Markierte Wanderpfade führen durch die stille Natur und es gibt einen Picknickplatz mit Ausblick über die Stadt. Wir empfehlen, hier nur mit einem Guide zu wandern.

Nähere Infos zu den Wanderungen und Ausflügen rund um Blantyre erfährt man bei der Wildlife Society of Malawi, Tel. 01-643502, die auch die informative Broschüre „Day Outings from Blantyre" herausgegeben hat

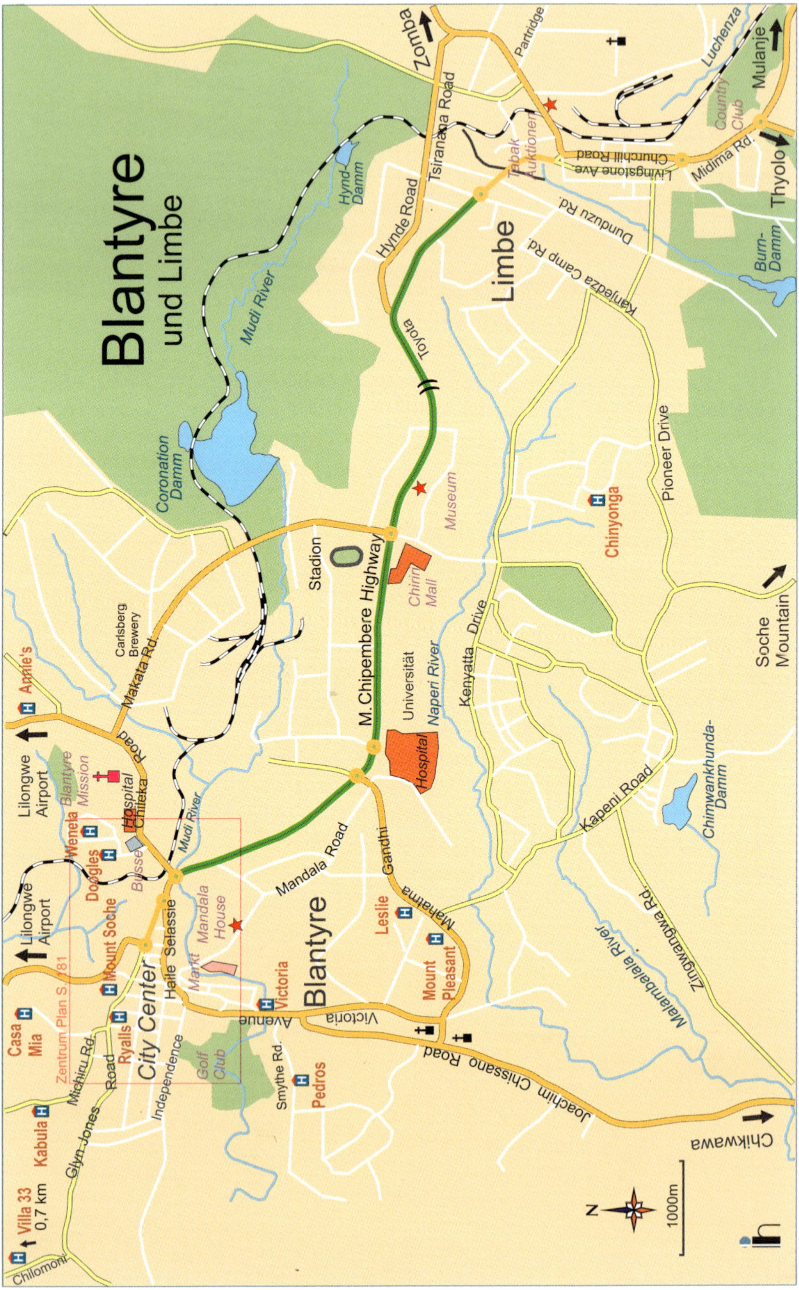
Blantyre
und Limbe
Lilongwe Airport
Lilongwe Airport
Annie's
Casa Mia
Kabula
Villa 33
0,7 km
Chilomoni
Glyn Jones
Michiru Rd.
Zentrum Plan S. 181
Mount Soche
Ryalls
City Center
Independence Road
Haile Selassie
Doogles
Busse
Wenela
Blantyre Mission
Hospital Chileka
Chileka Road
Makata Rd.
Carlsberg Brewery
Mudi River
Markt
Mandala House
Golf Club
Victoria Avenue
Victoria
Smythe Rd.
Pedros
Blantyre
Mandala Road
Gandhi
Mahatma
Leslie
Mount Pleasant
Joachim Chissano Road
Chikwawa
1000m
N
Coronation Damm
Mudi River
Stadion
M. Chipembere Highway
Universität
Hospital
Naperi River
Chirimba Mall
Museum
Toyota
Kenyatta Drive
Kapeni Road
Chimwankhunda-Damm
Malambalala River
Zingwangwa Rd.
Chinyonga
Pioneer Drive
Soche Mountain
Hynd-Damm
Hynde Road
Tsiranana Road
Zomba
Limbe
Kanjedza Camp Rd.
Dundazu Rd.
Tabak Auktionen
Livingstone Ave
Churchill Road
Midima Rd.
Thyolo
Burn-Damm
Country Club
Mulanje
Luchenza
Partridge

Hotels in Blantyre

Protea Hotel Blantyre Ryalls (Marriott): Hannover Avenue, Tel. 01-820955, E-Mail: ryalls@proteamalawi.com, http://protea.marriott.com. Dieses Traditionshaus (1921 gegründet) der First Class Kategorie bietet viel koloniales Flair, 117 Suiten mit gehobener Zimmerausstattung und ein Restaurant der Spitzenklasse. Preise: ÜF ab 90 US$/DZpP und 175 US$/EZ.

Sunbird Mount Soche Hotel: Glyn Jones Road, Tel. 01-820588, E-Mail: mountsoche@sunbirdmalawi.com, www.sunbirdmalawi.com. Bekanntestes Vier-Sterne-Hotel der Stadt sehr zentral gelegen mit 134 klimatisierten Zimmern, schönem Pool und Garten, internationaler Küche. Viele Geschäftsreisende. Preise: ÜF je nach Zimmerkategorie offiziell ab 156 US$/DZpP und ab 280 US$/EZ.

Casa Mia: Kabula Hill, Tel. 01-827871, E-Mail: booking@blyantreaccommodation.com, www.blantyreaccommodation.com. Am Kabula Hill, zentral und erhöht gelegen, bietet dieses Restaurant auch zehn sehr gepflegte Zimmer mit gratis WLAN und Pool. Hier wohnt und speist man auf hohem Niveau. Preise: 48–55 US$/DZpP und 80–95 US$/EZ.

Leslie Lodge: Leslie Road Mount Pleasant (Ecke Mahatma Gandhi/Leslie Road), Tel. 0999-828929, E-Mail: info@leslielodge.com, www.leslielodge.com. Inhabergeführte Pension mit sieben teilweise zur Selbstversorgung ausgestatteten klimatisierten Zimmern in ruhiger Lage. Mit WLAN Hotspot, Pool und wunderschönem Garten. Preise: ab 65 US$/DZpP und 110 US$/EZ.

Annie's Lodge: Tel. 01-832513, E-Mail: blantyre@annieslodge.com, www.annieslodge.com. Das charmante Gästehaus in einem älteren Kolonialhaus befindet sich in einem ruhigen Wohngebiet im nördlichen Ortsteil Nyambadwe. Mit Restaurant. Preise: ÜF 38–60 US$/DZpP und 65–110 US$/EZ, Apartments 150 US$/Nacht.

Villa 13: 39 Chilomoni Ring Road, Tel. 0999-839033, E-Mail: Reservations@thevilla.mw, www.thevilla.mw. Diese gut geführte Frühstückspension liegt inmitten eines tropisch eingewachsenen Gartens im Norden zwischen den Vierteln Namiwawa und Kabula und verfügt über mehrere Zimmer und Studios (mit Küchenzeile). Preise: ab 50 US$/DZpP und 90 US$/EZ.

Kabula Lodge: Tel. 01-821216, E-Mail: kabulalodge@africa-online.net, www.kabulalodge.co.mw. Einfaches, familiär geführtes Gästehaus mit Restaurant in einem kolonialen Haus am Kabula Hill, ruhig gelegen mit schöner Aussicht und dennoch zentral. Wahlweise Zimmer mit eigenem oder Gemeinschaftsbad bzw. mit/ohne Küchenblock. Viele junge Gäste. Preise: 15–30 US$/DZpP und 40–55 US$/EZ.

Pedro's Lodge: Tel. 01-833430, E-Mail: pedros@africa-online.net, www.pedroslodge.com. In der Smythe Road gelegenes kleines Gästehaus mit acht Zimmern, Pool im Garten, lässigem Grillrestaurant, WLAN Hotspot und sicherer Parkgelegenheit. Preise: ÜF 58 US$/DZpP und 75 US$/EZ.

Chinyonga Guesthouse: Chisasa Street, Tel. 0888-912000 und 0999-950000, E-Mail: chinyongaguesthouse@gmail.com, GPS S 15.81.612 E 35.03.811, beschildert ab Kenyatta Drive. Einfache Privatpension mit Zimmervermietung und freier Küchenbenutzung. Preis: ab 27 US$ pP.

Doogles Lodge Backpackers: Tel. 0882-909864, E-mail: reservations@dooglesmalawi.com, http://www.dooglesmalawi.com. Zentral gelegene Backpackerlodge im hinteren Bereich des Wenela Bus Terminals in der Chileka Road (gegenüber der Oilcom-Tankstelle einbiegen). Mit Restaurant, lebhafter Bar, Pool, gratis WLAN und Fahrradverleih. Ein Platz, um junge Traveller in lockerer Atmosphäre zu treffen, aber weniger für Ruhesuchende. Preise: Zimmer mit Bad 42 US$/Nacht, Chalets ab 30 US$/Nacht, Dormitory 12 US$ pP.

Fisherman's Rest: Tel. 0888-836753, E-Mail: enquiries@fishermansrest.net, www.fishermansrest.net. Das Farmgelände außerhalb von Blantyre an der Straße nach Chikwawa hat sich dem Volunteer-Geschäft verschrieben und bietet Übernachtungsgelegenheit in einem Gästehaus (max. 11 Pers.),

Zimmer in einem Cottage, „Bush Camp Hides" und sehr bescheidene Hütten, verlangt jedoch strikte Vorausbuchung. Preise: Zimmer und „Bush Camp Hides" je 80 US$/DZpP und 115 US$/EZ, Traditional Huts 25 US$/Nacht.

Game Haven Lodge: Chimwenya Game Park, Bvumbe, Tel. 0999-971286, E-Mail: info@gamehavenmw.com, www.gamehavenmw.com. Gediegenes Ausflugslokal mit 25 Zimmern, drei Ferienhäusern, einem Golfplatz auf einer Wildfarm 10 km außerhalb von Limbe in Richtung Thyolo (2 km Zufahrt). Sehr ruhig, gedämpft und nobel; es werden auch Pirschfahrten, Bush Walks und Mountainbikes angeboten. Preise: ÜF inklusive Walks, Bird Tour und Pool je nach Unterkunft ab 65 US$/DZpP und 100 US$/EZ, VP-Zuschlag 30 US$.

Praktische Informationen

Verkehrsmittel

Die größte **Busstation** der Stadt, Wenela Bus Terminus, liegt an der Chileka Road. Hier fahren Busse und Minibusse in nördliche und westliche Landesteile und die Fernreisebusse nach Johannesburg und Harare ab. Busse und Minibusse nach Zomba, Liwonde, Mulanje und Monkey Bay starten am Bahnhof in Limbe. Zwischen Blantyre und Limbe verkehren permanent private Minibusse und Taxis. Eine Taxifahrt zwischen Limbe und Blantyre kostet 10–15 US$ und innerhalb Blantyres etwas weniger; den Preis sollte man unbedingt vorher aushandeln.

Die **Busse** des Axa Coach Service nach Lilongwe und Mzuzu starten von der Blantyre Lodge/ WENELA Bus Station um 6, 13 und 20 Uhr, halten 30 Minuten später beim Galaxy House und weitere 30 Minuten später zusätzlich beim Axa-Office am „Automotive Centre", wo man auch die Tickets kauft. Fahrtdauer bis Lilongwe etwa 5 Stunden, Preis bis Lilongwe ab 14 US$, bis Mzuzu ab 20 US$. Tel. 01-820100, www.axacoach.com.

Flughafen und Airlines: Chileka International Airport, Tel. 692454, liegt 16 km nördlich der Stadt. Es verkehren keine Flughafenbusse in die Stadt; Taxis berechnen 30–35 US$ pro Fahrt.

Medizinische Versorgung

Queen Elisabeth Central Hospital: Chipembere Highway, Tel. 01-874333 (Zufahrt von der Mahatma Ghandi Road).

Adventist Hospital: Robins Road/Ecke Glyn Jones Road, Tel. 01-820399.

Zahnarztpraxis: Hope Dental Surgery, Chichiri Shopping Centre, Tel. 01-876966.

Ambulanz: Tel. 998, Notruf: Tel. 997

Immigration

Das Büro für Visa-Angelegenheiten befindet sich in der Victoria Avenue, in einem großen grauen Gebäude hinter der Town Mall. Öffnungszeiten: wochentags 7.30–12 Uhr und 13–17 Uhr, am Samstag nur vormittags. Tel. 01-823777.

Einkaufen

Das mit Abstand größte Angebot führt das Chichiri Shopping Centre zwischen Limbe und Blantyre, gegenüber dem Stadion. Hier gibt es alles, was der Reisende sucht: Shoprite Supermarkt, GAME, Apotheke, Zahnarzt, Wechselstube, Banken mit Geldautomaten, Händler für SIM-Karten, Schnellimbisse, öffentliche Toiletten und bewachte Parkplätze.

Buchläden finden Sie im Chichiri Shopping Centre und im Mount Soche Hotel. Reiseliteratur und ein interessantes Antiquariat mit Werken aus der Kolonialzeit sind in der Bibliothek der „Society of Malawi" im 1. Stock des Mandala House (S. 176) erhältlich.

Die schönsten Kunsthandwerke und **Souvenirs** findet man in der Galerie La Caverna, ebenfalls im Mandala House.

Campinggas Auffüllen: Campinggas kann man bei Afrox Gases auffüllen lassen. Zufahrt: Vom Chipembere Highway auf Höhe der Mahatma Ghandi Road links in die Johnston Road einbiegen.

Autobedarf: Die Werkstatt Kwik Fit beim Ryalls Hotel in der Hannover Avenue hilft sachgerecht bei Fahrzeug- und Reifenproblemen weiter. Tel. 0888-900400.

Internetcafés und Telefon: Internetcafés sind zahlreich vorhanden, z. B. MalawiNet in der St. Georges Ave., Airtel in der Haile Selassie Road, Post Dot Net im Chichiri Shopping

Centre und mehrfach in der Altstadt. Im Chichiri Shopping Centre sind bei mehreren Anbietern SIM-Karten und Prepaid-Karten für Smartphone und Tablet erhältlich.

Reiseagenturen & Mietwagenverleih

Jambo Africa: Tel. 0888-202420, E-Mail: jamboafrica@africa-online.net, www.jambo-africa.com. Das Unternehmen bietet Mietwagen, Transferdienste, Tagesausflüge und eine historische Stadttour durch Blantyre.

Avis Rent A Car: Mataka Road, Tel. 01-870230, Fax 672429. Flughafen-Tel. 692368.

Zoom Car Hire: Kristwick, nahe der Moir Crescent Raod, Tel. 01-874889.

SS Rent A Car: Glyn Jones Rd., Tel. 01-822836 und 0888-829322.

Sputnik Car Hire: Kassam House, nahe der Paul Kagame Road, Tel. 0999-950354.

Essen gehen

21 Grill on Hannover: Tel. 01-820955. Das elegante Restaurant im Protea Ryalls Hotel öffnete schon 1969 seine Pforten und gilt immer noch als Top-Adresse für Fine Dining.

Bombay Palace: Tel. 0888-200200, Hannover Ave. In diesem indischen Restaurant in der Altstadt wird ziemlich authentisch gekocht.

Game Haven Lodge: Tel. 0999-971286. Das Ausflugslokal im Chimwenya Game Park an der Thyolo Road ist eine Adresse für besondere Anlässe (siehe links).

Veg-Delight: Tel. 0212-919705. Vegetarische indische Spezialitäten beim Hindu Tempel in der Glyn Jones Road – einfach, aber sehr gut.

Café Mandala / La Caverna: Tel. 01-871932. Gemütliches Tagesrestaurant beim Old Mandala House mit mediterraner Küche, siehe S. 176. Eine kleine Oase mit Blick auf die Jacarandas mitten in der Stadt.

Gelato Carnival: Tel. 0212-989000. Beliebtes italienisches Ausflugslokal in der Smythe Road an der Ausfallstraße nach Chikwawa. Hier gibt es sogar Sushi.

Casa Mia: Tel. 01-827871. Das Restaurant am Kabula Hill genießt einen ausgezeichneten Ruf und serviert auch Meeresfrüchte.

Tourist Information

Das Department of Tourism unterhält ein Büro in der Victoria Avenue neben der Old Town Mall, Tel. 01-820300. Öffnungszeiten: wochentags 7.30–12 Uhr und 13–17 Uhr.

Landkarten kann man im Department of Survey ebenfalls in der Victoria Avenue nahe der Town Hall kaufen (Mo–Fr von 7.30–12 Uhr und 13–16 Uhr).

Konsulat von Mosambik für Touristenvisa

Visa für Mosambik stellt das Konsulat, wenn man vormittags kommt, innerhalb desselben Tages aus. Es liegt an der Ausfallstraße nach Chikwawa ca. 200 m nach der Mahatma Ghandi Road auf der linken Seite (beschildert). Tel. 01-1643189 und 1644320.

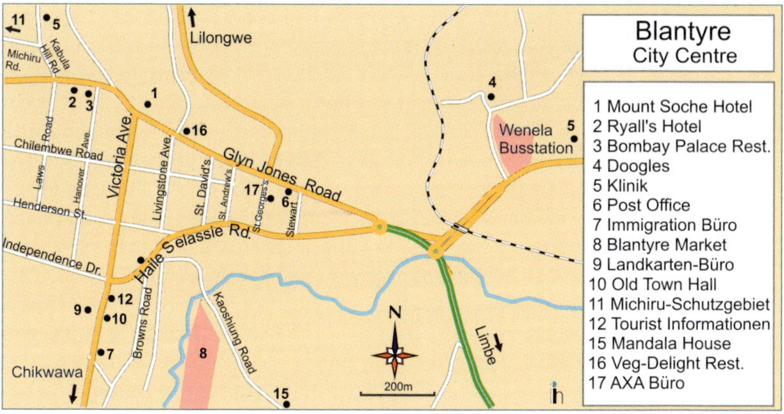

Von Blantyre nach Dedza

Zur Info: Karte des Großraums Blantyre: siehe Umschlagklappe vorne

Für diese Strecke verlässt man Blantyre entlang der Chileka Road in nördliche Richtung und erreicht nach wenigen Minuten den Chileka Roundabout mit der Zufahrt zum Flughafen. Die weitere Strecke bis zur Brücke über den Shire River bei Zalewa bleibt dicht besiedelt. Zahlreiche Polizeikontrollen behindern den ohnehin starken Verkehr. Kurz danach zweigt die Straße nach Dedza und Lilongwe rechts ab (geradeaus geht es weiter nach Mwanza und Mosambik). Noch weitere 70 km bleibt die Fahrt im heißen Tiefland auf 400 Höhenmeter, dafür lassen hier Verkehr und Besiedlung deutlich nach; am Straßenrand verkaufen Jugendliche manchmal Spieße mit gegrillten Mäusen und Vögeln. An den beiden großen Straßenkreuzungen nach Balaka und später nach Salima herrscht meistens chaotisches Treiben. Erst danach steigt die Straße kontinuierlich in die Berge an und folgt nun immer dem nahen Grenzverlauf nach Mosambik. Bald wird das Landschaftsbild von Kartoffeläckern und Mangobäumen geprägt. Man durchquert das Städtchen Ntcheu (mit Banken, Tankstelle und einem riesigen, quirligen Markt) und erreicht 220 km nach Blantyre in einer malerischen Bergszenerie die Kleinstadt Dedza (siehe S.111).

Oben: Auf der Strecke von Tcheu nach Dedza

Bilder rechts: Teepflücker auf den Plantagen; Thyolo inmitten der leuchtend grünen Teefelder

Von Blantyre nach Mulanje

Für diese Strecke stehen zwei Straßen zur Wahl: Die Thyolo-Road führt über die Berge nach 41 km in den Ort Thyolo (sprich: *Tscholo*), der auf rund 1000 m umringt von Bergen und Teepflanzungen mit Blick auf das Mulanje-Bergmassiv liegt. Mehrere riesige Tee- und Macadamia-Plantagen wechseln hier einander ab, unterbrochen von Waldbeständen mit riesigen Bäumen, Eukalyptusforsten und Palmen. Auf den Feldern sieht man während der Erntesaison Teepflücker bei der mühseligen Pflückarbeit. Die beschauliche Kleinstadt zu Füßen des gleichnamigen Berges, der leider in den letzten Jahre komplett abgeholzt wurde, hat eine Post- und Bankfiliale, eine Tankstelle und einen Fahrrad-Taxistand zu bieten. Kurz nach dem Ort wechselt die tropische Szenerie und führt in eine reizlose, massiv abgeholzte Ebene, einen Ausläufer der Phalombe Plain. Man hält jetzt direkt auf den markanten Mulanje Mountain zu. 47 km nach Thyolo erreicht man Chitakali und nahezu übergangslos die Kleinstadt Mulanje. Jetzt tauchen auch wieder Teeplantagen und tropische Bäume wie Flammenakazien und Jacaranda auf.

Alternativ führt die Midima Road von Limbe über Thuchila nach Mulanje. Sie ist zwar etwas kürzer, aber landschaftlich deutlich weniger reizvoll als die Fahrt über Thyolo. Linien- und Minibusse bedienen beide Strecken.

Satemwa Tea Estate

Zu den beeindruckendsten Erlebnissen in Südmalawi zählt ein Besuch im Satemwa Tea Estate, möglichst mit einem Aufenthalt im kolonialen Anwesen Huntingdon House inmitten der prächtigen Gartenanlage. Alternativ lohnt sich auch ein Tagesausflug zum „Tea Tasting" in der Fabrik mit informativem Filmbeitrag und einem anschließenden gepflegten Mittagessen im kolonialen Huntingdon House, der allerdings vorreserviert werden muss (Kontakt: siehe Huntingdon House). Die Preise liegen bei 10 US$ für das Tea Tasting und 10–15 US$ für ein Mittagessen. Tea Tasting findet zu festen Zeiten statt: Mo um 15.30 Uhr, Di–Fr um 10.30 und 15.30 Uhr, Fr um 10.30 Uhr. Dabei kann man die unterschiedlichen Tees und den hervorragenden Kaffee kosten und auch kaufen. Ornithologen empfehlen wir zudem unbedingt eine Tour mit dem Bird-Guide Lamek in die Bergurwälder beim 1200 m hoch gelegenen Picknickspot, in denen Narina Trogon, Smaragdkuckuck und der endemische Thyolo-Alethe heimisch sind, zudem turnen Weißkehlmeerkatzen durch die hohen Urwaldbäume.

Unterkunft

Huntingdon House: Annette Kay, Tel. 0993-121854 und 0882-599717, nur für WhatsApp: 0993-629877, E-Mail: accommodation@satemwa.com, www.satemwa.com und www.huntingdon-malawi.com. Im renovierten Kolonialhaus des ersten Plantagenbesitzers, das idyllisch mit einer prächtigen Gartenanlage inmitten der Teefelder und bewaldeten Berge liegt, wird beschauliche Unterkunft in fünf individuell eingerichteten Zimmern angeboten. Die Atmosphäre ist familiär, das Hauspersonal Grace und Amos sehr bemüht und die liebevoll zubereiteten Speisen nehmen Bezug auf die eigene Tee- und Kaffeeproduktion, z. B. mit „Tea smoked Chicken", „Mo-Tea-To-Cocktails" und „Gin & Tea" anstelle von Gin & Tonic. Nicht nur für Teeliebhaber ein großartiges Erlebnis! Man sollte möglichst zwei bis drei Tage bleiben, um auch die umfangreichen Aktivitäten wie Tea Tasting, geführte Bird Walks, Wandern, Mountainbiken und den Ausflug zum 5 km entfernten Picknickplatz kennen zu lernen. Eine Vorausbuchung ist notwendig.
Preise: VP im Huntingdon House 225 US$ pro Person; von Juli bis Oktober 325 US$ pP.
Siehe auch: unser Übernachtungstipp: S. 222.

Chawani Bungalow: Das Ferienhaus Chawani wird mit seinen vier Zimmern und Küche zur Selbstversorgung gerne an Familien und Gruppen bis zehn Personen vermietet und kostet wochentags 200 US$ pro Nacht, am Wochenende 225 US$ pro Nacht. Mit Hauspersonal, das für die Gäste auch kocht.

Bilder: Satemwa Tea Estate und Huntingdon House

Oben: Bird Guide Lamek vom Satemwa Tea Estate erklärt die Teeproduktion; frische Triebe; Tea Tasting in der Fabrik

Wissenswertes für Teefreunde

Die Teeproduktion Afrikas begann 1891 hier in der Kolonie Nyasaland, als der Missionsgärtner Henry Brown einige Teesträucher pflanzte, kaum ahnend, welche Bedeutung dies noch für die Zukunft des Landes spielen sollte. Denn die regenreichen Berge um Mulanje und Thyolo bieten in Lagen zwischen 900 und 1200 m überraschend günstige Bedingungen für den Anbau.

Das immergrüne Strauchgewächs Tee wird in Reihen gepflanzt und mannshoch gestutzt, sonst würde die Pflanze bis zu 15 m hoch wachsen. Tee treibt das ganze Jahr und wird häufig ganzjährig geerntet, hauptsächlich aber von Dezember bis April. Dabei werden die neuen Triebe von Hand gepflückt und aussortiert, sodann getrocknet und anschließend zerrissen und aufgerollt, wobei die Zellwände einreißen und Zellsaft austritt. Die Gerbstoffe oxydieren und färben die Blätter kupferfarben bis braun. Diesen Prozess, der dem Tee sein feines Aroma gibt, nennt man „fermentieren".

Qualität und Charakter eines Tees werden neben der Herkunft – je höher er wächst, umso edler ist sein Aroma – auch an der Blattgröße gemessen. Die edelsten sind die Blatt-Tees, dann folgt der „*Broken*", der aus gebrochenen Blättern besteht. Krümeliger Tee heißt „*Fanning*" und wird in Europa überwiegend für Teebeutel verwendet.

Mit 890 ha Fläche zählt das Satemwa Tea Estate zu den kleineren in Malawi, hat sich aber international einen Namen geschaffen durch intensiven Fair Trade Handel mit den umliegenden Kleinbauern und die Herstellung von hochqualitativen Spezialsorten wie Oolong Tea, White und Green Tea sowie aromatisierten Mischungen wie Mint, Earl Grey und Hibiscus neben der hauptsächlichen Produktion von Black Tea. Ca. 5 % der Betriebsfläche dient dem Kaffeeanbau, etwa gleich groß ist der Anteil geschützter Resturwälder und 400 ha bedecken Eukalyptusforste, die der Holzgewinnung für die Teeproduktion dienen. In der Erntesaison arbeiten mehr als 1500 Menschen auf dieser höchstgelegenen Teeplantage Malawis, die eigene Schulen und vier Kliniken für ihre Mitarbeiter finanziert.

Die malawischen Tees gelangen vorwiegend unbehandelt und unverpackt auf den Weltmarkt und werden erst in London, Hamburg und anderswo verpackt bzw. vermischt und aromatisiert. Daher treten diese Tees selten als Malawi-Tee auf, obwohl sie auf dem europäischen Markt einen bedeutenden Platz einnehmen.

Mulanje Bergmassiv

Aus der flachen, 600–800 m hoch gelegenen Phalombe Plain erhebt sich im Südosten des Landes ein gewaltiger Gebirgsstock, dessen Gipfel bis 3000 Höhenmeter erreichen. Der mächtige Felsklotz ist vulkanischen Ursprungs; die Kraterwände sind teilweise noch deutlich erkennbar. Das Massiv bildet neben den Bergspitzen und zerklüfteten Felskuppen auch das 2000 m hohe und mit montanem Gras bewachsene **Lichenya Hochplateau**, aus dem mit 3002 m der **Sapitwa Peak**, höchster Berg Zentralafrikas, ansteigt. Besonders markant ist die nackte, steile Granitwand des **Chambe Peak** (2538 m) an der Westflanke des Massivs, ragt sie doch direkt aus der Phalombe Plain heraus und bildet Afrikas höchste Felswand. Von Blantyre kommend, fährt man direkt darauf zu.

Die Ost-West-Ausdehnung beträgt etwa 30 km, von Nord nach Süd 25 km. Im Nordosten trennt eine schmale Spalte, der „Fort Lister Gap", den Mchese Mountain vom restlichen Gebirgsstock ab. Sein Alter wird auf rund 130 Millionen Jahre geschätzt.

Die einst mit Urwäldern bedeckten unteren Hänge dieses schroffen Bergmassivs tragen heute nur noch Reste immergrünen Regenwalds. Bis auf 1500 m Höhe besteht die Vegetation aus Brachystegiawäldern. Darüber beginnt eine alpine Zone mit Gräsern, Kiefern- und Nebelwäldern, Proteen und Strauchgewächsen.

Die Schroffheit des Bergmassivs ist besonders attraktiv für Wanderer und Bergsteiger. Es stehen ein paar sehr einfache Berghütten zur Verfügung, doch erlaubt die mangelhafte Infrastruktur nur gut ausgerüsteten, geübten Wanderern mit ortskundigen Bergführern eine entsprechende Tour

Oben: Mulanje-Bergmassiv mit dem Chambe Peak

Auf über 2000 m ist montanes Grasland die typische Vegetationsform. Der Berg ist die Heimat der **Mulanje-Zeder** (*Widdringtonia whytei*), die zur Familie der Zypressen gehört und als das Edelste unter den Weichhölzern gilt. Bemerkenswert sind zudem die vielen Wildblumen, Aloen, Begonien, Lobelien, Proteen und Gladiolen auf dem Plateau. Als Besonderheit gilt die Mulanje-Iris (*Morea schimperi*). Alle Pflanzen auf dem Plateau sind streng geschützt.

Die Tierwelt ist weniger artenreich. Der Wanderer wird kaum mehr als ein paar Hasen, Schliefer, Klippspringer und Ducker bemerken; in der Umgebung der Thuchila-

Hütte vielleicht auch einen Leoparden erspähen. Die variierenden Landschaftszonen bieten jedoch ideale Lebensbedingungen für eine Vielzahl von Vögeln. In den Wäldern leben Zimttauben, Sternrötel, Gurney's Grunddrosseln, Bergastrilde und Rotschwingenstare. Das Grasland hingegen bevorzugen Graubülbül, Trauerzistensänger, Gelbbauchastrild, Schwarzkehlchen und Shelley-Frankolin.

Mulanje

Die Lage der Kleinstadt zu Füßen des gewaltigen Bergmassivs im größten Teeanbaugebiet Malawis ist durchaus ansprechend. Umringt von leuchtend grünen Teeplantagen bietet der beschauliche Ort einfache Supermärkte, ein Internetcafé, Tankstelle, Bank und eine Pizzeria in Chitakale an der Abzweigung nach Likhubula (S. 193). Das auffälligste Gebäude im Ort ist der moderne Krankenhauskomplex.

Ausreise nach Mosambik

28 km östlich von Mulanje endet die Straße im Grenzort Muloza. Die Grenze ist täglich von 6–18 Uhr geöffnet und es herrscht meistens reger Betrieb.

Wandern & Bergsteigen

Informationen rund ums Bergsteigen im Mulanje Massiv erhält man beim Büro der Forstverwaltung in Likhubula (siehe S. 193), wo man auch die Führer und Träger mietet. Ohne Führer besteht auf den unmarkierten Pfaden im Bergmassiv die Gefahr, sich zu verirren. Vor jeder Plateau- und Berggipfelbesteigung sollte man sich bei der Forstbehörde in Likhubula anmelden. Wer keine Berghütte vorab reserviert hat, kann es hier nachholen. Für einfachere Bergwanderungen von Hütte zu Hütte reicht es aus, einen Träger anzuheuern, der zugleich die Funktion eines Führers übernimmt. Für das Wandern im Geröll und die zum Teil ausgesetzten Gipfelbesteigungen sind allerdings fachkundige Bergführer definitiv unerlässlich.

Die beste Zeit zum Wandern ist wegen des Klimas und der besseren Sicht von Mitte April bis Ende Juli. Zwischen Mai und August muss mit Nachtfrost gerechnet werden, ab Oktober wird es zu heiß. Von Mai bis Juli besteht zwar die beste Fernsicht, aber auch die Gefahr des „Chiperoni", eines bis zu fünf Tage lang andauernden dichten, feuchten Nebels. Auch unvorhergesehene Wetterwechsel mit eisigen Nebeln und Dauerregenfällen, in denen Bäche zu reißenden Flüssen anschwellen, sollten nicht unterschätzt werden. Immerhin fallen hier bis zu 1800 mm Niederschläge pro Jahr. Wilderer legen in der Trockenzeit mitunter Buschfeuer auf dem Plateau.

Äußerst hilfreiche Auskünfte erteilt die Website des „Mountain Club of Malawi" (https://mcm438.wordpress.com/), der 2017 den informativen „Hiking Guide to Mount Mulanje" von Drew Corbyn veröffentlichte; man findet das Buch übrigens auch als PDF-Datei im Internet.

Auch „Mulanje Info" mit dem Büro in Mulanje direkt an der Abzweigung nach Likhubula (im ersten Stock des Mulanje Pepper Restaurants) hält wertvolle Informationen bereit und hilft beim Organisieren. Die Firma ist dem Tourismusministerium unterstellt (www.mountmulanje.org.mw).

Tagestouren

Für Tagestouren mit zwei bis drei Stunden Wanderzeit bieten sich folgende Ausflüge an:

Von Mulanje: Von der 800 m hoch gelegenen Kara O'Mula Lodge kann man einen 8 km langen abwechslungsreichen Rundweg zum „Crater Mouth" unternehmen, bei dem 300 Höhenmeter zu bewältigen sind (Foto oben links). Er führt durch Teeplantagen, Urwälder und bietet stellenweise tolle Ausblicke.

Vom Likhubula-Forstbüro: Steiler ist der 4 km lange Stichweg von der Forstverwaltung zu den **Likhubula Falls**, die auch Dziwe wa Nkalamba-Wasserfall heißen. Er verläuft entlang der steilen, ziemlich ausgewaschenen Allradpiste die Berge hinauf. Nach 3,5 km zweigt bei GPS S 15.56.20 E 35.31.14 ein schmaler Fußpfad zum 400 m entfernten Wasserfall ab. Unterhalb des einsamen

Wasserfalls kann man im klaren Wasser der felsigen Pools wunderbar schwimmen. Auch hier muss man 300 Höhenmeter bewältigen.

Vom Lujeri Tea Estate: Zwischen „Shed 3" und der Hydro-Kraftstation im Lujeri Tea Estate ca. 20 km von Mulanje beginnt ein Weg, der über das Dorf Ndaonetsa zu den Mbiya Pools im Little Ruo führt (200 Höhenmeter, 5 km).

Plateau-Besteigung

Die Wanderungen sind nicht sehr anspruchsvoll, erfordern aber Trittsicherheit, weil alle Wege unbefestigt sind und bei Nässe glitschig werden. Zu Beginn sind alle Anstiege sehr steil, weil große Höhen erklommen werden müssen; die Wege werden aber im Bereich des Lichenya Plateaus zunehmend flacher und einfacher. Von einer Hütte zur nächsten wandert man gemütlich in 4–6 Stunden. Die Aufstiege beginnen an folgenden Stationen:

Von Mulanje: An der 800 m hoch gelegenen Kara O'Mula Lodge beginnt der vierstündige Boma Path genannte Aufstieg zur Lichenya-Hütte (und weiter zur CCAP Hütte).

Am Likhubula-Forstbüro: Chambe-Plateau- und Chapaluka-Weg zur Chambe-Hütte (je 3–4 Stunden), Lichenya-Weg zur Lichenya-Hütte (teils sehr steil, ca. 4 Std.)

Am Tinyade Tea Estate zwischen Chambe und Phalombe: Lukulezi-Weg zur Thuchila-Hütte in 4 Stunden und der Lukulezi-Ruo-Weg zur Chinzama-Hütte (5 Stunden, teils durch Urwald).

Am Fort Lister Forest Depot: Sombani-Weg zur Sombani-Hütte in 3 Stunden.

An der Muloza Mission: Malosa-Weg der Holzträger zur Madzeka-Hütte (5 Std.).

Am Lujeri Tea Estate: Little-Ruo-Weg zur Madzeka-Hütte (3 Stunden durch Regenwald) und Big-Ruo-Weg zur Chinzama-Hütte (6 Std., der Weg beginnt an der Hydro-Station).

Berghütten auf dem Mulanje Massiv

Neun staatliche, sehr spartanische Berghütten mit Kamin, Tisch und Stühlen stehen den Wanderern zur Verfügung, die max. 5–6 Wegstunden voneinander entfernt liegen und von Caretakern betreut, aber nicht bewirtet werden. Ein Matzratzenlager haben nur die Hütten Chambe Hut (1860 m/max. 16 Pers.), Lichenya Hut (1840 m/max. 30 Pers.) und Chisepo Hut (2230 m, max. 15 Pers.). Alle anderen sind ohne Matratzen: Thuchila Hut (2000 m/max. 25 Pers.), Chinzama Hut (2150 m /max. 12 Pers.), Sombani Hut (2080 m/max. 8 Pers.), Madzeka Hut (1820 m/max. 12 Pers.), Minunu Hut (8 Pers.), France's Cottage (1843 m /max. 6 Pers.). Eine zehnte Berghütte, das CCAP Cottage auf 1981 m für 8 Personen, gehört der CCAP Mission Church in Likhubula und ist besser ausgestattet; sie bietet auch Kochutensilien und kostet 3500 MK pro Person. Camping ist im Mulanje-Schutzgebiet nicht erlaubt, wird aber direkt neben den Berghütten gestattet. Einige Caretaker verkaufen Bier und Softdrinks an die Wanderer. Eine gute Ausrüstung ist unabdingbar: Schlafsack, Sonnenschutz, warme Kleidung, Navigationsgerät, Taschenlampe, Landkarte, gutes Schuhwerk, Notfallapotheke, Trinkwasser und Lebensmittel.

Gipfelbesteigungen

Von allen Berghütten sind Gipfeltouren möglich, allerdings nur geübten, trittsicheren Bergsteigern mit versiertem Führer anzuraten.

Chambe-Hütte: Chambe Peak (2538 m, 3 Std., mittelschwer), Sapitwa Peak (2998 m, 7 Std., anspruchsvoll, anstrengend)

Thuchila-Hütte: Nandalanda Peak (2590 m, 2–3 Std., mittelschwer), Khuto Peak (2757 m, 4 Std., anstrengend), Dzole Peak (2715 m, 5 Std., mittelschwer), Nakodzwe Peak (2964 m, 5 Std., anspruchsvoll), Sapitwa Peak (2998 m, 7 Std., anspruchsvoll und anstrengend)

Chinzama-Hütte: Chagaru Peak (2660 m, 3 Std., steil, mittelschwer), Chinzama Peak (2663 m, 3 Std., mittelschwer)

Sombani-Hütte: Chinzama Peak (2663 m, 3 Std., mittel), Namasile Peak (2685 m, 3 Std., mittel), Masasa Peak (2453 m, 4 Std., mittel), Matambale Peak (2642 m, 4 Std., schwierig)

Lichenya-Hütte: West Peak (2892 m, 5 Std., mittelschwer), South Peak (2637 m, 5 Std., mittelschwer)

Madzeka-Hütte: Manene Peak (2650 m, 5 Std., schwer)

Chisepo-Hütte: Sapitwa Peak (2998 m, 4–5 Std., mittelschwer)

Unterkunft in Mulanje

Kara O'Mula Country Lodge: Boma Path, Mulanje, Tel. 01-466515, E-Mail: reservations@karaomula.com, www.karaomula.com. Die beste Empfehlung der Region ist das ehemalige Landhaus des Distriktverwalters von 1905, ein Kolonialschmuckstück mit großem Garten am Berghang über der Stadt, wo die Bergurwälder und ein Plateauaufstieg beginnen (Bergführer sind anwesend). Heute in einheimischem Besitz, versucht das Haus, sein koloniales Flair zu erhalten. Schönes Terrassenlokal mit Aussicht, WLAN Hotspot, Mountainbikeverleih, viele Vögel, Weißkehlmeerkatzen und die seltenen Rotschwanzhörnchen in den hohen Bäumen. Preise: ÜF im Standardzimmer 35 US$/DZpP und 55 US$/EZ, im besser ausgestatteten Executive-Zimmer 43 US$/DZpP und 75 US$/EZ. Camper können für 15 US$ auf dem großen Parkplatz unter hohen Bäumen nächtigen (ohne Wasser/Strom) und die Sanitäranlagen am Pool benützen.

Lujeri Lodge: Tel. 01-460015, E-Mail: lujerilodge@lujeri.com, www.lujeritea.com. Das koloniale Haus des ehemaligen Plantagenbesitzers im gleichnamigen Tea Estate am Mulanje-Südhang dient heute als Ferienhaus mit vier Zimmern. Es wird zur Selbstversorgung für max. zehn Gäste angeboten, mit nettem Hauspersonal, das das Essen zubereitet. Von hier aus sind Wanderungen und eine Besichtigung der Teeplantage möglich. Zufahrt ab Mulanje ca. 7,5 km Piste. Preise: das Haus kostet komplett ab 350 US$/Nacht.

Mulanje View Motel: Tel. 01-466245 und 0888-242630. Das ältere Gästehaus direkt in Mulanje verfügt über bescheidene, beengte Zimmer ab 15 US$ und ein Restaurant.

Hapuwani Village Hotel: Tel. 0999-750260. An der Hauptstraße nach Mosambik liegt die neuere Hotelanlage mit 40 klimatisierten Zimmern, Gym, Pool und Restaurant. Preise: 25 US$/DZpP und 42 US$/EZ.

Mulanje Golf Club: Auf dem umzäunten Gelände des 2 km östlich von Mulanje an der Straße gelegenen historischen Sport Clubs wird Camping für 7 US$ angeboten. Schöner Bergblick, große schattige Wiese, Sanitäranlagen tagsüber im Klubhaus; nachts gibt es nur eine einfache Außentoilette.

Unterkunft in Likhubula: s. S. 193.

Baden in den Likhubula Pools

Die Likhubula Pools (nicht die Falls, siehe S. 189) entpuppen sich als eine Badegelegenheit im klaren Gebirgswasser vor grandioser Bergkulisse. Vorsicht: die glatten Felsen sind rutschig. Der beliebte Ort liegt ganz nah beim Campingplatz des Missionsgeländes. Leider waschen die Dorfbewohner gerne ihre Wäsche in den Wasserbecken, was den Eindruck für Besucher dann wiederum etwas trübt.

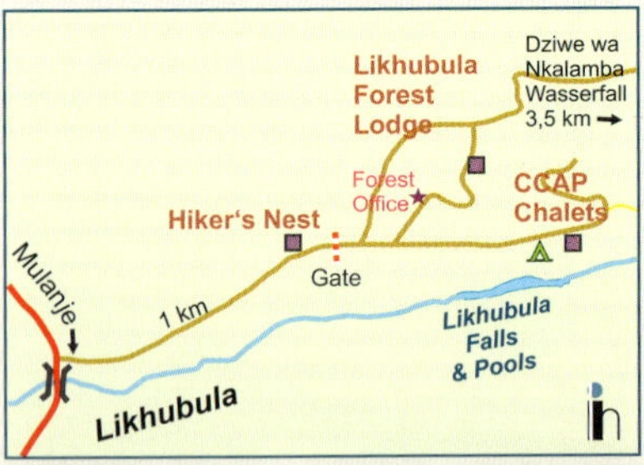

Likhubula

Die Straße von Mulanje über Phalombe nach Zomba, die an der Chitakale-Gabelung bei der Mulanje Pepper Pizzeria beginnt und der Westflanke des Bergmassivs nach Norden folgt, ist geteert und gut ausgebaut. Zuerst geht es durch ein Reihendorf, die Teeplantagen weichen zurück. Nach 10 km überquert man den Likhubula River. Direkt danach weist ein Schild rechts zur Forstbehörde und den Likhubula Pools. Nach 1 km Piste erreicht man zahlreiche Souvenirstände und die Schranke zum Mulanje Mountain Forest Reserve. Hier wird Eintritt verlangt; einmalig 1000 MK pro Person und 500 MK pro Fahrzeug. Hinter dem Gate gabelt sich der Weg. Rechts gelangt man zu den Likhubula Pools und dem Campingplatz der CCAP Mission, links steigt die steinige Piste an zum Büro der Forstbehörde, der Forest Lodge und zum Dziwe wa Nkalamba-Wasserfall.

Das **Büro der Forstbehörde** ist Hauptausgangspunkt für die meisten Wanderungen; hier werden die Berghütten reserviert, Bergführer und Träger engagiert. Der für Touristen und Reservierungen zuständige Forstbeamte Alex Phunduma ist dort unter Tel. 0884-624263 und E-Mail: alexphunduma@yahoo.com erreichbar. Die meiste Zeit halten sich junge Männer vor dem Gebäude auf, die ihre Dienste als Guides oder Träger anbieten wollen. Ein Träger kostet pro Tag 20 US$, ein Bergführer 25 US$, das Parken von Fahrzeugen 1000 MK und die Übernachtungen in den Berghütten ebenfalls 1000 MK pro Tag (CCAP Hut 3500 MK), Camping an den Hütten jeweils die Hälfte.

Unterkunft in Likhubula

Likhubula Hiker's Nest: Tel. 0885-763417, E-Mail: info@likhubulahikersnest.com, www.likhubulahikersnest.com. Direkt vor der Schranke beim Forstreservat liegt das neuere Gästehaus mit sauberen Zimmern mit Bad, Mehrbettzimmern und kleinem Restaurant. Preise: 19 US$/DZpP und 22 US$/EZ, Camping auf der kleinen Wiese im Vorgarten kostet 5 US$, Frühstück 6 US$.

CCAP Likhubula House: Tel. 01-980611 und 0888-863632, E-Mail: likhubula@malawi.net, www.ccapblantyresynod.org. Die CCAP Mission vermietet eine Reihe komfortabler, gemauerter Ferienbungalows zur Selbstversorgung und ein Dormitory, führt ein einfaches Restaurant und ein Campingareal mit Sanitäranlagen und kleiner Wiese direkt beim Wasserfall. Preise: Chalets kosten 50–65 US$/Nacht US$/EZ, die Übernachtung im Schlafsaal 10 US$, Camping 5 US$.

Likhubula Forest Lodge: Tel. 0999-220560, E-Mail: likhubula@cholemalawi.com, www.cholemalawi.com. Im privatisierten Forestry Resthouse gibt es Zimmer mit eigenem oder Gemeinschaftsbad, Küche und Aufenthaltsraum. Auch Mahlzeiten sind erhältlich. Preise: ÜF 20–25 US$/DZpP und 30–35 US$/EZ. Camping im Vorgarten 7 US$. Sehr schlechte Zufahrt, aber dafür eine schöne Weitsicht.

Rundfahrt um das Mulanje Bergmassiv

Oben: Campingwiese der CCAP Likhubula Mission
Foto S. 191: Likhubula Forest Lodge

Auf der Weiterfahrt von Likhubula erreicht man wenig später den Marktflecken Chambe. Nach dem Thuchila River (sprich: *Tschutschila*) liegen am Berghang das Tinyade Tea Estate und die Lukulezi Mission, wo die Wanderrouten zu den Berghütten Thuchila und Chinzama beginnen.

Phalombe ist die größte Ortschaft am nördlichen Bergmassiv und katholischer Missionssitz. Hier zweigt gegenüber der Teerstraße nach Zomba eine schmale Piste zum Forstreservat und dem „Fort Lister Gap" ab. Diese 13 km lange Erdstraße führt durch den schmalen Spalt zwischen Mount Mchese und Mount Mulanje nach Nkhulambe. Knapp 2 km nach Phalombe erreicht man das Tor zum Forstreservat, nach weiteren 2 km zweigt eine unbeschilderte Piste rechts ab. Sie endet nach wenigen hundert Metern an einer Lichtung vor einem Flussbett. Folgt man zu Fuß dem kleinen Weg, erreicht man nach ca. 1 km **Fort Lister**. Im 19. Jh. führte eine bedeutende Sklavenroute zwischen dem Yao-Land und dem Indischen Ozean durch diesen engen Spalt. 1893 errichteten die Briten ein Polizeifort am Fort Lister Pass, um portugiesische Sklavenkarawanen abzuwehren. Nach der endgültigen Abschaffung des Sklavenhandels wurde Fort Lister 1902 aufgegeben. Die Ruine und drei Gräber liegen heute vergessen und überwuchert im Buschwerk.

Das britische Polizeifort liegt überwuchert und vergessen am alten Fort Lister Pass

Im Dorf Nkhulambe biegt man rechts nach **Muloza** ab (32 km). Auf der nun folgenden Strecke müssen fast 30 Bäche auf unzähligen kleinen Brücken überquert werden. Anstelle der Teeplantagen durchfährt man hier jetzt Maisfelder und viele freundliche Dörfer unter Mangobäumen. Die Strecke verläuft zwischen dem Bergmassiv und den weiten Ebenen Mosambiks und trifft in Muloza auf die Teerstraße aus Mulanje.

Oben: Ein Reisfeld am Shire

Alte Missionarsgräber

Kurz nach der Shirebrücke weist ein Schild zu den Gräbern zweier Missionare der Zambezi Expedition von 1859–1863 (S. 209). Sie liegen etwa 1,5 km von der Hauptstraße entfernt. Henry Scudamore und der Arzt, Natur- und Vogelkundler John Dickinson erlagen hier 1863 der Malaria. Nach dem Forscher John Dickinson wurde später der Schwarzrückenfalke (*Falco Dickinsoni*) benannt.

Das Lower Shire Valley

Von Blantyre nach Nsanje

Man verlässt Blantyre auf der Victoria Avenue, fährt an der katholischen St. Montfort Kirche vorbei und lässt rasch die Stadt hinter sich zurück. Die Panoramastraße windet sich steil und kurvig vom Escarpment in die mehr als 900 m tiefer gelegene Ebene hinab und gibt dabei **imposante Ausblicke** auf den Shire und die flache Tiefebene frei, offenbart aber auch das schreckliche Ausmaß an Abholzung in dieser Region.

In der Niederung am Shire River taucht man regelrecht in eine neue Welt ein, völlig verschieden vom kühlen, fruchtbaren Hochland. Die Luft ist aufgeheizt und diesig, die Tiefebene voller Palmen und Baobabs. Nach etwa 50 km Fahrt und mehreren Polizeikontrollen gelangt man zur Brücke über den Shire und wenig später in die Ortschaft **Chikwawa.** Hier zweigt die Zufahrt zum Majete Wildschutzgebiet ab (siehe S. 198).

Auf der Weiterfahrt verändert sich der visuelle Eindruck bald erneut: Endlose leuchtend grüne Zuckerrohrfelder kündigen Malawis größte Zuckerrohrplantage Illovo Sugar Estate an. 19 km nach der Shirebrücke erreicht man eine Kreuzung: Links führt der kleine Weg in das Illovo-Gelände und zum Nchalo Sports Club (siehe S. 196), rechts zum Lengwe Nationalpark (Beschreibung S. 203). Die Hauptstraße hält sich dagegen strikt geradeaus und erreicht nach 9 km die Kleinstadt **Nchalo** (mit Banken und Geldautomaten, Tankstelle und kleinem Supermarkt).

Oben: Der Hammerkopf, ein weit verbreiteter Sonderling, baut mit 1,5 m Durchmesser die größten Vogelnester aller Wasservögel

Zuckerherstellung bei Illovo

Das Illovo Sugar Estate unterhält im Shire-Tiefland riesige Zuckerrohrplantagen und beschäftigt dort je nach Saison bis zu 10 000 Arbeiter. Allein vom Haupteingang bei Nchalo bis zum Sportclub am Shire fährt man 9 km lang durch grüne Felder.

Reife Zuckerrohrfelder werden abgebrannt, binnen 48 Stunden das Zuckerrohr abtransportiert, zerhäckselt und mit Wasser versetzt. Dabei löst sich der Zucker und die Fasern bleiben als Brennstoff „Bagasse" zurück. Die gewonnene Flüssigkeit wird immer wieder gereinigt und aufgekocht, bis sie zu einem Sirup eindickt. Diese braune Zuckermasse wird dann je nach Vorgabe der Endabnehmer weiterverarbeitet, z. B. gebleicht. Das Endabfallprodukt bei der Zuckerherstellung, die zähflüssige, klebrige Melasse oder Molasse, dient als Tierfutter und als Straßenbelag auf den Wegen im Sugar Estate. Optisch unterscheidet sich der Belag kaum von Asphalt, er weicht bei Regen allerdings auf. Befahren Fahrzeuge eine nasse Melassestraße, spritzt das zuckerige Gemisch an die Karosserie und fördert die Entstehung von Rost.

Unten und links oben: endlose Zuckerrohrfelder

Das Wildgehege Nyala Park

Klein, aber fein: Auf dem 400 ha großen, naturbelassenen Gelände innerhalb des Illovo Sugar Estates werden Antilopen und andere Wildtiere gehalten. Zunächst nur von Mitarbeitern und Schulklassen besucht, mauserte sich das Kleinod mit den **wildromatischen Fieberbäumen** zum Geheimtipp für ruhesuchende Touristen und Campingfreunde.

Elf Säugetierarten lassen sich bei Pirschfahrten entdecken, allen voran Nyalas und Sunis, aber auch zahlreiche Zebras, Gnus, Kudus, Wasser- und Buschböcke, Giraffen, Blessböcke aus Südafrika und ein einzelner Büffel. Die dichte Tieflandvegetation bietet außerdem zahlreichen Vögeln einen idealen Lebensraum.

Zufahrt

Die kurze Zufahrt zum deutlich ausgeschilderten Eingang in das umzäunte Gehege biegt 1,5 km vor der Abzweigung zum Lengwe Nationalpark von der Hauptstraße ab. Geöffnet ist der Park täglich von 6–18 Uhr.

Unterkunft

Tagesbesuchern stehen Picknickplätze mit festen Tischen und Schattendach zur Verfügung; ein kleiner Campingplatz versteckt sich unter einem Baobab (mit Grillstelle, fließend Wasser und Spültoilette). Der Eintritt beträgt 2500 MK pP und je 3000 MK für Fahrzeug und Camping (komplett ca. 14 US$ für zwei Personen mit Camping).

Wer nicht Campen möchte, kann alternativ auch im **Illovo Estate Sportclub** von Nkhanga Ltd. unterkommen. Das Gästehaus ist direkt am Shire gelegen und verspricht interessante Begegnungen mit den Mitarbeitern des Sugar Estates. Kontakt: Nico Taljaard, Tel. 0882-634678 E-Mail: ntaljaard@illovo.co.za. Preise: VP 55 US$/DZpP und 70 US$/EZ.

Südlich von Nchalo verläuft die Teerstraße wie ein Fahrdamm durch ein flaches Sumpfgelände und nähert sich nach 30 km bei **Bangula** wieder dem Shire. Kurz davor passiert man die Zufahrt zum kleinen Mwabvi Wildreservat (siehe S. 207). Früher lag Bangula an einer Kreuzung und man gelangte über eine Brücke zum Ostufer des Shire und über Chiromo (S. 208) und Thekerani weiter ins Hochland nach Thyolo. Doch seit die Brücke eingestürzt ist, gelangen hier nur noch Fußgänger in Einbäumen ans Ostufer des Shire (Foto unten).

Die restlichen 76 km über **Nsanje** bis zur Landesgrenze führen zwischen dem Shire und den zugewachsenen Bahngleisen durch ein sehr dicht besiedeltes, rückständiges Gebiet. Vor Jahren war hier ein Containerhafen-Großprojekt geplant, aber nie verwirklicht worden. Beim Dorf Marka erreicht man die Grenze nach Mosambik (täglich geöffnet).

Majete Wildreservat

Das Wildschutzgebiet am Shire, der sich hier voller Katarakte und Stromschnellen zeigt, wurde 1955 eingerichtet und umfasst 691 km². Der Staat schützte Majete nur leidlich, und die artenreiche Dichte an Wildtieren wurde kontinuierlich geschmälert. Die Nashörner verschwanden in den 1970ern; seit 1992 gab es hier keine Elefanten mehr, dann verschwanden auch die Büffel, Zebras, Pferde- und Elenantilopen. Die Behörden hielten das Gebiet nur mehr aus landschaftlichen Gründen für schützenswert, obwohl auch die Bäume vor den Augen der letzten zwölf Wildhüter illegal geschlagen wurden. African Parks bemühte sich trotzdem um einen Pachtvertrag zum Wiederaufbau des Schutzgebietes, der 2003 für 25 Jahre Dauer geschlossen wurde. Eine Bestandsermittlung zu Beginn des Projekts ergab nur kleine Antilopenbestände und wenige Flusspferde und Krokodile. Ehrgeizig wurden sodann die nächsten Schritte unternommen: das Einsammeln von Tierfallen, Patrouillen gegen Wilderer, eine Elektroumzäunung des Auswilderungsgebietes und die Erneuerung der alten Wege. Noch im selben Jahr wurden Spitzmaulnashörner im dichten Gestrüpp, wo sie sich am wohlsten fühlen, ausgesetzt. Drei Jahre später folgten die ersten 70 Elefanten und ein paar Jahre danach drei Löwen. 2500 Wildtiere gelangten schließlich aus malawischen Parks hierher. Es dauerte nur wenige Jahre, da hatten sich die Elefanten auf 300 Tiere vermehrt und die Löwen gesunde Rudel gegründet. Warzenschweine und Wasserböcke vermehrten sich ebenso rasant

Oben: ein Elefant quert den Shire im Abendlicht – so stimmungsvolle Szenen sind heute wieder möglich im Majete Wildreservat

Rechts: Ein Krokodil eilt zurück ins Wasser

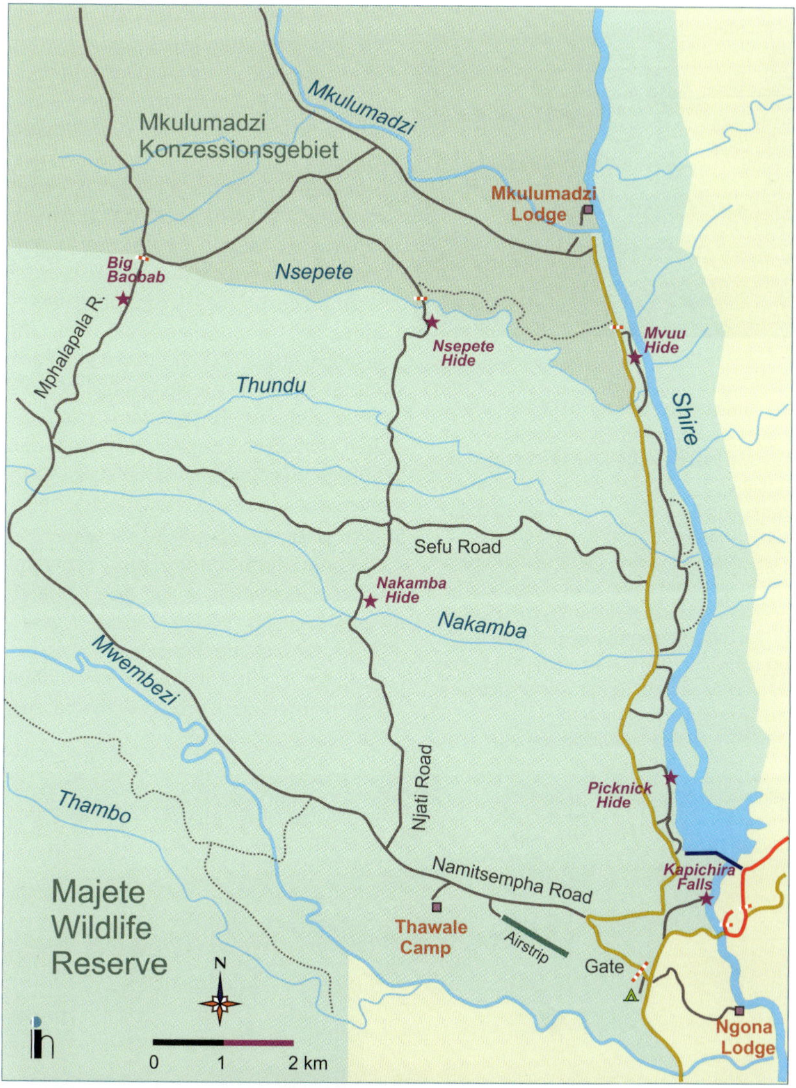
Mkulumadzi
Mkulumadzi Konzessionsgebiet
Mkulumadzi Lodge
Big Baobab
Nsepete
Nsepete Hide
Mvuu Hide
Mphalapala R.
Thundu
Shire
Sefu Road
Nakamba Hide
Nakamba
Mwembezi
Njati Road
Picknick Hide
Thambo
Kapichira Falls
Namitsempha Road
Majete Wildlife Reserve
Thawale Camp
Airstrip
Gate
N
Ngona Lodge
0
1
2 km

Preise

Der Tageseintritt beträgt 20 US$ pP, für Kinder die Hälfte, für Fahrzeuge 4 US$. Am Gate lassen sich Game Drives (25 US$ tagsüber, 35 US$ nachmittags), geführte Bush Walks und Boat Rides buchen (je 20 US$). Wer im eigenen Fahrzeug mit einem professionellen Guide auf Pirschfahrt gehen möchte, bezahlt 15 US$. Alle Gebühren sind zahlbar in Malawi-Kwacha, Euro, US$ oder SA-Rand (keine Kreditkarten). Im Heritage Centre hinter dem Gate befinden sich eine kulturelle Ausstellung mit Souvenirverkauf und ein kleines Restaurant.
Kontakt: www.african-parks.org.

und sind heute überall im Park anzutreffen. Für Besucher wurden ein dichtes Wegenetz mit mehreren Beobachtungsständen und Picknickplätze sowie Unterkünfte unterschiedlicher Preisklassen angelegt. Majete wurde als Malawis einziger „Big 5“-Park rasch ein erfolgreicher Vorzeigepark. Mehr als 12 000 Wildtiere beherbergt Majete heute; die Pirschfahrten sind ergiebig und abwechslungsreich; ein Besuch des Wildschutzgebietes daher sehr empfehlenswert. Pro Jahr besuchen etwa 7000 Touristen den Park, und die Einkünfte daraus ermöglichen die Fortsetzung des Engagements mit täglichen Patrouillen, sozialen Projekten in den umliegenden Dörfern und mehr als 140 Arbeitsstellen, die seither entstanden sind.

Mopane-, Combretum-, Akazien- und Trockenwälder bilden eine typische Tieflandvegetation, in der sich Elenantilopen, Impalas, Kudus, Zebras, Wasserböcke, Nyalas und Rappenantilopen beobachten lassen. Entlang des malerischen Shire mehren sich Baobabs, Fieberbäume, Sterkulien und Palmen.

Anreise

Der Park liegt nur 80 km von Blantyre entfernt. Die beschilderte Zufahrt beginnt in Chikwawa (S. 194). Die ersten 3,5 km führen noch über Teerstraße, danach folgen 15 km ruppige Schotterpiste bis zum Parkeingang. Reiseagenturen bieten die Transfers ab Blantyre für 60 US$ pro Strecke an.

Tipps für die Pirschfahrten

Das Wegenetz und die beiden Hides Nakamba und Nsepete werden gut gepflegt. Die Wege führen leider selten nah am Shire vorbei, sodass man nur an wenigen Stellen wie dem Nyala Loop einen Blick auf die herrliche Szenerie am Fluss erhascht. Am Mvuu Spot, dessen Zufahrt allerdings Allrad erfordert, ruhen Hippos zwischen den Felsen. Die scheuen Spitzmaulnashörner halten sich meistens weit im Süden des Reservats auf, südlich des Mwambezi Rivers.

Die Kapichira Falls, 1 km vom Parkeingang und direkt unterhalb der Staumauer gelegen, bilden die südlichste Barriere des Shire, wo David Livingstone einst seine Forschungsfahrt abbrechen musste (siehe S. 209).

An den Hides im Hinterland herrscht morgens Hochbetrieb; da tummeln sich Kudus, Warzenschweine, Impalas, Wasserböcke und Lichtenstein-Kuhantilopen gemeinsam an den Wasserstellen. Man sieht hier zahlreiche Gaukler, Perlhühner und Band-Schlangenadler. Auch wer Rappenantilopen und Elenantilopen sehen möchte, sollte sich im trockenen Hinterland auf die Pirsch begeben. Die Ufer des Shire sind dagegen das typische Habitat der attraktiven Nyalas und der Elefanten, und direkt im Fluss sind Flusspferde und allerlei Wasservögel heimisch, z. B. Schlangenhalsvögel, Kormorane, Schreiseeadler, Graufischer und Sattelstörche. Ungewöhnlich viele Riesengalagos leben hier in Ufernähe, insbesondere nahe der Mkulumadzi Lodge, sind aber als nachtaktive Primaten schwierig zu entdecken.

Es gibt in diesem Park keine Tsetsefliegen.

Bilder links: Kapichira Falls an der Staumauer; Tiervielfalt am künstlichen Nakamba Wasserloch

Rechts: Nsepete Hide; Nyalabock; Hängebrücke zur Mkukumadzi Lodge

Unterkunft

Mkulumadzi Lodge: Robin Pope Safaris, Tel. 0993-504600, E-Mail: info@robinpopesafaris.net, www.robinpopesafaris.net. Exklusives Luxus-Camp mit acht sehr weit verteilten, halb-offenen Bush Chalets in der privaten Mkulumadzi Concession Area innerhalb des Parks, das an der Mkulumadzi-Mündung in den Shire liegt. Um dorthin zu gelangen, muss man zu Fuß auf einer langen Hängebrücke den Mkulumadzi River überqueren (körperliche Fitness ist anzuraten; siehe Foto S. 201). Es bietet Annehmlichkeiten wie Außenduschen, Breeze Beds und Swimmingpool, erlesene Küche und Safaris zu Fuß, per Boot oder im offenen Safarifahrzeug. Unser Tipp: Ein nahezu zahmes Riesengalagoweibchen namens Buzz besucht die Lodge abends oft. Preise: AI je nach Saison 400–500 US$ pP. Siehe auch: unser Übernachtungstipp: S. 224.

Sunbird Thawale Lodge: Tel. 01-773388, E-Mail: centralres@sunbirdmalawi.com, www.sunbirdmalawi.com. Das Safari Camp von African Parks wird inzwischen von der malawischen Sunbird-Gruppe geführt. Es liegt mit geräumigen Zeltchalets und großer Boma an einer abends beleuchteten Wasserstelle. Preise: AI ab 172 US$/DZpP, mit HP ohne Aktivitäten ab 136 US$/DZpP.

Community Campsite: Der Campingplatz mit Bar und Zelt-Unterständen (gegen einen kleinen Aufpreis) wurde nur 400 m vom Eingang direkt neben Zaun und Straße in einer kleinen Senke positioniert. Freundlicher Service, oft Elefantenbesuch, kein Strom, aber solarbeheizte Duschen. Preise: 10 US$ pP, Mietzelte 25 US$.

Ng'ona Lodge: Monika Steidl, Tel. 0999-216398, E-Mail: ngonalodge@gmail.com, www.ngona-lodge.com. Direkt gegenüber dem Eingang zum Majete GR führt die Piste nach 1,5 km zu dieser hübschen Lodge am Uferhang des Shire. Das große Hauptgebäude mit überdachtem Bar- und Restaurantbereich über dem großen Pool dominiert die gepflegte und begrünte Anlage. Daneben schließen sich mehrere solide gebaute Bungalows und darunter ein terrassierter Campingbereich an, der Grillstände, Licht, Strom (nur mit langem Kabel) und schöne Ausblicke auf den Fluss bietet. Duschen und Toiletten befinden sich im Haupthaus. Österreichisches Management und nettes Personal. Preise: Die gemauerten Selbstversorger-Bungalows kosten mit ÜF 70 US$/DZpP, mit HP 90 US$/EZ, Camping 14 US$ pP.

Lengwe Nationalpark

Der 887 km² große Nationalpark wurde berühmt als nördlichste Region Afrikas, in der die scheuen Nyala-Antilopen natürlich vorkamen, bis sie zuletzt auch hier den Wilderern zum Opfer fielen. Laut Aussage der Wildhüter sind inzwischen alle Nyalas und Warzenschweine des Parks gewildert worden. Ein Armutszeugnis, wurde hier doch schon 1928 ein Reservat zum Schutz der Nyalas eingerichtet und 1970 zum Nationalpark umgewandelt. Früher beherbergte der hübsche Park sogar viel mehr Wildtiere als sein naher Nachbar Majete. Doch zuletzt nahmen die beiden Schutzgebiete gegensätzliche Entwicklungen: Während Majete von African Parks übernommen wurde und seither eine Erfolgsmeldung nach der anderen produziert, geriet der kleine Lengwe NP immer stärker in Vergessenheit, verloren selbst die Wildhüter das Interesse daran und überließen ihn den Wilderern. Nur der östliche Teil des Lengwe Nationalparks ist überhaupt erschlossen, der größere restliche Bereich ohne Wegenetz kann daher kaum überwacht werden. Seit dem Jahr 2017 scheint sich die Regierung dem Park endlich wieder zuzuwenden; die Wege wurden ausgebessert und planiert und neue Solarpumpen versorgen jetzt künstliche Wasserstellen für die Wildtiere. Und noch lohnt sich das, weil viele andere Tiere, die man nicht so leicht wie Warzenschweine und

Der Lengwe Nationalpark schmiegt sich an die Grenze zu Mosambik, ist aber nur im kleinen östlichen Teil zugänglich

Oben: Nyala Lodge

Bilder links von oben: Community Campsite; Riesengalago Buzz; die Feuerstelle am Shire in der Mkulumadzi Lodge

Nyalas jagen kann, noch im Park verbreitet sind. Auch die Vogelvielfalt ist beeindruckend und die artenreiche Vegetation mit riesigen Baobabs stellenweise extrem attraktiv.

Im Norden des Parks herrschen Trockenwälder vor. Die Dornbusch- und Akaziensavannen der Mitte gehen im Süden in Marschen und Grasebenen über, die zur Regenzeit überflutet werden. Im Westteil, der nahezu wasserlos und gänzlich unerschlossen ist, herrscht dichter Combretum-Wald vor. Den östlichen Teil bezaubern z. B. im Makanga-Bereich schöne Fieberbäume, Baobabs, Palmen und Ebenhölzer.

Größte Attraktion des Parks sind – nachdem die Nyalas leider ausgerottet wurden – heute die sehr seltenen und äußerst flinken **Moschusböckchen**, auch „Livingstone-Suni" genannt, die in diesen heißen Trockenwäldern leben. Fast ebenso außergewöhnlich sind hier die

Weißkehlmeerkatzen, denn besonders am Main Hide turnen sie munter in den Baumkronen und spielen am Wassertümpel. Die vorsichtigen Primaten meiden Menschen und flüchten stets, sobald sie entdeckt werden; sitzt man hier aber still in einem der Hides, bemerken sie den Beobachter nicht. Erfreulich gesunde und stattliche Büffelherden wandern im Park umher. Etwas leichter zu entdecken sind außerdem Kudus, Impalas, Buschböcke, Grünmeerkatzen, Paviane, Schlank- und Zebramangusten. Hyänen und Leoparden zeigen sich in diesem Park extrem scheu; Löwen und Elefanten kommen nicht vor. Mehr als 300 Vogelarten sind bisher registriert worden, darunter zahlreiche Wasservögel wie Hagedasch und Graureiher, Aasfresser wie Geier und verschiedene Vertreter der Tokos.

Tipps für die Pirschfahrten

Die Hides an den mit Solarpumpen betriebenen Wasserstellen sollen Besuchern das unauffällige Beobachten scheuer Tiere ermöglichen. Es lohnt sich besonders, den Main Hide zu besuchen, denn diesen Tümpel nicht weit von der Lodge suchen viele Tiere nach Sonnenauf- und kurz vor Sonnenuntergang auf. Hier bestehen unserer Erfahrung nach die besten Beobachtungs-Chancen für Weißkehlmeerkatzen und die extrem scheuen Moschusböcken (Sunis). Der Njati Hide ist etwas kleiner und liegt ebenfalls an einer künstlichen Wasserstelle. Schlimmer ist es um den Jasi Pan 1 Hide bestellt, dessen Treppe zusehends von Termiten zerfressen wird. Er liegt in einer offenen Savanne, die besonders von Büffeln geschätzt wird. Auch der Makanga Hide ist verfallen. Dafür lohnt es sich, die South Thicket Pan zu besuchen, die zwar keinen Hide hat, aber eine häufig besuchte Wasserstelle für die Wildtiere. In der Trockenzeit, wenn die Tümpel im Süden austrocknen, konzentrieren sich die Tiere stärker auf den Bereich beim Main Hide und der Nyala Lodge.

Infos

Der Park ist von Mai bis Dezember geöffnet, leidet jedoch von Oktober bis Dezember unter großer Hitze. Der Eintritt beträgt pro Tag 5 US$ pP. Fahrzeuge bis 2 Tonnen 3 US$, bis 5 Tonnen 5 US$, darüber 10 US$.

Anreise

Der Park liegt nur 75 km von Blantyre entfernt, ist leicht zugänglich und gut ausgeschildert. 19 km südlich der Shirebrücke zweigt inmitten von Zuckerrohrfeldern die 8 km lange Zufahrt in den Lengwe NP ab, deren Belag aus dem Zuckerabfallprodukt Melasse besteht (siehe S. 195). Innerhalb des Parks sind viele Wege schlecht markiert.

Unten: Lichtenstein-Kuhantilopen; Hide
Bilder links: Gelbbauchbülbül; Pirschweg im Park

Unterkunft im Lengwe NP

Nyala Lodge: Jambo Africa, Blantyre, Tel. 0888-202420, E-Mail: jamboafrica@africa-online.net, www.jambo-africa.com. Das einst staatliche Camp wurde 2003 privatisiert und zu einer rustikalen Mittelklasselodge mit strohgedeckten Chalets mit Ventilatoren teilweise auch Klimaanlage ausgebaut. Der Restaurantbereich und die Bar (mit TV) sind gemütlich, die Chalets zweckmäßig und der Pool schmucklos und sehr klein. Direkt nebenan wird derzeit ein Konferenzzentrum für die Wildhüter errichtet.
Preise: VP 132 US$/DZpP und 140 US$/EZ, mit ÜF 87 US$/DZpP und 95 US$/EZ.
Jambo Tours bietet Walking Safaris (14 US$), Pirschfahrten (24 US$), Tagesausflüge in benachbarte Schutzgebiete und zur Elephant Marsh, Abendveranstaltungen im nahe dem Parkeingang gelegenen „Ndakwera Cultural Village“ (nur für Gruppen mit Vorausbuchung) sowie Transfers zur Lodge ab/bis Blantyre an.

Nyala Lodge Campsite: Ein paar hundert Meter abseits der Lodge breitet sich im Gebüsch ein ruhiger Campingplatz mit einfachen strohgedeckten Hütten, Mietzelten und Campingstellflächen aus, der nur wenig Schatten und bescheidene Duschen/Toiletten bietet. Preise: Camping kostet 7 US$ pP, die Zwei-Personen-Mietzelte zusätzlich 6 US$/Tag, eine Übernachtung in den Hütten 48 US$ pro Nacht. Die Einrichtungen der Lodge dürfen benützt werden, auch Mahlzeiten, Pirschfahrten und Walks können Individualreisende hier buchen.

Bilder von oben: Terrasse der Nyala Lodge; Weißkehlmeerkatze; junger Ducker; Main Hide

Mwabvi Wildreservat

Die abgelegene Wildnis des nur 135 km² großen, von dichten Mopanewäldern bedeckte Mwabvi Wildreservat ist weitgehend unerschlossen, wird durch keinerlei natürliche Grenzen geschützt und ist leider stark vernachlässigt. Von 2007–2011 versuchte sich „Project African Wilderness" am Wiederaufbau, die NGO unter der Leitung von Barefoot Safaris (S. 85) löste sich aber wieder auf und seither liegt das Kleinod brach.

Unten: stimmungsvoller Naturcampingplatz im Reservat; die Beschilderung der NGO

Anreise

Das Mwabvi Wildschutzgebiet liegt an der mosambikanischen Grenze rund 135 km von Blantyre entfernt. Kurz vor Bangula zweigt die beschilderte 8 km lange Zufahrtspiste ab.

Preise und Unterkunft

Eintritt: 10 US$ pP, Fahrzeuge bis 2 Tonnen 3 US$, bis 5 Tonnen 5 US$, darüber 10 US$. Camping kostet 5 US$ pP. Im Chipembere Basiscamp kurz vor dem Parkeingang können Besucher in einem sehr einfachen Dormitory nächtigen. Etwa 3 km nach dem Parkeingang liegt zwischen Felsen leicht erhöht das **Migudu Camp**. Es bietet eine riesige Aussichtsplattform, enge, dunkle Duschen und Toiletten, und in etwa 100–150 m Entfernung sechs individuelle Campingstellflächen mit Wasserhahn, Mülltonnen und Grillstellen. Die Plätze sind durchaus stimmungsvoll am Abend, allerdings gibt es hier tagsüber auch viele kleine Fliegen.

Weitab im Park in Richtung der Mwabvi Gorge wurde seinerzeit auch ein Selbstversorgercamp mit sechs Chalets namens Njati angelegt, das derzeit verfällt. Ob es überhaupt noch buchbar ist, konnten wir bis Redaktionsschluss nicht in Erfahrung bringen. Wir raten daher, nur autark ausgerüstet ins Reservat zu fahren.

Ein großes Manko sind hier die fehlenden Wildtiere. Nach Aussage der Wildhüter beherbergt der Park ein paar scheue Büffel, Rappenantilopen, Kudus und Impalas. Besucher bekommen aber zumeist nur Paviane, Papageien und Tokos zu Gesicht – und zahlreiche Fußgänger und Radfahrer, die den Park als Transitroute zwischen den malawischen und den mosambikanischen Dörfern durchqueren. So sind Pirschfahrten leider wenig ergiebig. Bleibt die Hoffnung, dass die Regierung bald den Wert dieses Wildschutzgebietes erkennt und seine Miombowälder und Wildtiere schützt, ehe sie der Vergangenheit angehören.

Ein Abstecher in die Elephant Marsh

Im flachen Lower Shire Valley breiten sich weite Überflutungsmarschen und Sumpfebenen aus. Zwischen Schilfgras und Palmen ragen Baobabs und leuchtend gelbe Fieberbäume empor. Die Szenerie wirkt bezaubernd weitläufig, nur fern im Hintergrund erhebt sich in matten Farben das Escarpment. David Livingstone entdeckte hier 1859 hunderte Elefanten. Heute lebt kein einziger mehr in der Elephant Marsh, der letzte wurde bereits kurz nach 1900 getötet. Die Region beheimatet noch einige Flusspferde und Krokodile, und sie gilt aber vor allem als besonders schützenswertes **Vogelparadies**.

Anreise

Seit die Shirebrücke zwischen Bangula und Chiromo weggespült wurde, kann man die sich östlich des Shire River erstreckende Elephant Marsh nur noch von Thyolo und oder über die kleine „East Bank Road" von Kanjedza erreichen.

East Bank Road: Kanjedza liegt ca. 45 km südlich von Blantyre und wenige KM vor der Shirebrücke bei Chikwawa. Eine Piste führt von hier aus unterhalb der Michiru Mountains durch kleine Dörfer und trifft nach 50 km nahe der Muona Mission auf die von Thyolo kommende Piste. Hier geht es weiter in Richtung Thekerani. Nach 10 km Fahrt erreicht man bei einer Moschee die Zufahrt zu James Fisheries (verblichenes Schild „Fisheries Landing Mchacha"). Dorfbewohner führen Besucher zur 3 km entfernten Landestelle, wo man einen Bootsausflug organisieren kann.

Thyolo-Bergstraße: Diese kurvenreiche Panoramastrecke windet sich von Thyolo steil die Berge hinab. Sie ist nach Regenfällen nur mit Allrad befahrbar. An der Muona Mission trifft man auf die oben beschriebene East Bank Road.

Ein Rückblick: die Geisterstadt Chiromo

In den ersten Jahren der Kolonisierung war Chiromo nicht nur ein wichtiger europäischer Stützpunkt im Inneren Afrikas, sondern das Eingangstor nach Nyasaland schlechthin. Die gängige Anreise erfolgte damals vom Indischen Ozean mit Booten den Sambesi flussaufwärts bis an den Shire, dem man weiter nach Norden folgte. In Chiromo am Rande der Elephant Marsh gingen die meisten der Reisenden erstmals an Land. Doch allmählich geriet Chiromo immer mehr ins Hintertreffen. Das ungesunde Klima, neue Verkehrswege – im Laufe der Zeit versank die koloniale Stadt einfach in Bedeutungslosigkeit und verfiel. Seit die Brücke über den Shire fehlt, ist Chiromo endgültig zum „Dead End" mutiert. Heute läuft man mit einem beklemmenden Gefühl zwischen den verlassenen, vor sich hin dämmernden und verfallenen Gebäuden umher.

Bilder von oben: African Jacana; Nachtschwalbe

David Livingstones „Zambezi Expedition"

Nach seiner Afrikadurchquerung von 1853–1856 war der Missionar David Livingstone in England ein berühmter Mann. Auf seiner zweiten Forschungsreise wurde er diesmal auch von der Regierung unterstützt und von mehreren Wissenschaftlern begleitet. Die „Zambezi Expedition" reiste schließlich mit dem offiziellen Auftrag der britischen Regierung, einen schiffbaren Weg nach Zentralafrika zu finden.

Weil die Cahora-Bassa-Stromschnellen des Sambesi eine unüberwindbare Barriere darstellten, konzentrierte sich die Expedition bald auf die Erforschung des unbekannten Shire. Zu Livingstones Begleitern zählten sein Bruder und die Ärzte Dr. Kirk und Dr. Meller. Mit Kirk unternahm Livingstone wochenlange Fußmärsche, und gemeinsam erblickten sie im Herbst 1859 bei Mangochi erstmals den Malawisee. Livingstone war von den Manganja beeindruckt, die ihre Dörfer mit Wolfsmichgewächsen einzäunten und geschickte Handwerker waren. Ihre Frauen trugen viel Schmuck, spitzgefeilte Schneidezähne und die Pelele, einen Oberlippenring aus Bambus, Zinn oder Elfenbein. Die Expedition entdeckte auf ihrer Reise zwar Seen und Gebirge, doch wieder keinen schiffbaren Fluss, denn auch der Shire hat oberhalb des Dorfes Chikwawa unzählige Stromschnellen. Livingstone reiste deshalb zurück an den Sambesi und kam erst 1861 wieder an den Shire zurück. Dort war inzwischen Krieg ausgebrochen, denn Livingstones Reiseberichte hatten den Sklavenhändlern den Weg geebnet. Statt der bebauten Felder fand er nun überall Zerstörung, Not und Plünderung. Ständig verfingen sich Leichen in den Schaufelrädern seines Dampfschiffes „Pioneer". Immer wieder begegneten ihm Sklavenkarawanen und Menschen auf der Flucht, wo zwei Jahre zuvor noch Friede und Wohlstand geherrscht hatten.

Auf dieser Fahrt begleiteten den Forscher die ersten Missionare der schottischen „Universities Mission". Livingstone brachte sie nach Magomero, wo sie unter der Führung von Bischof Mackenzie die erste Missionsstation Malawis gründeten. Die unerfahrenen Missionare ließen sich bald in den Krieg zwischen den verfeindeten Völkern hineinziehen, zudem litten sie unter der Malaria und dem gefährlichen Schwarzwasserfieber. Als im Land eine Hungersnot ausbrach und die Mission nicht mehr versorgt werden konnte, gingen den Missionaren Chinin und Nahrung aus. Bischof Mackenzie und drei Missionare starben am Malariafieber, die Überlebenden verließen nun die Mission und flüchteten an den Sambesi.

Im selben Jahr erlag auch Livingstones Frau, die ihm an den Sambesi nachgereist war, der Malaria. Der Unglücksfaden riss nicht mehr ab; auch die Expeditionsmitglieder Richard Thornton, Dr. Dickinson und Scudamore starben nach schweren Malariaanfällen. 1863 rief England die glücklose Expedition schließlich zurück. Einsam und verzweifelt angesichts des zerstörten Landes, das er zurücklassen musste, kehrte Livingstone nach Europa heim. Wenige Jahre später trat der unermüdliche Forscher seine letzte Reise nach Afrika an, um wie besessen die noch immer unbekannte Quelle des Nils zu suchen. Diese Reise sollte er nicht überleben.

Dr. Mellers **Malaria-Statistik** von 1859 belegt, wie verheerend sich die Krankheit vor allem bei den Europäern auswirkte: Die zehn europäischen Expeditionsteilnehmer waren 20 % der Reisezeit malariakrank. Vier von ihnen starben, drei kehrten chronisch krank zurück. Die zehn Träger von den Komoren waren 3 % der Zeit krank, die 19 Einheimischen sogar nur 1 % der Reisedauer. Kein einziger Afrikaner starb an Malaria.

BESONDERE CAMPS

Auf den folgenden Seite stellen wir Unterkünfte vor, die außergewöhnlich schön gelegen sind, eine unvergleichliche Atmosphäre besitzen, herausragende Leistungen bieten oder sich besonders gut für eine Rundreise eignen.

Macondo Camp

Mzuzu, Tel. +265-991-792311
E-Mail: info@macondocamp.com
www.macondocamp.com

Seit seiner Eröffnung vor wenigen Jahren entwickelte sich das lässige Camp am Ortsrand von Mzuzu zu DEM Treffpunkt der ansässigen Expats und durchreisenden Touristen. Die Zimmer im Hauptgebäude sind ansprechend und die Safarizelte im Garten auf hölzernen Plattformen geben mit ihren großen Veranden ein wenig Safariflair. Sozialer Treffpunkt der sympathischen Anlage sind die Bar und das italienisch angehauchte Restaurant, wo man abends die interessantesten Leute trifft.

Unsere Meinung: Ein ideales Plätzchen für Rundreisende im Norden Malawis: ruhig gelegen, freundlich geführt, gute Küche und anregende Gäste.

Kumbali Country Lodge

Lilongwe, Tel. +265-9-99963402
E-Mail: kumbali@
kumbalilodge.com
www.kumbalilodge.com

8 km vor den Toren Lilongwes liegt das inhabergeführte Resort im Stil einer rustikalen Country Lodge auf einer 650 ha großen Milchfarm und punktet mit einem herrlichen blühenden Garten und mehr als 50 m² großen Zimmern, die vom Kühlschrank und Kaffeezubereiter über Weingläser, Teller und Besteck viel Komfort bis hin zu einfachen Selbstversorgungsmöglichkeiten bieten. Vogelgezwitscher und das Rauschen der Palmblätter sind das einzige, was man am schönen Pool hört. Es werden auch Farmbesuche, Stadtrundfahrten und Ausflugsfahrten zum See organisiert.

Unsere Meinung: Für die erste und letzte Nacht einer Reise geradezu ideal, denn es liegt so ruhig und beschaulich, dass man die nahe Großstadt gar nicht ahnt und trotzdem schnell am Flughafen ist.

Tongole Wilderness Lodge

Nkhotakota Game Reserve
Tel. +265-1-209194
E-Mail: reservations@tongole.com
www.tongole.com

Preisgekrönt ist die verspielte, offene Bauweise dieser Safari Lodge über dem Bua River, die sich so harmonisch in die Natur einfügt. Die schönen, großzügigen Chalets lassen mit liebevollen Details

wie Walk-in-Moskitonetzen, Regendusche, Badewanne und Bademantel keine Komfortansprüche offen. Erstklassige Mahlzeiten mit Menüwahl werden auf den Ebenen der ungewöhnlichen Holzkonstruktion im Hauptgebäude serviert. Tagsüber locken romantische Kanufahrten und der erfrischende Pool, und abends lauscht man dem Klicken Tausender Frösche.

Unsere Meinung: Ein Traumresort zum Entspannen, die gute Küche und die Naturgeräusche genießen.

Chelinda Lodge
Nyika Nationalpark
Tel. +265-881-085177
E-Mail: reservations@cawsmw.com
http://cawsmw.com

Knisterndes Kaminfeuer im heimeligen Holzbungalow, eine Wärmflasche unter der dicken Bettdecke, der intensive Duft von Nadelwäldern und eine schneidend kalte, klare Luft – all das in Afrika zu finden erscheint kurios. Und ist doch eine geniale Idee.
Die Nyikaberge sind mit ihren endlosen Weiten über 2000 m Höhe und dem Farbenspiel in den wechselnden Jahreszeiten einzigartig und unverwechselbar, mitunter aber auch rau und abweisend. Da passt die behagliche Chelinda Lodge perfekt hinein.

Nach einer warmen Nacht wird noch vor dem Frühstück frisch aufgebrühter Tee und Kaffee im Chalet serviert, den man im Bademantel auf der Terrasse genießen kann. Zu den vielfältigen Tagesaktivitäten zählen bequeme Pirschfahrten, geführte Wanderungen, Fliegenfischen und Mountainbiken. Sundowner werden hier mit wärmenden Heißgetränken zelebriert und danach Nachtsafaris auf der Suche nach Leoparden unternommen. Die Guides haben eine profunde Kenntnis der hiesigen speziellen Flora und Fauna.

Unsere Meinung: Wir haben schon alle Übernachtungsvarianten im Nyika Nationalpark ausprobiert und sind Fans der Chelinda Lodge. Denn bei Kälte und Wind spielt die lauschige Lodge ihre Stärken aus. Außerdem überzeugen uns die Guides.

Pumulani Lodge
Lake Malawi Nationalpark
Tel. +265-993-504600
E-Mail: info@robinpopesafaris.net
www.robinpopesafaris.net

Das luxuriöse Strandresort liegt mit zehn weit verteilten Bungalows, zwei Pools und langem Sandstrand einsam an einem Steilhang auf der Nankumba-Halbinsel inmitten des Lake Malawi Nationalparks. Ein schickes Motorboot bringt die Gäste stilvoll zu den schönsten Tauch- und Schnorchelgründen am felsigen Otter Point und der West Thumbi Island. Zum Sonnenuntergang geht es mit einer alten Dhau zwischen den Einbäumen der Fischer entlang der friedlichen, dörflichen Uferszenerie zu den letzten Flusspferden der Region.

Unsere Meinung: Entspannung pur, ideal zum Ausklang nach einer Rundreise oder langen Safari. Die Anlage hat fast Südsee-Flair, wären da nicht die vielen Paviane, Baobabs und Afrikanischen Kastanien.

BEWARE OF HIPPO
AND
OTHER WILD
ANIMALS

Mvuu Wilderness Lodge
Liwonde Nationalpark
Tel. +265-1-771393
E-Mail: reservations@cawsmw.com
www.cawsmw.com

Die Mvuu Lodge ist die erste Adresse für eine Safari Deluxe. Die Mitarbeiter sind seit vielen Jahren engagiert dabei, die Guides versiert und motiviert, die Atmosphäre ist angenehm, die Luxuszelte sind praktisch und komfortabel eingerichtet, uneinsichtig und mit Außenduschen ausgestattet.

Ganz besonders einprägsam sind die hohen gelben Fieberbäume und schlanken Fächerpalmen, unter die sich das Zeltcamp und der Pool schmiegen. Neben den Pirschfahrten und Bush Walks finden hier spektakuläre Bootsausflüge und Fahrten zu eigenen Hides statt. Elefanten, Hippos und Buschböcke halten sich sowieso gerne im Camp auf.

Unsere Meinung: Unter den Luxus-Safaricamps des Landes gefällt uns die Mvuu Lodge am besten, denn hier stimmt alles. Perfekt!

Satemwa Lodges
Welcome to
Huntingdon
House

Huntingdon House
Satemwa Tea Estate, Thyolo
Tel. +265-993-121854
E-Mail: accommodation@satemwa.com
www.huntingdon-malawi.com

Das renovierte Farmhaus des Gründers der Familiendynastie und ihrer Teeplantage steht heute mit fünf Zimmern Individualisten offen. Im Haus scheint die Zeit stillzustehen; es gibt eine Bibliothek mit antiquarischen Büchern und historischen Fotos, und mühelos wird man in die Vergangenheit versetzt. Dann schweift der Blick über die Veranda zum blühenden Garten mit seinen Baumgiganten, in dem edle Tees verkostet werden. Kilometerlange Wanderungen durch die herrliche Natur, Mountainbiken zwischen Teefeldern und geführte Vogeltouren in die Regenwälder zählen zu den entspannenden Zeitvertreiben in diesem Naturparadies.

Unsere Meinung: Originell und einzigartig! Natur- und Vogelfreunde sind die einen, die hier begeistert sind; Menschen mit einem Faible für Kolonialgeschichte die anderen. Ein Besuch sollte bei keiner Reise fehlen.

Mkulumadzi Lodge
Majete Game Reserve,
Tel. +265-993-504600
E-Mail: info@robinpopesafaris.net
www.robinpopesafaris.net

Will man das Majete Wildreservat kennen lernen, gibt es kein besser geeignetes Camp als die idyllische, intime Mkulumadzi Lodge. Sie liegt im eigenen Konzessionsgebiet und wirkt wie die moderne Version eines Bush Camps: Die großzügigen gemauerten Chalets haben riesige Bäder mit Außenduschen, kühlende Breeze Beds, Sofas, Kühlschrank, Kaffeezubereiter und sind zur Veranda hin völlig offen. Beim Haupthaus, das ebenso offen über dem Shire River steht, bietet ein schöner Pool weite Aussicht in die Wildnis.

Abenteuerlich ist dafür der Zugang über eine frei schwebende Hängebrücke; hier sind Schwindelfreiheit und Trittsicherheit gefordert.

Unsere Meinung: Für sportliche Naturen ein Highlight und für uns die beste Stelle des Landes, um Riesengalagos zu beobachten.

Ein Abstecher nach Sambia:

South Luangwa Nationalpark

Der South Luangwa Nationalpark zählt zu den großartigsten Nationalparks Afrikas, und ein Besuch lässt sich aufgrund der geographischen Nähe gut mit einer Malawireise kombinieren. Denn die deutlich kleineren Parks in Malawi sind mit der Weitläufigkeit und Wildheit des Luangwatals, der speziellen Schönheit seiner Flussszenerie und den Tiererlebnissen nicht vergleichbar. Die UNWTO zeichnete den South Luangwa Nationalpark 2017 nicht grundlos zum ersten „International Sustainable Park of Tourism Development“ aus. Zahlreiche Reiseveranstalter bieten deshalb entsprechende Kombinationsrundreisen oder mehrtägige Abstecher von Malawi aus an.

Natur und Tierwelt

Der Luangwa zählt heute zu den unberührtesten Flüssen Afrikas. Der breite Strom verändert immer wieder seinen Lauf, frisst sich weiter in die sandige Uferböschung und mäandert. Die Wassermassen der Regenzeit verschwinden in der Trockenzeit, bis nur noch die entwurzelten Baumriesen im Flussbett zwischen Sandbänken und seichten Tümpeln zurückbleiben. Parkähnliche Landschaftsbilder mit sanften Auen und Galeriewäldern prägen die Uferzonen, dahinter schließt sich endloser trockener Mopanewald an. Unzählige Flusspferde und riesige Krokodile liegen allerorten träge am Ufer und im Fluss. Auf jedem Flusskilometer leben hier mehr als 40 Hippos – mehr als in jedem anderen Park Afrikas. Im Tal leben riesige Pavianhorden, und auch die Büffelherden sind legendär. Das Luangwatal trägt den Titel „Valley of the Leopards"; denn die Anzahl der hier lebenden Leoparden ist spektakulär – trotz der Präsenz von Löwen, Hyänen und Afrikanischen Wildhunden. 14 000 Elefanten durchstreifen das Tal, zudem ist es die Heimat endemischer Arten wie Cookson-Gnus und Thornicroft-Giraffen.

Über 100 Säugetierspezies und fast 500 Vogelarten sind überzeugende Argumente für eine ausgiebige Safari im Luangwatal. Die besten Chancen zur Tierbeobachtung ergeben sich direkt am Luangwa, seinen Lagunen und den zahlreichen baumlosen Grasebenen.

Bilder dieser Doppelseite: Typische Luangwa-Szenen, wie sie hier jeden Tag vorkommen

Anreise

Der „Masumba International Airport" (mit Geldautomat) liegt 25 km südöstlich vom Nationalparkeingang bei Mfuwe. Aber auch auf dem Landweg ist der Park von Malawi aus unkompliziert erreichbar: Von Lilongwe über Mchinji zur Grenze nach Sambia (118 km), von dort in die Stadt Chipata (20 km) und über eine neue 135 km lange Teerstraße direkt zum Parkeingang. Je nach Aufkommen beim Grenzübertritt dauert die Fahrt von Lilongwe nach Mfuwe vier bis sechs Stunden. Reiseagenturen in Lilongwe bieten sowohl mehrtägige Luangwasafaris als auch Transfers zu den Unterkünften in Mfuwe an.

Infos

Die kleine Ortschaft Mfuwe erstreckt sich mit einer Tankstelle, ein paar Mini-Läden und einer breiten Auswahl an Safaricamps vor dem Parkzugang. Mayana Supermarket am Ortsrand in Richtung Chipata vertreibt Getränke, Tiefkühlfleisch, Milchprodukte und häufig auch Brot aus Chipata. Auch bei Kalawani General Dealers in Mfuwe findet man frisches Brot, Eier und haltbare Lebensmittel.

Der 9050 km² große Park ist zwar ganzjährig zugänglich, viele Camps sind aber nur während der Trockenzeit von Ende Mai bis Anfang November geöffnet; abgelegene Gebiete wie der Nsefu-Sektor und der Luambe NP sind gar erst ab Juni zugänglich.

Eintrittspreise

Der Tageseintritt beträgt pro Tag 20 US$ für Residents aus Sambia und SADC-Staaten; 25 US$ für internationale Touristen auf gebuchten „Packages" bzw. als Gäste eines Camps und 30 US$ für individuell reisende Touristen (Selbstfahrer). Für Kinder gilt stets die Hälfte. Fahrzeuge kosten 15 US$; der Eintritt gilt von 6–18 Uhr. Selbstfahrer müssen den Park bis 18.30 Uhr verlassen, während die Camps auch Nachtfahrten bis 20 Uhr unternehmen dürfen.

Außer den befestigten Straßen zwischen der Mfuwe-Brücke und der Chichele Lodge gibt es ausschließlich Pisten, die nach Regenfällen verschlammen und unpassierbar werden können. Für ausgedehnte Pirschfahrten ist ein Allradfahrzeug unerlässlich.

Unten: Elefanten duschen sich gerne selbst ab
Rechts: ein Puku stillt das Neugeborene

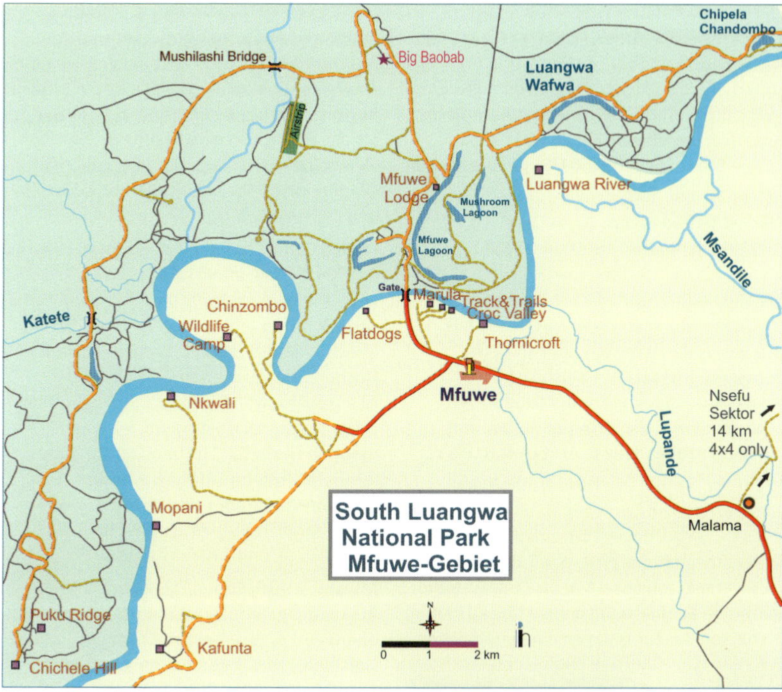

Unterkunft

Der South Luangwa NP ist touristisch gut erschlossen und verfügt über ein breites Angebot an erstklassigen Luxuscamps, eine kleinere Auswahl an Mittelklassecamps und im Raum Mfuwe auch über einfache Camps für Backpacker, Selbstversorger und Campinggäste. Die Mittelklasse- und einfacheren Camps sind gut auf Individualreisende eingerichtet, haben Restaurants und bieten Aktivitäten und Airporttransfers an.

Luxuscamps direkt im Nationalpark

Mfuwe Lodge: The Bushcamp Company, Tel. 0216-245041, E-Mail: info@ bushcampcompany.com, www.mfuwelodge.com. Die Lodge ist eines der beliebtesten und größten Resorts der Region. Berühmt wurde sie, weil mitunter Elefanten mitten durch die Lobby laufen, um zu einem schmackhaften wilden Mangobaum zu gelangen… Eine stimmungsvolle Anlage

mit Stelzenchalets an der Mfuwe-Lagune, hervorragender Küche, schönem Poolbereich und edlem Bush Spa. The Bushcamp Company unterhält im südlichen Parkgebiet außerdem sechs Bushcamps: Bilimungwe, Chamilandu, Kuyenda, Chindeni, Zungulila und Kapamba; Lodge-Preise: AI 400–560 US$ pP; Bushcamp-Preise: AI 545–735 US$ pP.

Nkonzi Tented Camp: Gavin Opie, Jackalberry Safaris, Tel. 0964-279284, E-Mail: info@jackalberry.net, www.jackalberrysafaris.net. Ein kleines Bushcamp unter engagierter Leitung mit nur vier Zelten inmitten des Parks am sandigen Flussbett des Mushilashi River. Kein Luxus, aber viel Komfort und somit eine gute preisliche Alternative. Nur von Juni bis Oktober. Preise: AI 360–410 US$ pP.

Mchenja, Kakuli, Luwi und Nsolo Bush Camps: Norman Carr Safaris, Tel. 0216-246015, E-Mail: travel@timeandtideafrica.com, www.timeandtideafrica.com. Exklusive Bushcamps, von Ende Mai bis Ende Oktober geöffnet, die Safaris auf hohem Niveau bieten. Kakuli und Mchenja liegen mit je fünf Zelten am Luangwa, Luwi und Nsolo am Luwi-Flussbett im Hinterland. Preise: AI 790–945 US$/DZpP und 790–1195 US$/EZ.

Island Bush Camp: Kafunta Safaris, Tel. 0216-246046, E-Mail: bookings@luangwa.com, www.luangwa.com. In der wenig besuchten Lusangazi-Area des Parks liegt dieses rustikale Bushcamp mit vier Stelzenchalets; geöffnet von Ende Mai bis Oktober. Preise: AI 550 US$/DZpP und 640 US$/EZ.

Chichele Presidential Lodge: Hotelanlage im gediegenen Kolonialstil auf einem Hügel mit viel Weitblick. Hier wohnt man in klimatisierten Zimmern und genießt daher mehr Komfort als Safariflair. Aktuell findet ein Besitzerwechsel statt, die neuen Preise sind noch nicht veröffentlicht.

Puku Ridge Camp: Nahe der Chichele Presidential Lodge liegt dieses luxuriöse kleinere Schwester-Zeltcamp an einer wildreichen Lagune und verströmt deutlich mehr Safaricharakter. Wegen des Besitzerwechsels sind die Preise noch nicht veröffentlicht.

Lion Camp: Tel. 0216-246024, E-Mail: info@lioncamp.com, www.lioncamp.com. Das traditionsreiche Lion Camp genießt eine Traumlage weitab der viel besuchten Mfuwe-Region. Zehn Luxuszeltchalets auf Stelzen schmiegen sich an eine Lagune in der wildreichen Lion Plain. Nur von Ende Mai bis Oktober offen. Preise: AI 530–695 US$/DZpP und 530–705 US$/EZ.

Kaingo Camp: Shenton Safaris, Tel. 0216-245064, E-Mail: info@kaingo.com, www.kaingo.com. Nicht weit vom Lion Camp genießt dieses feine Luxuscamp von Derek Shenton eine ebenso großartige Lage am Hochufer des Luangwa mit Blick auf den Nsefu Sektor. Von Mai bis Oktober geöffnet. Herausragend sind die zum Teil sogar mobilen Hides für Tierbeobachtungen, weshalb Shenton Safaris besonders viele Dokumentarfilmer und Tierfotografen beherbergt. Preise: AI je nach Chalet 835–1420 US$ pP und 1125–1710 US$/EZ.

Mwamba Bush Camp: Das kleine, intime Bushcamp gehört zum Kaingo Camp (siehe oben) und zu unseren persönlichen Lieblingscamps. Extrem stimmungsvolle Naturchalets, eine kleine Freiluft-Bar und ein berühmter „Last Waterhole Hide“ am Mwamba River – perfekt! Preise: AI 785–930 US$/DZpP und 1075-–1220 US$/EZ.

Camps in der Mfuwe-Region
(außerhalb des Parks)

Luxus

Chinzombo Lodge: Norman Carr Safaris, (siehe Mchenja Bushcamp). Tradition trifft hier auf modernsten Luxus: Die alteingesessene Lodge wurde 2013 zum schicken Edelresort mit vier riesigen Zeltchalets, die private Pools und klimatisierte Breeze Beds besitzen, ausgebaut. Das Vorzeigecamp polarisiert – man liebt es oder nicht. Ganzjährig geöffnet. Preise: AI 1070–1420 US$/DZpP und 1070–1670 US$/EZ.

Kafunta River Lodge: Kafunta Safaris, (siehe Island Bush Camp). Ansprechende Wohlfühlanlage mit geräumigen Stelzenbungalows, Infinity Pool und heißem Quellpool in den wildreichen Auen des Luangwa. Deutsch-australische Leitung, von April bis Januar offen. Preise: AI 405–550 US$/DZpP und 495–640 US$/EZ.

Nkwali Camp: Robin Pope Safaris, (S. 239). Das idyllische Naturcamp am Luangwa-Steilufer ist die Basis von Robin Pope Safaris. Die geschmackvollen Chalets in offener Bauweise und das elitäre Ferienhaus „Robin's House" sind ganzjährig buchbar. Preise: AI 500–700 US$ pP, Robin's House 605–750 US$/DZpP.

Luangwa River Camp: Robin Pope Safaris, (siehe oben). Fünf Chalets und Pool direkt am Luangwa nördlich von Mfuwe, fast ganzjährig offen. Schön ruhig mit viel Aussicht am Fluss gelegen, kleinem Pool und geräumigen Chalets. Preise: AI 500–640 US$ pP.

Mittelklasse

Flatdogs Camp: Tel. 0216-246038, E-Mail: info@flatdogscamp.com, www.flatdogscamp.com. Lebhafte, beliebte und familienfreundliche Lodge sehr nahe am Parkeingang mit Chalets und Safarizelten unterschiedlichen Standards, Restaurant, lässiger Bar und Pool. Die Elefanten besuchen das Camp regelmäßig. Preise: AI im Chalet 325–430 US$/DZpP und 400–520 US$/EZ, in den Zelten je nach Standard 270–430 US$/DZpP und 320–520 US$/EZ. Nur Übernachtung im Chalet oder Luxuszelt 69–108 US$/DZpP und 86–135 US$/EZ, im Standardzelt 47–58 US$/DZpP und 58–75 US$/EZ. Zudem gibt es die Ferienhäuser „Jackalberry Treehouse" (ab 450 US$/DZpP) und „Crocodile Nest" (ab 720 US$/DZpP).

Track and Trail River Camp: Tel. 0216-246020, E-Mail: info@trackandtrailrivercamp.com, www.trackandtrailrivercamp.com. Nahe am Parkeingang gelegene, niederländische Mittelklasselodge mit Restaurant, Gym, Spa, erhöhtem Pool, Chalets und einem Campinggelände im Hintergrund (mit Grillstellen, Stromanschluss, Tischen, Unterstand und Hide). Häufig Elefantenbesuch.
Preise: AI 315–400 US$/DZpP und 390–485 US$/EZ, bei VP 156–210 US$/DZpP und 200–260 US$/EZ, Camping 12,50 US$ pP. Game Drives/Walks 50 bis 65 US$ pP.

Thornicroft Lodge: Tel. 0965-694822, E-Mail: info@thornicroft-lodge.com, www.thornicroft-lodge.com. Mittelklasseanlage mit Chalets, Safarizelten, Restaurant und Pool, nahe dem Ort Mfuwe am Luangwa gelegen. Preise: Chalets mit AI 230–295 US$ pP, Übernachtung im einfachen Tented Camp 65 US$ pP. Es gibt zahlreiche Package-Angebote, z. B. drei Nächte AI für 480 US$, eine Walk-In-Rate für 125 US$, Transfers ab/bis Malawi, Anschlussprogramme und Gruppenrabatte.

The Wildlife Camp: Tel./Fax 0216-246026, E-Mail: info@wildlifezambia.com, www.wildlifecamp-zambia.com. Weitläufiges Naturcamp in einer Luangwaschleife mit Restaurant, Pool, Selbstversorgerchalets, Bushcamp, Safarizelten und großem Campingbereich. Preise (ohne Parkgebühren): Chalets mit AI 170–270 US$/DZpP und 200–290 US$/EZ, Safarizelt mit AI 165–210 US$/DZpP und 180–230 US$/EZ. Walking-Safari-Bush-Camp 280 US$/DZpP und 300 US$/EZ. Die separat an einer Lagune liegenden Self-Catering-Chalets mit Gemeinschaftsküche kosten 50–70 US$/DZpP und 60–85 US$/EZ, einfache Safarizelte ab 35–50 US$/DZpP und 40–65 US$/EZ, Camping auf großer Wiese mit Unterständen, eigener Bar und Pool 10–12 US$ pP. Game Drives/Walks 55 bis 60 US$ pP. Ein lässiges Camp mit viel Wildnis-Flair!

Zikomo Safari Camp: Tel. 0973-741708, E-Mail: zikomosafari@gmail.com, http://zikomosafari.com. Mittelklasselodge mit Stelzenchalets und Camping in großartiger einsamer Lage am Südrand des Nsefu Sektors mit Pool, Bar und Restaurant. Geöffnet von Mitte Mai bis Mitte November. Preise: AI 395 US$/DZpP und 455 US$/EZ, Camping 25 US$ pP (kein Stromanschluss vorhanden).

Einfache Unterkünfte

Marula Lodge: Tel. 0974-595838, E-Mail: info@marulalodgezambia.com, www.marulalodgezambia.com. Ältere Backpackeranlage nahe am Parkeingang mit Dormitory (12 US$ pP), Mietzelten (20 US$ pP) und renovierten Bungalows (Übernachtung 45 US$ pP) Es gibt einen großen Pool und eine Gemeinschaftsküche, auch viele Aktivitäten und All-inclusive sind im Angebot.

Croc Valley Camp: Tel. 0216-246074, E-Mail: reservations@crocvalley.com, www.crocvalley.com. Overlander- und Backpackercamp direkt neben dem Track & Trail River Camp. Sehr legeres Ambiente, Pool, Bar und Restaurant mit Pizzaofen. Preise: die „Turtle Rooms" kosten 20–25 US$/DZpP und 25–30 US$/EZ, Mietzelte ab 55 US$/DZpP und 66 US$/EZ, mit AI ab 175 US$/DZpP und 190 US$/EZ. Zur Lagune im Hintergrund blicken die Selbstversorger-Stelzenchalets (Übernachtung 30–40 US$/DZpP und 46–56 US$/EZ; mit AI 135–175 US$/DZpP und 150–190 US$/EZ). Unter hohen Uferbäumen liegt der Campingplatz (10–12 US$ pP, mit Strom, Unterständen und Gemeinschaftsküche). Zumeist jugendliches Publikum. Alle Preise sind ohne Parkgebühren. Vorsicht: Sehr oft Elefantenbesuch!

WERTVOLLE REISEINFOS

Malawis Klima

Malawis Klima weist aufgrund der großen Höhenunterschiede starke Abweichungen auf. Der Norden des Landes erhält mit mehr als 1500 mm jährlich deutlich mehr Regen als der Süden, der im Mittel unter 1000 mm liegt. Man unterscheidet allgemein drei Jahreszeiten: die Regenzeit (Dezember bis April), die kühle (Mai bis August) und die heiße Jahreszeit (September bis November).

Die große Wasserfläche des Malawisees beeinflusst das Klima und begünstigt regelmäßige Regenfälle. Besonders an den Südosthängen der Berge fällt häufiger Steigungsregen ab. Dagegen leiden im Regenschatten liegenden Gebiete wie das Shiretal und einige Uferzonen des Malawisees unter starker Trockenheit. Im Oktober/November werden hier Temperaturen bis zu 49° C gemessen und die Nachttemperaturen sinken meist nicht unter 24° C.

Das zentrale Hochland, wo die großen Städte und landwirtschaftlichen Zentren liegen, weist ein gemäßigtes Klima auf mit Durchschnittswerten von 18–22° C. In den kühlen Monaten werden hier die Nächte sehr frisch. Die Gebirge haben einen Mittelwert von 15,6° C.

Eine Besonderheit stellt der sog. *Chiperoni* dar. Chiperoni ist der Name eines Berges in Mosambik, der exponiert südöstlich von Mulanje liegt. Hier brauen sich in der Trockenzeit manchmal dichte Wolkenbänke zusammen, die schließlich nach Südmalawi ziehen und das Land mit einem kühlen, anhaltenden Nebel bedecken.

Klima in Lilongwe (1042m)

Monat	Jan	Feb	Mar	Apr	Mai	Jun	Jul	Aug	Sep	Okt	Nov	Dez
Temperatur ~ max	27	27	27	27	26	24	23	25	27	30	30	27
Sonnenstd.	5	5	6	8	8	8	8	9	9	10	8	6
Temperatur ~ min	17	17	17	14	11	9	8	9	12	15	17	18
Regentage	18	14	11	7	1	0	0	0	0	2	5	17

Klima in Salima (506 m)

Monat	Jan	Feb	Mar	Apr	Mai	Jun	Jul	Aug	Sep	Okt	Nov	Dez
Temperatur ~ max	30	30	30	30	28	26	26	28	31	34	33	31
Sonnenstd.	7	7	8	8	9	8	8	9	10	10	9	7
Temperatur ~ min	21	21	21	20	17	14	14	15	18	21	22	22
Regentage	15	13	12	4	1	0	0	0	0	2	5	13

Klima in Mzuzu (1274 m)

Monat	Jan	Feb	Mar	Apr	Mai	Jun	Jul	Aug	Sep	Okt	Nov	Dez
Temperatur ~ max	25	25	25	24	22	20	20	21	24	26	27	26
Sonnenstd.	5	5	5	7	7	7	8	8	9	10	7	6
Temperatur ~ min	16	16	16	15	12	8	7	8	10	13	15	16
Regentage	17	14	16	15	6	4	3	1	1	2	6	14

Die Wahl der Reisezeit

April/Mai bis Juli

Die Monate direkt nach der Regenzeit zeichnen sich durch angenehme Temperaturen aus. Die Tage sind ähnlich warm wie mitteleuropäische Sommertage, doch die Nächte können je nach Höhenlage bis an die Frostgrenze abkühlen, besonders in den kältesten Monaten Juni und Juli. Die Luftfeuchtigkeit bleibt mit 40–90 % noch relativ hoch. Landschaftlich ist dies eine attraktive Jahreszeit, da anfangs noch alles saftig grün ist. Andererseits wird die Tierbeobachtung durch hoch stehendes Gras erschwert.

August bis November

Für Safaris eignen sich die trockenen und heißen Monate von Ende August bis in den November besonders. Die Tiere kommen jetzt aufgrund von Wasser- und Nahrungsknappheit mitunter nahe an die Camps heran. Ab Oktober treiben die Bäume wieder und geben der ausgedörrten Landschaft frische Farbe. Die heißen Nächte am Malawisee werden durch leichte Winde abgemildert, doch das Tiefland um den Shire (Liwonde NP, Elephant Marsh) wird ab Oktober nahezu unerträglich heiß. In dieser Zeit bietet es sich an, hochgelegene Übernachtungsplätze aufzusuchen.

Dezember bis März/April

Die Regenzeit beginnt je nach Region zwischen Oktober und Dezember und endet im März/April. Das Reisen ist in der Regenzeit deutlich eingeschränkt. Der Malawisee ist häufig aufgewühlt und sturmgepeitscht. Andererseits sind Februar, März und April Monate mit geradezu atemberaubender tropischer Fülle und Pracht. November und Dezember sind auch besonders beliebte Reisemonate für das Nyika Plateau.

Oben: In den Hitzewochen keine Seltenheit: ein Staubteufel wirbelt durch ein Dorf

Reiseplanung

Reisen mit einem Auto bzw. Mietwagen

Vor der Entscheidung, einen Pkw oder ein Allradfahrzeug zu mieten, sollte die Routenplanung stehen. Im Reiseteil dieses Buches wird ersichtlich, bei welchen Strecken Geländefahrzeuge notwendig sind. Etliche Rundreisen sind auch mit einem Pkw gut realisierbar.

Viele Touristen nehmen einen Mietwagen mit Fahrer, was in Malawi weit verbreitet ist. Während der Rundreise nächtigt und speist der Fahrer in eigens vorgesehenen, preisgünstigen Unterkünften, welche die meisten Safaricamps und Touristenhotels bereithalten, z. B. die Mvuu Lodge für 60 US$ pro Nacht. In manchen Fällen rechnet der Autoverleiher auch eine Pauschale ab.

Unten: Im Süden Malawis werden kunstvolle Automodelle als Souvenirs verkauft

Bei europäischen Reiseanbietern mieten: Europäische Mietwagenanbieter, die auch Fahrzeuge für Malawi offerieren, sind leider schwer zu finden. Wir empfehlen die Firma Nature Trekking: Armin & Petra Bischoff GbR, Hauptstraße 29, 73110 Hattenhofen. Tel. 07164-14261, Fax 909460. E-Mail: service@nature-trekking.com; www.nature-trekking.com. Sie bietet eine große Fahrzeugauswahl und einen zuverlässigen Service.

In Malawi mieten: Die meisten lokalen Mietwagenagenturen bevorzugen es, die Fahrzeuge mit Chauffeur zu vermieten. Dies kostet zwischen 10 und 35 US$ pro Tag; bzw. bei Rundreisen, an denen der Fahrer auswärts nächtigen muss, etwa 70 US$ Zuschlag pro Tag. Noch immer werden in Malawi relativ wenige Fahrzeuge mit Dachzelten und Campingausstattung angeboten; sodass es ratsam ist, solche Fahrzeuge frühzeitig zu reservieren.

In Südafrika oder Namibia mieten: Einige in Südafrika und Namibia ansässige Mietwagenanbieter erlauben auch eine Reise in Nachbarländer wie Malawi. Hierzu zählen z. B. die Firmen **Bushlore Africa** (www.bushlore.com) und **Asco Car Hire** (www.ascocarhire.com). Beide haben ein breites Angebot an Fahrzeugen mit Dachzelten und Campingausstattung.

Lokale Mietwagenanbieter

AVIS Car Rental: Tel. 0888-868700, E-Mail: reservations@avis.co.mw, www.avis.com. Am Flughafen von Lilongwe: Tel. 01-700223. Weitere Zweigstellen: Capital Hotel, Tel. 01-671495, Chilambula Road, Old Town, Tel. 01-756105. Weltweit operierendes Unternehmen mit internationalem Service.

SS Rent A Car: Hauptsitz in Blantyre in der 20 Glyn Jones Road, Tel. 01-822836, Zweigstelle in Lilongwe in der Kamuzu Procession Road, Old Town, Tel. 01-751478. E-Mail: info@ssrentacar.com, www.ssrentacar.com. Größter Mietwagenverleiher Malawis mit Büros in Blantyre und Lilongwe. Motorräder, Pkws, Allradfahrzeuge, Luxuskarossen und Busse werden angeboten. Alle Mietwagen können auch am Flughafen übernommen werden.

Madidi Car Hire: : Area 9, beim Madidi Hotel hinter dem Crossroads Complex, Tel. 01-752661, E-Mail: info@madidilodge.com, http://malawi-car-hire.com. Günstige Fahrzeuge ab 40 US$ pro Tag.

Malambe Adventure Safaris: P. O. Box 1375, Lilongwe 3, Tel. 0999-113389, E-Mail: info@malambesafaris.com, www.malambesafaris.com. Hier werden Pkws ab 70 US$/Tag und Allradfahrzeuge mit Campingausstattung ab 160 US$/Tag angeboten.

Land & Lake Safaris: Laws Ave, Old Town, Tel. 01-757120, E-Mail: info@landlake.net, www.landlake.net. Die Reiseagentur vermietet Pkws, SUVs, Allradfahrzeuge mit Dachzelt und Campingbedarf.

Ulendo Car Hire: 441 Chilanga Drive, Area 10, P. O. Box 30728, Capital City, Lilongwe 3, Tel. 01-794555, E-Mail info@ulendo.net, www.ulendo.net. Ulendo Safaris vermietet Fahrzeuge vom Kia SUV bis zum Toyota Kleinbus für 175–365 US$ pro Tag.

Barefoot Self Drive: Tel. 01-707346 und (SA) +27-78-6309734, E-Mail: enquiries@barefoot-safaris.com, www.barefoot-safaris.com. Hier sind Toyota Landcruiser und Land Rover Discovery mit Campingausstattung ab etwa 200 US$ pro Tag erhältlich.

Sputnik Car Hire: Kassam House, Paul Kagame Highway, Lilongwe. Tel. 01-758253, E-Mail: sputnik@sdnp.org.mw, http://www.sputnik-car-hire.mw. Am Flughafen Lilongwe:Tel. 700676/760001. Großer lokaler Anbieter mit neuen und älteren Fahrzeugen. Pkws ab 75 US$, Toyota Prado ab 190 US$.

Countrywide Car Hire: Am Flughafen Lilongwe, Tel. 01-701144, Aquarious House, City Centre, im Walmont Hotel, Tel. 01-770044, E-Mail: info@countrywidemw.com, www.countrywidemw.com.

Rhino Car Hire: Am Flughafen Lilongwe, Tel. 0845-5089845, E-Mail: info@rhinocarhire.com, www.rhinocarhire.com.

Jambo Africa: Glyn Jones Road, Blantyre, Tel: 01-823709, E-Mail: jamboafrica@africa-online.net, www.jambo-africa.com. Der Reiseveranstalter vermietet auch Fahrzeuge.

Budget Safaris: Nkhata Bay, Tel. 09-278903, E-Mail: patrick@budget-safaris.com, www.budget-safari.com. Der deutsche Safari-Anbieter in Nkhata Bay vermietet zwei Allradfahrzeuge, jedoch nur mit Fahrer.

Worauf Mietwagenfahrer achten sollten

Mietvoraussetzungen: Das Mindestalter beträgt je nach Anbieter 21–25 Jahre. Benötigt werden der nationale und der Internationaler Führerschein sowie eine Kreditkarte, um die Kaution zu hinterlegen.

Versicherungen: Die Haftpflichtversicherung (Third Party Insurance) ist vorgeschrieben. Des Weiteren werden eine Unfallversicherung (Personal Accident Insurance), eine Diebstahlversicherung (Theft Protection) und eine freiwillige Voll- oder Teilkaskoversicherung (Collision Damage Waiver) angeboten.

Fahrzeugcheck bei Abholung: Kupplung und Bremsen auf ihre Funktionsfähigkeit prüfen; Bereifung des Fahrzeugs, Wasserstand, Batterie und Ölstand checken.

Bei Vertragsabschluss zu klären: Wie verhält sich der Vermieter bei Pannen; inwieweit besteht ein Rückholservice; welche Schäden, z. B. an Glas und Bereifung, sind abgedeckt? Nicht vergessen: Lassen Sie sich für etwaige Grenzüberschreitungen ein Permit Ihres Vermieters ausstellen.

Europäische Reiseveranstalter

Jacana Tours GmbH: Willibaldstr. 27, 80689 München, Tel. 089-5808041, Fax 5808504, E-Mail: info@jacana.de, www.jacana.de.

CHUI Tours: Biebricher Allee 58, 65187 Wiesbaden, Tel. 0611-182490, Fax 1824910, E-Mail: info@chui-tours.de, www.chui-tours.de.

Outback Africa: Schwarzenbrunn 7, 08645 Bad Elster, Tel. 037437-53880, Fax 538829, E-Mail: info@outback-africa.de, www.outback-africa.de.

DUMA Reisen: Geislinger Str. 33, 70327 Stuttgart, Tel. 0711-8386580, Fax 8386582, www.duma-naturreisen.de.

Abendsonne Afrika: Zur unteren Mühle 1, 89290 Buch, www.abendsonneafrika.de, Tel. 07343-929780, Fax 929781.

Knecht Reisen: Rohrerstr. 100, CH-5001 Aarau, Schweiz, Tel. 0041-62-8347131, Fax 8347100, www.knecht-reisen.ch

Wikinger Reisen: Kölner Str. 20, 58135 Hagen, Tel. 02331-904741, Fax 904704, www.wikinger-reisen.de.

Rotel Tours: Postfach, 94100 Tittling, Tel. 08504-4040, Fax 4926, www.rotel.de.

Afrika Plus Reisen: Partnachstr. 6, 81373 München, Tel. 089-7266940, Fax 7296444, www.afrikaplus.de.

Private Safaris: Geroldstr. 4, CH-8010 Zürich, Schweiz, Tel. +41-44-3864646, www.privatesafaris.ch.

Wigwam Naturreisen & Expeditionen: Lerchenweg 2, 87448 Waltenhofen/Allgäu, Tel. 08379-92060, www.wigwam-tours.de.

African Special Tours: Gronauer Weg 31, 61118 Bad Vilbel, Tel. 06101-583053, Fax 583054, www.ast-reisen.de.

Karawane Reisen: Postfach 909, 71609 Ludwigsburg, Tel. 07141-28480, Fax 284825, www.karawane.de.

Trails Reisen: Bahnhofstraße 47, 87435 Kempten, Tel. 0831-15359, Fax 12854, www.trails-reisen.de.

Zingg Event Travel: Kirchgasse 2. CH-8907 Wettswil-Zürich, Schweiz, Tel. +41-1-7092010, Fax 7092050, E-Mail: info@zinggsafaris.com, www.zinggsafaris.com.

Ikarus Reisen: Postfach 1220, 61452 Königstein, Tel. 0800-4636452, www.ikarus.com.

Afrikareisen Eggestein: 37075 Göttingen, Rohnsweg 33, Tel./Fax 0551-3793750, www.unterwegsinafrika.de.

Africa Design Travel: Multergasse 11, CH-9000 St. Gallen, Schweiz, Tel. +41-71-2989000, www.africadesigntravel.ch.

Diamir Erlebnisreisen: Loschwitzer Str. 58, 01309 Dresden, Tel. 0351-312077, Fax 312076, www.diamir.de.

Lernidee Erlebnisreisen: Eisenacher Straße 11, 10777 Berlin, Tel. 030-7860000, Fax 7865596, www.lernidee.de.

Shamiso Tours: www.shamisotours.com. Deutsches Reiseunternehmen für Campingtouren mit Sitz in Zimbabwe.

Reiseservice Afrika: Bauseweinallee 4a, 81247 München, Tel. 089-8119015, www.reiseservice-africa.de.

Venter Tours: Friedrich-Engels-Ring 27, 17033 Neubrandenburg, Tel. 0395-5553185, www.ventertours.de.

Afrika Tours Individuell: Belgradstr. 9, 80796 München, Tel. 089-32729288, Fax 32729284, www.afrika-tours.de.

Africa Tours: Vogelsangstrasse 5, CH-8561 Ottoberg TG, Tel: +41-71-6202121, www.africa-tours.ch.

TARUK International: Tel. 033209-21740, E-Mail: info@taruk.com, www.taruk.com.

Take Off Reisen: Dorotheenstraße 65, 22301 Hamburg, Tel: 040-4222288, Fax 040-4222209, E-Mail: info@takeoffreisen.de, www.takeoffreisen.de.

Afrika-erleben: Michael Franke, Hagelberger Str. 19, 10965 Berlin, E-Mail: info@afrika-erleben.de, www.afrika-erleben.de. Anbieter für Fahrrad-Rundreisen.

Reiseagenturen in Malawi

Central African Wilderness Safaris: The Gable End, off Mphonongo Street, Woodlands, Lilongwe. Tel. 01-771393, E-Mail: info@cawsmw.com, www.cawsmw.com. Das erfahrene, engagiert geführte Unternehmen besitzt mehrere Camps und Hotels und organisiert Safaris auf sehr hohem Niveau.

Ulendo Safaris: 441 Chilanga Drive, Area 10, P. O. Box 30728, Capital City, Lilongwe 3, Tel. 01-794555, E-Mail info@ulendo.net, www.ulendo.net. Ulendo ist Buchungsagent für die M.V. Ilala und zahlreiche Hotels und Resorts, organisiert Safaris in Malawi und Sambia und hat eine eigene Charterfluglinie.

Land & Lake Safaris: Laws Ave, Old Town, Tel. 01-757120, E-Mail: info@landlake.net, www.landlake.net. Die Reiseagentur vermittelt Unterkünfte und Mietwagen, organisiert Safaris in Malawi und Sambia, individuelle Transfers und betreibt die Dzalanyama Forest Lodge.

Malawian Style: Golden Peacock Center, Tel. 01-746449, E-Mail: info@malawianstyle .com, www.malawianstyle.com. Eine Reiseagentur für Hotels und Lodges; sie organisiert auch Selbstfahrersafaris und Rundreisen.

Jambo Africa: Tel. 0888-202420, E-Mail: jamboafrica@africa-online.net, www.jambo-africa.com. Angebote für jeden Geldbeutel, Mietwagen, Transferdienste, Tagesausflüge und Safaris.

Barefoot Safaris: Tel. 01-707346 und (SA) +27-78-6309734, E-Mail: enquiries@barefoot-safaris.com, www.barefoot-safaris.com. Das Unternehmen hat ein Camp bei Lilongwe und organisiert Rundreisen.

Kayak Africa: Tel. +27-21-7831955, Chembe / Cape Maclear, E-Mail: letsgo@kayakafrica.co,za, www.kayakafrica.net. Inselhüpfen und diverse Inselcamps im Lake Malawi NP.

Robin Pope Safaris: P. O. Box 30722, Lilongwe 3, Tel. 0993-504600, E-Mail: info@robinpopesafaris.net, www.robinpopesafaris.net. Das Unternehmen besitzt die Pumulani Lodge, das Kuthengo Camp und das Mkulumadzi Camp in Malawi sowie mehrere exklusive Camps im South Luangwa NP(Sambia).

Kiboko Safaris: Mandala Road, Old Town nahe Post Office, Tel. 0999-878685, E-Mail: reservations@kiboko-safaris.com, www.kiboko-safaris.com. Das rührige Unternehmen betreibt eigene Stadthotels und organisiert zahlreiche günstige Safaris und Touren in Malawi und Sambia.

Malambe Adventure Safaris: P. O. Box 1375, Lilongwe 3, Tel. 0999-113389, E-Mail: info@malambesafaris.com, www.malambesafaris.com. Hier werden allerlei Tagestouren (Lilongwe City Tour, Kasungu NP, Senga Bay & Kuti Park), mehrtägige Safaris, Rundreisen bis Sambia, Transferdienste und ein Mietwagenverleih angeboten.

Budget Safari: Patrick Rybnikar, Nkhata Bay, Tel. 0999-278903, E-Mail: info@budget-safari.com, www.budget-safari.com. Campingrundreisen in Nordmalawi sind die Spezialität dieses Anbieters.

Über die Safaricamps

Unter einer afrikanischen Safari Lodge versteht man eine kleine Anlage aus Bungalows oder Zeltchalets, die sich locker um einen halboffenen zentralen Aufenthaltsraum – Boma genannt – gruppieren. Die Unterkünfte werden kunstvoll, aber rustikal aus natürlichen Baustoffen gefertigt (viel Holz und Riedgras finden Verwendung) und liegen einsam und idyllisch in der Wildnis. Für nur wenige Gäste konzipiert, schaffen die engagierten Manager und ihre zahlreichen Helfer mitten im Busch ein perfektes Klischeebild, lassen den uralten Traum von der Romantik Afrikas wahr werden. Hier dreht sich alles um die Natur und die Tiere, werden die Gäste aufmerksam verwöhnt und umsichtig an die „Gefahren Afrikas" herangeführt, ohne dabei auf den bisweilen elitären Komfort verzichten zu müssen. So viel Exklusivität und Zuwendung haben ihren Preis, denn kostenintensive Transportwege in die Wildnis und ein hoher Personalaufwand für wenige Gäste schlagen sich in der Preisgestaltung nieder. Einmal in der Lodge angekommen, kann man kaum noch Geld ausgeben, denn hier ist das All-inclusive-System üblich (Vollpension und zwei Aktivitäten pro Tag). Unterschiede gibt es bei den Getränken, dem Wäschedienst („Laundry") und bei den An- und Abreisetransfers, die teilweise inklusive sind, manchmal aber auch extra abgerechnet werden.

Reisen mit Kindern

Es spricht nichts dagegen, mit Kindern durch Malawi zu reisen, wie es viele dort lebende Familien und südafrikanische Touristen praktizieren. Allerdings reisen Familien mit kleinen Kindern fast immer mit einem Auto, was sie unabhängig macht und großzügig Proviant und Gepäck mitzunehmen ermöglicht.

Afrikaner sind ausgesprochen kinderfreundlich und begegnen ihnen überall geduldig und liebevoll. Sie können davon ausgehen, dass Ihr Nachwuchs fast überall willkommen sein wird.

Eine intensive Gesundheitsvorbereitung und eine gute Reisekrankenversicherung, möglichst auch der Abschluss einer Flugrettungsversicherung, sind unbedingt ratsam. Ferner sollte man sich bewusst machen, dass Kinder in Wildgebieten stärker gefährdet sind als Erwachsene. Manche Camps in den Nationalparks nehmen aus Sicherheitsgründen und wegen der Unruhe, die Kinder erzeugen, keine Kinder unter 12 Jahren auf.

Frauen allein unterwegs

Alleinreisende Frauen können in Malawi unbeschwert reisen, wenn sie einige Standardverhaltensregeln berücksichtigen. Diese sind: Keine aufreizende Kleidung zu wählen, sondern lieber die Beine bis zu den Knien bedeckt halten und außerdem auf einen allzu freizügigen Ausschnitt verzichten. Nur tagsüber unterwegs sein, nächtliche Fahrten oder Spaziergänge strikt meiden, und auch nicht per Anhalter fahren, vor allem nicht auf einsamen Strecken. Bei Männerbekanntschaften Zurückhaltung üben und sich eher reserviert geben. Diese Regeln gelten im Grunde weltweit. Malawi hat – wie fast alle Länder Schwarzafrikas – eher einen guten Ruf bei alleinreisenden Frauen, da hier die Toleranz und Achtung gegenüber fremden Frauen auch ohne männliche Begleitung hoch ist. Einheimische weiße Frauen führen hier oft einen sehr selbständigen Alltag, indem sie resolut Farmen bewirtschaften, rustikale Fahrzeuge steuern und als kompetente Arbeitgeber auftreten. So hat sich das Bild der selbstbewussten (weißen) Frau in Afrika verankert und erleichtert die Stellung ihrer Geschlechtsgenossinnen auf Reisen.

Oben: Egal wie hart der Alltag sein mag, lächeln die Frauen in Afrika dennoch stets voller Wärme und Frohsinn

Bilder links: Die Tongole Lodge im Nkhotakota Wildreservat wurde mehrfach ausgezeichnet und hat eine großartige offene Architektur; fröhliche Kinder am Strand von Chintheche

Erfahrene weibliche Afrikareisende erfinden beim Small Talk mit Einheimischen dennoch gerne einen Ehemann und Kinder, die nur gerade abwesend sind, wodurch die Situation für Afrikaner doch erheblich verständlicher ist, als die Geschichte einer selbstbewussten emanzipierten Single-Frau auf Reisen.

Reiseausrüstung

Persönliche Dokumente

Wichtigstes Dokument: der gültige Reisepass. Packen Sie ferner den Internationalen Impfpass und ggf. einen Internationalen Führerschein ein. Von allen Dokumenten sollte man Kopien dabei haben und an getrennten Plätzen verwahren. Auch wichtige Rufnummern für Notfälle wie die Servicenummern der Kreditkarten und Auslandskrankenversicherung sollte man dabei haben.

Kleidung & Kleideretikette

Auf Safaris in Wildgebieten trägt man Safari-Outfit in Khaki- und Naturfarben und bequeme Sandalen oder Trekkingschuhe, am Strand des Malawisees bequeme Freizeitkleidung. Zusätzlich sollte man einen dicken, wärmenden Pulli oder eine warme Jacke einpacken. Regenschutz, Sonnenhut und Badebekleidung dürfen nicht fehlen.

An den Anblick von Touristinnen in kurzen Hosen haben sich die Menschen in Safarigebieten und touristischen Orten gewöhnt, doch auf dem Land bilden nackte Frauenbeine einen ungewohnten Anblick. Daher ist es geschickter, in der Öffentlichkeit jenseits von Strand & Safari knielange Hosen oder weite Röcke und Kleider zu tragen.

Sonstiges

Fotoausrüstung mit Ersatzbatterien. Ladegerät für Kameraakkus. Fernglas, Sonnenbrille, Taschenlampe, Feuerzeug, Taschenmesser, Flaschenöffner, Wasserflasche, Adapter für Steckdosen, Landkarten, Reiseführer, Lesestoff, Reiseapotheke.

Bei Bedarf Mikropur (Tabletten oder Pulver) zur Entkeimung des Trinkwassers, Schlafsack und Moskitonetz (empfohlene Maschenweite: 1,2 x 1,2 mm bzw. 180–200 mesh/square inch).

Gesundheit

Viele (Reise-)Krankheiten lassen sich durch ein **vernünftiges und vorbeugendes Verhalten** vermeiden. Dazu zählen: Sich vor zu starker Sonneneinstrahlung schützen, täglich auf genügend Flüssigkeitszufuhr achten (über den Durst hinaus trinken, damit der Urin stets hell gefärbt ist), auf Nahrungsmittel von zweifelhafter Herkunft verzichten, kein ungefiltertes Wasser zu sich nehmen (auch nicht zum Zähneputzen), selbst kleine Wunden ernst nehmen, für ausreichend Schlaf sorgen, bei Unpässlichkeit und Magenproblemen Ruhepausen einlegen, krassen Temperaturunterschieden mit angemessener Kleidung begegnen und nur gut durchgebratenes Fleisch zu sich nehmen. Darüber hinaus sollte man sich über typische Krankheiten im südöstlichen Afrika informieren und entsprechend vorbeugen.

Malaria

Malaria ist eine Blutinfektion, die durch den Stich der infizierten, weiblichen Anopheles-Mücke übertragen wird. Während die Mücke Ihr Blut abzapft, dringen die Malariaparasiten in die Blutbahn und wandern in die Leber. Dort vermehren sie sich, werden von Zeit zu Zeit ausgeschüttet (Fieberattacke) und zerstören die roten Blutkörperchen. Es gibt vier Malariaarten: Malaria Tertiana, Malaria Quartana, Malaria Ovale und Malaria Tropica. Die drei ersten Arten verbleiben in der Leber und können bei Nichtbehandlung zur chronischen Erkrankung führen. Lebensgefährlich und leider auch die häufigste Erkrankung in Afrika ist die Malaria Tropica. Wenn die Diagnose rechtzeitig gestellt und behandelt wird, ist jede Malaria heilbar. In Malawi tritt Malaria vor allem in niedrigen Höhenlagen auf. Während und direkt nach der Regenzeit ist das Risiko einer Malariaerkrankung deutlich größer als zum Ende der Trockenzeit. Der beste Schutz vor Malaria ist die Vorbeugung: Mückenstiche vermeiden, unbedeckte Hautstellen mit Insektenschutzmitteln einreiben (von zu Hause mitbringen oder vor Ort in großen Supermärkten besorgen), Moskitospiralen verwenden, abends hautbedeckende helle Kleidung tragen, sich in moskitogeschützten Räumen aufhalten und unter einem Moskitonetz schlafen. Das größte Malariarisiko besteht zwischen Januar und Mai, das geringste zwischen Juli und Oktober.

Die Entscheidung über die Art einer medikamentösen Vorbeugung – ob Einnahme von Medikamenten oder Mitnahme eines Standby-Präparats – sollte aufgrund der Reisezeit, der Reisedauer und des Reisestils individuell und nach Absprache mit einem versierten Facharzt getroffen werden.

Links: Gaumenfreuden über dem Abgrund bietet das Lukwe Eco Camp nahe der Livingstonia Mission; gut bestückte Bar in der Ng'ona Lodge

Bilharziose

Bilharziose ist eine chronische Infektionskrankheit, die man sich weltweit in tropischen Gebieten in stehendem oder leicht fließendem Süßwasser mit Uferbewuchs einhandeln kann. In dieser Umgebung lebt eine spezielle Wasserschnecke, die als Zwischenwirt der Schistosomiasis-Erreger fungiert. Als torpedoförmige Zerkarien lösen sie sich von der Wasserschnecke, um im Wasser menschliche Haut aufzuspüren und unbemerkt zu durchbohren. Über die Venen nisten sie sich alsdann im Darm oder der Blase ein und wachsen zu Würmern heran, die bis zu 15 Jahre lang überleben können. Die Symptome einer chronischen Infektion sind Fieber, Schwachheit und erst sehr viel später blutiger Urin. Bei Touristen wird eine Erkrankung meistens nur bemerkt, wenn routinemäßig nach einer Fernreise eine Untersuchung beim Facharzt gemacht wird (die Antikörper sind jedoch erst mehrere Wochen nach der Infektion erkennbar). Die Behandlung besteht aus einer recht unkomplizierten Einmaldosierung mit dem Medikament Biltricide. Um eine Schistosomiasis-Infektion zu vermeiden, sollten Sie nicht in stehenden oder nur schwach fließenden Gewässern baden. Der Malawisee galt lange Zeit als bilharziosefrei, doch diese These ist nicht mehr haltbar. Allerdings treten die Erreger immer nur örtlich an bestimmten Uferbereichen auf; nicht im offenen, tiefen Gewässer und nicht an Uferabschnitten, wo die Wirtsschnecke nicht vorkommt. Eine verbindliche Aussage, welche Bereiche unbedenklich sind, kann aber auch vor Ort niemand treffen. Ob man aus Sorge vor dieser Krankheit einem Bad im Malawisee widersteht oder lieber die kühle Erfrischung dort genießt, wo die Strände als nicht gefährdet gelten (von Dörfern entfernt, nicht schilfig), und sich nach der Reise beim Facharzt testen lässt, sollte jeder Reisende eigenverantwortlich entscheiden.

Gelbsucht / Leberentzündung

Hepatitis A wird durch mangelnde Hygiene und infizierte Nahrungsmittel (Wasser, Salate, Obst) übertragen. Die Leberinfektion ist nicht lebensbedrohlich, aber langwierig in der Ausheilung. Die schwerwiegendere, seltenere Hepatitis B (Serumhepatitis) wird dagegen nur durch direkten Blutkontakt oder den Austausch von Körperflüssigkeiten übertragen. Gegen beide Erkrankungen gibt es vorbeugende Impfstoffe.

Gelbfieber

Gelbfieber ist eine schwere, häufig tödlich verlaufende Virusinfektion der Leber. Sie wird durch die Aedes-Stechmücke übertragen. Lt. WHO gelten das Südliche Afrika und Malawi als gelbfieberfrei. Bei der Einreise aus einem Infektionsgebiet wie Ost- und Zentralafrika nach Malawi ist eine Schutzimpfung allerdings vorgeschrieben und wird mitunter bei der Einreise an den Landesgrenzen überprüft, z. B. von Tansania kommend.

Tollwut und andere Risiken

Eine weitere lebensgefährliche Infektion ist die **Tollwut**, die durch den Biss eines infizierten Tieres auf den Menschen übertragen wird. Der beste Schutz ist Vorbeugung. Sich vorbeugend gegen Tollwut zu impfen, wird vor allem Tierpflegern und Tierärzten in den betroffenen Ländern angeraten.

Vor **Polio, Diphtherie** und **Tetanus**, gefährlichen Krankheiten, die in Europa ebenso vorkommen, sollte man sich auch ohne Afrikareise alle zehn Jahre per Impfung schützen bzw. die Grundimmunisierung auffrischen.

Durchfall gehört zu den häufigsten Krankheitserscheinungen bei Fernreisen. Es handelt sich in den meisten Fällen um harmlose Reaktionen des Körpers (z. B. bei ungewohnter Nahrung, Klimabelastungen) oder um bakterielle Infektionen (z. B. bei unreinem Wasser). Harmloser Reisedurchfall verschwindet nach zwei bis vier Tagen, sonst ist ein Arztbesuch notwendig.

Aufgrund der hohen **Aids**-Rate im südlichen Afrika sollte man sich hier mehr denn je vor einer Übertragung der Immunschwächekrankheit in Acht nehmen. Eine Gefahr geht allein vom Austausch von Körperflüssigkeiten aus, durch Geschlechtsverkehr, Bluttransfusionen oder infizierte Nadeln und Spritzen.

Die **Schlafkrankheit** ist eine Trypanosomen-Infektion, die durch die **Tsetsefliege** (*Glossina species*) übertragen werden kann. Sie bricht bei Menschen nur selten aus und führt erst nach Monaten bis Jahren zu schweren Krankheitserscheinungen. Auch wenn eine Infektion als sehr unwahrscheinlich gilt, sollte man sich bei unklarem Fieber nach Reiseende auch dahingehend untersuchen lassen. Zudem sind die Stiche sehr schmerzhaft. Den besten Schutz vor den aggressiven, tagaktiven Tsetsefliegen bieten ein konsequenter Mückenschutz und angepasstes Verhalten: helle Kleidung, Insektenschutzmittel, wenig Bewegung, Rauch (Rauchen oder Moskitospiralen aufstellen). Tsetsefliegen kommen in Malawi nur in tiefliegenden Wildschutzgebieten vor; nicht in Städten und Bergregionen.

Schlangenbisse

In der Regel wird man in Malawi kaum einer Schlange begegnen, da sie rechtzeitig die Flucht ergreift und Menschen ausweicht. Sollte es dennoch zu einem Schlangenbiss kommen, den jede

Schlange nur zur Verteidigung ausführt, wäre es von großem Vorteil, die Schlange zu identifizieren. Nur wenige Schlangen Malawis sind für den Menschen lebensgefährlich giftig. Außer der Puffotter flüchten alle Schlangen, sobald man sich ihnen nähert, und greifen nur im Verteidigungsfall an. Ein Großteil aller gefährlichen Unfälle passiert daher durch die sehr träge **Puffotter**, deren Gift eine zellenzerstörende Wirkung hat, weil sie sich anstelle zu flüchten bewegungslos zu tarnen versucht. Kobras und die Schwarze Mamba haben dagegen ein fatales Nervengift; und das Gift von Boomslang und Vipern wirkt hämotoxisch (es wird die Blutgerinnung zerstört). Falsche Behandlungsmethoden können ein Schlangenbissopfer mitunter mehr gefährden als der eigentliche Biss. Am wichtigsten ist es, das Opfer ruhig zu stellen, damit sich die Blutzirkulation verlangsamt. Der Patient sollte viel Flüssigkeit zu sich nehmen. Ggf. können in Erste-Hilfe-Geübte bei dem betroffenen Körperteil eine Stauung anlegen (frisches Blut kann in den gebissenen Körperteil fließen, infiziertes Blut aber nicht zum Herz zurück). Laien dürfen die Wunde nur vorsichtig säubern (nicht aufschneiden oder aussaugen!), verbinden und möglichst kühl halten. Nun gilt es, den Verletzten schnellstmöglich in eine Klinik zu bringen. Schlangenserum auf Reisen mitzunehmen empfiehlt sich schon aus organisatorischen Gründen nicht, denn es muss konstant gekühlt werden und kann auch nur eingesetzt werden, wenn die Schlange eindeutig identifiziert wurde. Dies wiederum ist in den meisten Fällen sehr schwierig, da Giftschlangen in den verschiedenen Lebensstadien in zahlreichen Farbvariationen auftreten.

Ein grobe Richtlinie: Schlangen mit Querstreifen oder Ringelmuster sind eher giftige Arten, längs gestreifte Schlangen dagegen eher harmlos. Schlangen, die ihren Oberkörper aufrichten und drohend „fauchen" sind meist den gefährlichen, sehr giftigen Arten zuzurechnen. Giftige Vipern, zu denen auch die Puffotter zählt, erkennt man wiederum am kurzen, dicken Körper und einem dreieckigen Kopf.

Auch die nachtaktiven **Skorpione** greifen nur an, wenn sie sich bedroht fühlen. Der Stich ist für gesunde Erwachsene nicht lebensbedrohlich, aber sehr schmerzhaft.

Verhalten bei Biss- und Stichwunden

Panikreaktionen und Schockzustand sind oft gefährlicher als das Gift selbst, daher ist oberstes Gebot: **Ruhe bewahren!** Die meisten Schlangenbisse sind nicht tödlich. Die Bissstelle schmerzt und schwillt an, und wenn viel Gift injiziert wurde, kommt es zu Übelkeit, Erbrechen, Kopfschmerzen und Herzjagen.

- **Die Bissstelle ist stark geschwollen und schmerzhaft:** Vermutlich ein Blut- und Gewebegift, d. h. Puffotter oder Viper. Keine Stauung anlegen, sofort zum Arzt.
- **Kaum Schwellung oder Blutung, die Wunde ist unscheinbar:** Vermutlich ein Nervengift; z. B. ein Kobrabiss. Oberhalb der Bisswunde sofort eine Stauung anlegen, den Körperteil notfalls abbinden. Sofort zum Arzt, hier zählt jede Stunde!

Schlangensets: Die kleinen Sauggeräte zum Absaugen der Wunde eignen sich zur Anwendung innerhalb der ersten fünf Minuten nach einem Biss.

Empfehlung zur Reisevorsorge

Führen Sie ein ärztliches Gespräch bzgl. Ihrer individuellen Gesundheitsrisiken und der aktuellen reisemedizinischen Empfehlungen. Entsprechende Informationen erhalten Sie auch im Internet: www.fit-for-travel.de, www.reisevorsorge.de, www.rki.de, www.meine-gesundheit.de, www.bctropen.de, www.gesundes-reisen.de, www.travelmed.de oder www.crm.de.

Um im Falle eines Notfalls im Ausland versicherungstechnisch abgedeckt zu sein, sollte jeder Reisende eine Auslandskrankenversicherung abschließen. Doch vergleichen Sie vor Abschluss die Leistungen. Wichtig sind ein kostenloser Rückholservice bei ärztlicher Empfehlung (nicht nur, wenn „medizinisch notwendig") und die Erstattung hoher Bergungskosten, denn die Evakuierung eines Verletzten aus der Wildnis kann teuer werden. Stellen Sie außerdem eine kleine Reiseapotheke für unterwegs zusammen und beachten Sie ferner bitte unsere Gesundheitstipps auf S. 248.

Im Notfall vor Ort

Wer vor Ort medizinische Leistungen in Anspruch nimmt, muss die Kosten zunächst selbst begleichen und reicht nach Rückkehr die ausführliche Rechnung des Arztes bei der Versicherung ein. Auf der Rechnung müssen neben der Adresse des Rechnungsstellers der Name des Patienten, das Datum, die Behandlung und die Währung vermerkt sein. Bei stationärem Aufenthalt in einem Krankenhaus ist der Versicherer sofort zu informieren. In solchen Fällen werden die Kosten meistens direkt zwischen der Versicherung und dem Krankenhaus abgerechnet.

Um sich gegen solche unkalkulierbaren Kosten abzudecken, kann man sich zusätzlich für die Reisedauer bei einem lokalen Versicherer (**Flugrettungsdienst**) anmelden. In Malawi übernimmt MARS (Medical Air Rescue Service) die Bergung Verletzter mit firmeneigenen Kleinflugzeugen und Krankenwagen. Mitglieder können im Notfall eine Evakuierung per Funk oder Mobiltelefon anfordern. Info: www.medpages.co.za.

Die Reiseapotheke

Vorschläge zum Inhalt einer Notfallapotheke gemäß dem Bayerischen Gesundheitsamt

Beschwerden	Substanz (Medikament)
Fieber, Entzündung, Schmerzen	Paracetamol, Acetylsalicylsäure (Aspirin)
Insektenstiche	diverse Repellentien, Chlorphenoxamin-Creme
Kreislaufanregung	Etilefrin, Norfenefrin
Durchfall	Elektrolyt-Glukose-Präparate, Hefe-Präparate, Loperamid (Imodium)
Erbrechen & Übelkeit	Metoclopramid (Paspertin)
Bauchkrämpfe	Butylscopolamid
Augenentzündung	Tetrazyklin-Augentropfen
Harnwegsinfektionen	Antibiotika, Nieren-Blasen-Tee
Ohrenentzündung	Acetylsalicylsäure (Aspirin), Phenazon

Außerdem: kleine Schere, Sicherheitsnadeln, Rasierklinge, Fieberthermometer, Pinzette, Pflaster, Verbandszeug, Desinfektionsmittel, ggf. Allergie- und Magentabletten, ein Magnesiumpräparat, evtl. Einwegspritzen und alle Medikamente, die Sie regelmäßig einnehmen.

Wie man auf Reisen gesund bleibt

Essen & Trinken

Ein bekanntes Sprichwort zur Ernährung in tropischen Gefilden lautet: „Cook it, boil it, peel it – or leave it"; zu deutsch: „Was du nicht kochen oder schälen kannst, solltest du nicht essen". Mit dieser strikten Einstellung, die quasi alle frischen, nicht schälbaren Salate und Früchte verbietet, liegt man gewiss im sicheren Bereich. Aber so streng muss man es nicht angehen. Gründlich in sauberem Wasser gewaschene Lebensmittel dürfen in Malawi auch dann auf den Speisezettel, wenn sie sich nicht schälen oder vorher kochen lassen.

Wasser – Gefahrenquelle Nr. 1

Mindestens so vorsichtig wie beim Essen sollte man bei der Wahl des Trink- und Brauchwassers sein, weil man sich über verunreinigtes Wasser am schnellsten Krankheiten einhandeln kann. Leitungswasser sollte stets abgekocht bzw. durch Zugabe von Micropur-Pulver oder -Tabletten entkeimt werden. Für den täglichen Wasserbedarf wird in den Großstädten stilles Mineralwasser in handlichen Plastikflaschen verkauft, nicht jedoch auf dem Lande.

Ufer, Strand und Wasser

Man sollte sich angewöhnen, in Afrika **niemals barfuß** zu laufen. Zum einen kommen vereinzelt Sandflöhe vor, die zwar nicht gefährlich sind, aber lästig in der Ausheilung, wenn sie ihre Eier unter der Fußsohlenhaut ablegen. Außerdem riskiert man unliebsame Verletzungen durch Dornen etc.

Flussufer und Tümpel können theoretisch von **Krokodilen** bewohnt sein. Krokodilattacken auf Touristen sind glücklicherweise selten, doch allen Gewässern nähert man sich trotzdem mit Vorsicht, erkundigt sich evtl. bei den Einheimischen nach möglichen Wildtieren und badet dort nicht ahnungslos. **Flusspferde** sind seltener, stellen aber für Kanufahrer eine Gefahr dar, da sie mitunter Boote und Menschen angreifen, die sich ihrem Territorium nähern.

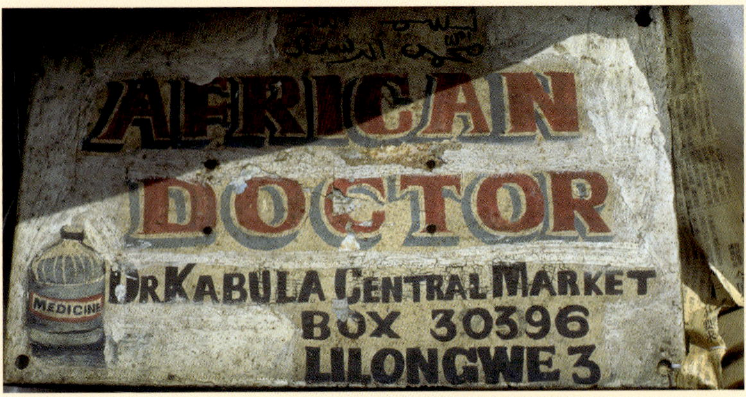

Reisekosten & Preisgefüge

Anreise

Die Flugpreise variieren je nach Saison und Fluggesellschaft enorm; hier lohnt es sich, in Reisebüros nach Sondertarifen zu fragen bzw. im Internet zu recherchieren. Im Durchschnitt kostet ein günstiger Flug in der Economy Class 800–1100 Euro. Die Treibstoffpreise betragen etwa 1,10 US$/L Diesel und 1,17 US$/L Benzin.

Pauschalangebote

Zweiwöchige Rundreisen ab/bis Lilongwe mit Unterkunft in Mittelklassehotels werden in Deutschland für etwa 2500 Euro pP angeboten. Alternativ lässt sich eine Tour mit einzelnen Bausteinen zusammenstellen. In Mzuzu werden z. B. günstige Campingsafaris zum Nyika NP angeboten. Ab vier Teilnehmern kosten vier Tage pro Person 460 US$. Sechs Nächte Inselhüpfen am Malawisee schlagen mit 1420 US$ pP zu Buche (Kayak Africa), und dreitägige Ausflüge ins Luangwatal sind ab 350 US$ pP zu haben (Kiboko Safaris). Der gleiche Anbieter hat auch eine einwöchige Nordmalawitour ab 800 US$ pP im Programm. Bei Land & Lake Safaris kosten die Rundreisen um 3000 US$, bei Malawian Style eine Woche im Süden Malawis die Hälfte. Zahlreiche Nationalparks lassen sich vor Ort auch als Tagesausflug buchen.

Unterkunft

Die in diesem Buch veröffentlichten Übernachtungspreise sind uns von den Hoteliers und Betreibern genannt worden. Zahlreiche Unterkünfte werden allerdings zeitweise über Buchungsportale im Internet wie Booking.com günstiger angeboten. Hier lohnen sich Preisvergleiche!

Einige Luxuslodges und Hotels praktizieren eine extrem gedehnte Preispolitik. Diese Hotels vergeben ihre Zimmer teilweise zu günstigen Raten an Reiseveranstalter, verlangen aber gleichzeitig bei Buchungsanfragen von Einzelreisenden deutlich höhere Preise. Dieser Umstand erschwert eine realistische Preisangabe ungemein. Wir empfehlen, insbesondere im Hochpreissegment genaue Preisvergleiche zwischen verschiedenen Anbietern anzustellen. Prüfen Sie außerdem, ob 17,5 % Surtax und 5 % Service Charge im Angebot enthalten sind oder noch zusätzlich berechnet werden.

Die meisten exklusiven Unterkünfte berechnen Ausländern (Foreigners) höhere Preise, während für die gleichen Leistungen Einheimische (Local Residents), im Land lebende Ausländer (Residents) und Besucher aus den Nachbarstaaten (SADC-Regional Residents) beträchtlich weniger bezahlen. Dieses diskriminierende Preismodell ist leider im Südlichen Afrika sehr weit verbreitet.

Einfachere Hotels, Campingplätze und Ferienhäuser haben meistens einheitliche Preise. In Nebensaisonzeiten, auch „Green Season“ genannt, und bei schwacher Belegung kann es vorkommen, dass die teuren Lodges auch Europäern eine Resident-Rate anbieten.

Unsere Preisangaben in diesem Buch

US$/DZpP:	Preis pro Person im Doppelzimmer
US$/EZ:	Preis pro Person im Einzelzimmer
US$/Nacht:	Preis pro Zimmer für eine Nacht

Exklusive Safaricamps sind in Malawi im Vergleich zu den Nachbarländern vielfach (noch) deutlich günstiger. Auch die Nebenkosten sind hierzulande sogar in guten Hotels und Camps gering, so kosten ein Glas Wein in einer Luxuslodge meistens nur etwa 2 Euro, Cocktails ab 3 Euro und ein Bier rund 1,50 Euro.

Ein Wort zu den **All-inclusive-Preisen** der Safarilodges: Diese beinhalten Vollpension inklusive der Getränke (auch Alkohol), Pirschfahrten und Ausflüge nach Wahl (die Regel sind zwei Aktivitäten pro Tag), teilweise auch die Transfers und die Parkeintrittsgebühren. Jedoch sollte man genau erfragen, was das jeweilige All-inclusive-Angebot abdeckt, denn es gibt große Unterschiede. Im Vergleich zu Vollpension-Preisen erscheint die Differenz mitunter recht hoch; hier lohnen sich Vergleiche.

Oben: Ein typisches Mittelklassechalet am Malawisee

Malawis Währung

Wechselkurse bei Redaktionsschluss

1 Euro = 905 MK
1 US$ = 735 MK
1 Euro = 1,23 US$
1 US$ = 0,81 Euro

Oben: Ein Landrover und der Kasungu Nationalpark zieren die 50-Kwacha-Note

Die Währungseinheit ist der Malawische Kwacha. 1 MK entspricht 100 Tambala. Aufgrund des Geldwertverfalls werden Tambala-Münzen nicht mehr verwendet. Seit 2012 sind neue Banknoten im Umlauf mit den Werten 20, 50, 100, 200, 500 und 1000 Malawi Kwacha; Ende 2016 kam eine 2000-Kwacha-Banknote hinzu. Die Noten zeigen auf der Vorderseite historische Persönlichkeiten und auf der Rückseite Bauwerke und die heimische Natur.

Anerkannte Devisen & Zahlungsmittel

Devisen (Bargeld)

US-Dollar sind überall die begehrteste Währung. Im Süden Malawis ist auch der südafrikanische Rand bekannt. Der Euro wird von Banken und Wechselstuben in Touristenzentren anerkannt.

Malawi kämpft seit Jahren mit sehr hoher Inflation. Hochwertige Unterkünfte stellen ihre Rechnungen daher bevorzugt in US-Dollar aus, an den sich die einheimische Währung orientiert.

Nationalparkgebühren kann man wahlweise in US$ oder in der Landeswährung bezahlen. Bei Zahlung in US$ bekommt man allerdings häufig Kwacha als Wechselgeld zurück.

Wir empfehlen, die Bargeldbeträge der Reisekasse in US$ und Euro aufzuteilen (ein größerer Anteil in US$), um für alle Eventualitäten gerüstet zu sein. Doch Vorsicht: US-Dollar-Noten aus älteren Druckjahrgängen (bis 2009) werden aufgrund der vielen Fälschungen zunehmend unbeliebter und teilweise nicht mehr angenommen. Außerdem werden Noten mit kleinen Werten bis 20 US$ abgelehnt oder nur zu einem schlechteren Wechselkurs angenommen. Also: Möglichst mit neueren Scheinen (ab 2010) in den Stückelungen 50 US$ und 100 US$ reisen!

Kreditkarten

Die Akzeptanz von Kreditkarten ist in Malawi hoch. Bevorzugt werden VISA und Mastercard, selten American Express. Mit einer Kreditkarte kann man in den besseren Hotels, Reise- und Mietwagenagenturen, diversen Boutiquen, Kunstgalerien, modernern Einkaufszentren und zahlreichen Restaurants der Großstädte bezahlen. Nicht jedoch an allen Tankstellen, an Nationalparkzugängen, in kleineren Supermärkten und in den Unterkünften und Restaurants der Kleinstädte oder in der Wildnis. Einige Hotels verlangen außerdem bis zu 5 % Zuschlag bei Kreditkartenzahlung.

Mit einer Kreditkarte **Bargeld abzuheben**, wird immer einfacher. In Städten und touristischen Zentren weitet sich das Netz der Geldautomaten (ATM-Schalter) kontinuierlich aus, vor allem in den modernen Einkaufszentren. Allerdings hat die Sache auch einen Nachteil: Meistens wird der Maximalbetrag pro Transaktion beschränkt, z. B. auf 10 000 Kwacha bei einigen Filialen der National Bank. Größere Geldsummen sollte man daher auch anderweitig besorgen können. Außerdem sollte man sich nie ausschließlich auf ATM-Schalter verlassen – sonst hat man bei einem „Out of Order“-Signal wegen Stromausfall schnell ein Problem.

Geldwechsel vor Ort

Standard Bank, National Bank of Malawi und Barclay's Bank sind am besten auf den Devisenumtausch eingerichtet, in Sachen Kompetenz und Gebühren stechen sie die anderen Banken üblicherweise aus. In größeren Städten und touristischen Regionen wird der Geldumtausch zügig abgewickelt, im wenig besuchten Landesinneren kann sich daraus allerdings auch eine längere Aktion entwickeln. Stromausfälle oder fehlender Kontakt zur Zentrale, um die aktuellen Wechselkurse zu erfahren, können das Vorhaben bei kleinen Filialen erheblich verzögern.

Mit der rasanten Zunahme von Geldautomaten gibt es heute sehr viel weniger Wechselstuben als noch vor einigen Jahren.

Bei Verlust der Kreditkarte

Kreditkarten kann man weltweit sperren lassen unter Tel. +49-116116

Handeln um Preise

Dass man Preise aushandelt, kommt heute praktisch nur noch an Souvenirständen vor; alles andere wird mit Festpreisen abgerechnet

Oben: Einführung der 2000-Kwacha-Banknote

Einreisebestimmungen

Seit Oktober 2015 besteht in Malawi Visapflicht. Touristenvisa werden direkt bei der Einreise am Immigration-Schalter ausgestellt. Für einen Aufenthalt bis zu drei Monaten mit einmaliger Einreise werden 75 US$, bei mehrmaliger Einreise innerhalb von sechs Monaten 150 US$ und innerhalb von 12 Monaten 250 US$ erhoben. Ein Transitvisum bis sieben Tage Aufenthalt kostet 50 US$. Man sollte den Betrag passend dabei haben.

Reisende können die Visa auch vor Reiseantritt über die Botschaft in Berlin beantragen (Schweizer bei der Botschaft in Brüssel). Die Visakosten können dann allerdings variieren; meistens sind sie dort teurer als an den Landesgrenzen. Auch ein elektronisches System zur Visaerteilung und Bezahlung ist seit längerem geplant.

Der Reisepass muss bei Einreise noch mindestens 6 Monate gültig sein. Bei der Einreise wird stets nur eine Aufenthaltsbewilligung für 30 Tage erteilt, die nach Ablauf zweimal um weitere 30 Tage beim Immigration Department in Lilongwe, Blantyre, Zomba oder Mzuzu verlängert werden kann.

Unten: Bawo (auch Bao genannt) ist ein sehr beliebtes Brettspiel in Malawi. Zwei Spieler spielen mit 64 Kugeln (meistens Saatkörnern) auf einem polierten Brett mit 32 Mulden

Malawis diplomatische Vertretungen in Europa

Botschaft der Republik Malawi
Konsularabteilung, Westfälische Str. 86, 10709 Berlin, Deutschland.
Tel. 030-8431540, Fax 84315430, E-Mail: berlin@malawi-embassy.de, www.malawiembassy.de.
Öffnungszeiten: Mo–Do von 9–12.30 Uhr und 13–16 Uhr, Fr von 9–14 Uhr.
Die Botschaft ist auch zuständig für Österreich.

Konsulat der Republik Malawi in Zürich
Herr Ulrich Meyer, Dolderstraße 102, 8032 Zürich, Schweiz.
Tel: ++41-43-8170582, Fax 8170583, E-Mail: info@malawi.ch.

Botschaft der Republik Malawi
Ave. Herrmann-Debroux 46, 1160 Brussels, Belgien.
Tel: +32-2-2310980, E-Mail: embassy.malawi@skynet.be, www.embassymalawi.be.
Öffnungszeiten: Mo–Do von 9–13 Uhr und 14–17 Uhr, Fr von 9–14 Uhr.

Auswärtiges Amt Berlin
Werderscher Markt 1, 11013 Berlin
Tel. 03018-170, Fax 03018-173402
www.auswaertiges-amt.de

Das Auswärtige Amt schreibt:
„Reisenden wird empfohlen, jederzeit eine Kopie des Reisepasses und des Visums bzw. der gültigen malawischen Aufenthaltsgenehmigung bei sich zu führen. Der Nachweis des legalen Aufenthalts in Malawi wird regelmäßig bei den auf allen Überlandstraßen errichteten „road blocks“ (Straßensperren mit Polizeikontrollen) verlangt.“

Europäische diplomatische Vertretungen in Malawi

Botschaft der Bundesrepublik Deutschland
Convention Drive, Capital City, Lilongwe 3, Malawi. Tel. +265-1-772555, Fax 770250, Notfall-Tel. 0999-950015 und 0884-511910, E-Mail: info@lilongwe.diplo.de, www.lilongwe.diplo.de.
Öffnungszeiten: Mo–Do von 8–16.30 Uhr, Fr von 8–12.30 Uhr.

Konsulat der Schweiz
Das Konsulat in Lilongwe ist derzeit unbesetzt. Zuständig ist die Botschaft in Harare / Zimbabwe:

Botschaft der Schweiz
9 Lanark Road, Belgravia, Harare, Zimbabwe. Tel. +263-24-2703997, +263-772-560440, E-Mail: har.vertretung@eda.admin.ch und southernafrica@eda.admin.ch, http://www.eda.admin.ch/harare.

Honorarkonsulat der Republik Österreich
Herr Bruno Kloser, off Chikwawa Road (nahe Moneyman Club), Plot BC 1033, Blantyre. Tel: +265-1-795972, Fax 795978, E-Mail: austria@nyassa.mw, http://nyassa.mw/31/.
Öffnungszeiten: Mo–Fr von 8–17 Uhr.
Für Dinge, die über die Kompetenzen des Honorarkonsulats hinausgehen, ist die Botschaft in Kenia zuständig:

Botschaft der Bundesrepublik Österreich
Limuru Road 536, Muthaiga, Nairobi, Kenya. Tel: +254-20-4050022, Fax 4060025, E-Mail: nairobi-ob@bmeia.gv.at, www.aussenministerium.at/nairobi.
Öffnungszeiten: Mo, Mi und Do von 9–12 Uhr.

Die persönliche Sicherheit auf Reisen

Malawi gilt als sicheres Reiseland mit einer ausgesprochen gastfreundlichen Bevölkerung. Dennoch gibt es auch Risiken, denen Reisende in Malawi ausgesetzt sind. Der unauffällige Gelegenheitsdiebstahl ohne Gewaltandrohung, ein unbemerktes Verschwinden von Hab und Gut, ist die häufigste Form der Schädigung. Für die meisten Malawier scheinen alle Touristen steinreich zu sein. Schon der Umstand, sich eine Reise um die halbe Welt um des Reisens Willen leisten zu können, weist hier jeden Touristen als sehr wohlhabend aus. Allein die Summe, die ein Tourist bei sich hat, ist mehr Geld, als die meisten Einheimischen verdienen. Es ist also vollkommen unsinnig zu glauben, dass man als Jugendlicher mit alten Klamotten und einem schmalen Reisebudget weniger zur Zielscheibe potentieller Diebe wird, als ein Gast in der Luxuslodge. Seien Sie sich bewusst, dass Sie auffallen, wo immer Sie auftauchen und möglicherweise Begehrlichkeiten wecken, um diesen durch umsichtiges Verhalten vorzubeugen. Touristen sind weltweit leicht erkennbare und ziemlich gut kalkulierbare Opfer, denn sie sind in der Regel ortsunkundig, häufig gutgläubig und fast immer unbewaffnet.

Vor allem im Gedränge auf Bushaltestellen und Märkten ist oberste Vorsicht vor geschickten Langfingern geboten. An den Bushaltestellen haben Rucksackreisende meistens ihr gesamtes Gepäck dabei und können sich in dieser Situation nur durch Aufmerksamkeit und vorausschauendes Verhalten schützen. Auch typische Touristenecken erhöhen das Risiko, Opfer von Taschendiebstahl zu werden. Ferner kommt es vor, dass bei Schnorchelausflügen am Malawisee die Bootsführer das Gepäck der Touristen durchwühlen, während diese die Unterwasserwelt

Oben: Gegenverkehr im Majete Wildreservat. Unfallgefahr besteht hier eher nicht, so langsam wird gefahren

bestaunen. Davor schützt man sich, indem man keinerlei Wertsachen auf den Ausflugstrip mitnimmt. Steht ein Hotelsafe zur Verfügung, verwahrt man dort alle Dokumente und die größeren Geldbestände. Wer seine Wertsachen mit sich führen muss, sollte diese direkt am Körper tragen. Dazu eignen sich Bauchgurte und Brustbeutel. Man kann das Geld auch in mehrere Einzelposten aufteilen. Auf keinen Fall darf man sein Versteck in der Öffentlichkeit zeigen. Deswegen hält man stets eine Geldbörse bereit mit ausreichend Geldmitteln für den Tag. Sollte diese gestohlen werden, ist der Verlust nicht allzu hoch. Alle verzichtbaren Wertsachen bleiben sowieso lieber zu Hause, denn sie haben auf Reisen in Afrika nichts verloren.

Raubüberfälle mit Gewaltandrohung kommen glücklicherweise ausgesprochen selten vor. Man sollte sich trotzdem angewöhnen, in Großstädten wie Lilongwe und Blantyre abends und nachts nicht mehr unterwegs zu sein, vor allem nicht zu Fuß. Ferner meidet man strikt einsame Wanderungen, besonders in Senga Bay, Nkhata Bay und Cape Maclear. Einsame Wanderer sind vereinzelt in der Vergangenheit auch auf dem Zomba Plateau und der Serpentinenstraße zur Livingstonia Mission belästigt und beraubt worden.

Wer jemals Opfer eines Raubangriffs wird, sollte sich sofort bereitwillig von seinen Wertsachen trennen. „Lieber fünf Minuten lang ein Feigling als ein Leben lang tot" lautet ein weises Sprichwort. Wer in solchen Fällen vorgesorgt hat, die Wertsachen am Körper trägt und griffbereit einen einigermaßen gefüllten Geldbeutel aushändigen kann, hat gute Chancen, nur den Geldbeutel mit einer verschmerzbaren Geldmenge zu verlieren. Vorsichtige Autofahrer verschließen Türen und Fenster bei Fahrten innerhalb der Großstädte und stellen ihr Fahrzeug auch grundsätzlich nirgends unbewacht ab. In allen Großstädten muss man einen wirklich sicheren Parkplatz finden oder lässt das Auto nicht unbewacht zurück. So sehr der Rucksacktourist auf seinen Bauchgurt und Rucksack aufpassen muss, hat der Autofahrer eben sein Fahrzeug zu hüten.

Verkehrsunfälle: Wer mit einem Auto unterwegs ist, legt am besten die deutsche Mentalität ab, sein Recht durchsetzen zu wollen. Hier hat das größere und stärkere Fahrzeug Recht. In Zweifelsfall ist die missachtete Vorfahrt schließlich viel weniger schlimm als ein Unfall, den man hätte vermeiden können.

Was das eingangs angedeutete Vermeiden von Begehrlichkeiten angeht, ist als **Verhaltensregel** für alle Situationen zu verstehen. Man protzt nicht mit seinen Werten, zeigt nicht freizügig prall gefüllte Geldbeutel oder edle Kameraausstattungen herum.

Lieber verstaut man die teure Kamera in einer unauffälligen Stofftasche, die Unkundigen nicht den Wert des Geräts vermittelt.

Kriminologen wissen längst, dass es einen bestimmten **Opfertypus** gibt, der Gewaltdelikte magisch anzuziehen scheint, während andere Personen sicher und unbelästigt gleiche Situationen erleben können. Potentielle Opfer wirken unsicher, ängstlich und schwach. Für den Reisenden heißt dies, sich möglichst immer zuversichtlich und selbstbewusst zu geben. Man strahlt aus, die Situation im Griff zu haben. Vor allem alleinreisende Frauen sollten sich dieses Verhalten zu eigen machen.

Die persönliche Sicherheit kann natürlich auch durch **eigenes Fehlverhalten** beeinträchtigt werden. Beim Reisen in unterentwickelten Ländern sollte man immer im Gedächtnis behalten, wie verheerend z. B. ein Sportunfall enden kann. Tauchen, Klettern und Motorrad fahren ist nur etwas für Geübte! Anfängererfahrungen macht man lieber zu Hause, wo etwaige Unfälle sachgerecht behandelt werden können. Selbst harmlose Unfälle beenden rasch eine lang ersehnte und teure Fernreise. Bitte beachten Sie, dass der Malawisee kein Planschbecken ist, das ungetrübte Badefreuden garantiert. Unfälle mit Krokodilen und Flusspferden sind zwar selten, dennoch ist Vorsicht geboten. Fernhalten sollte man sich außerdem generell von Demonstrationen oder politischen Kundgebungen aller Art.

United Global Peace Index 2017

Von 162 Ländern liegt Malawi an 48. Stelle in der Liste der „friedlichsten Länder der Welt“

(Südafrika liegt nur auf Platz 123 und die USA auf Platz 114)

In die Rubrik „Fehlverhalten“ gehört auch der Drogenkonsum. Besitz, Handel und Konsum von **Drogen** sind illegal. Dennoch können sich Interessierte Marihuana u. ä. an einigen Stränden entlang des Malawisees beschaffen. Wer jedoch erwischt wird, hat die Aussicht auf einen langen Aufenthalt im afrikanischen Knast und nur wenig Hilfe seiner Botschaft zu erwarten.

Alles in allem empfinden wir persönlich das Reisen in Malawi als sicher. Wer sich an bestimmte Sicherheitsvorkehrungen hält, stets mit offenen Sinnen reist und sich auch nicht scheut, auf den eigenen Instinkt zu vertrauen, der wird mit großer Wahrscheinlichkeit unbeschwert durch Malawi reisen.

Oben: In der Kara O'Mula Country Lodge warnt ein Schild Damen in Stöckelschuhen vor der Unfallgefahr auf den Holzplanken; Feuerschutz wird ernst genommen

Rechts: Auf dem Land bewähren sich robuste Fahrzeuge

Anreise

Fluganreise

Die meisten Reisenden fliegen nach Malawi. Da es keine direkten Nonstop-Flüge zwischen Europa und Malawi gibt, sind Umsteigeverbindungen nötig, z. B. über Johannesburg, Nairobi oder Addis Abeba. Die Preise für einen Hin- und Rückflug liegen in der Economy-Class bei 800–1100 Euro.

Anreise auf dem Landweg

Von Sambia

Es gibt mehrere Grenzen zwischen Sambia und Malawi, von denen die Mwimi Border bei Chipata/ Mchinji (S. 89) und die Lusuntha Border Post bei Lundazi (S. 115) die einfachsten sind (Visa sind erhältlich). Bei beiden wird mitunter ein Gelbfieberimpfnachweis verlangt, obwohl Sambia nicht mehr als Gelbfieberland geführt wird.

Es gibt zahlreiche Busverbindungen zwischen Lilongwe und Lusaka, die Fahrzeit beträgt etwa zehn Stunden. Zur Grenze nach Lundazi fahren auf malawischer Seite außer sporadischen Sammeltaxis keine öffentlichen Verkehrsmittel. Die Grenzposten Chiri/Katumbi und Nakonde-Nyala/Chitipa sind so abgelegen, dass sie sich nur für abenteuerlustige Autofahrer eignen. Die malawischen Grenzposten in Katumbi und Chitipa sind häufig unbesetzt; Zoll und Immigration sind dann in Mzuzu zu erledigen.

Von Mosambik

Per Bus: Einzige Grenzstation zwischen Malawi und Mosambik, die von Fernstreckenbussen bedient wird, ist Mwanza/ Zóbuè. Minibusse fahren außerdem zu den Grenzübergängen Dedza/Ulongwe, Mulanje/ Milange, Nayuchi/Entrelagos und Chipote/ Mandimba. Bei allen Grenzen muss man die Grenze zu Fuß überqueren und anschließend ein neues Sammeltaxi ergattern. Malawis südlichste Grenze in Nsanje/Vila Nova da Fronteira eignet sich nur für Selbstfahrer, weil hier kaum Verkehr existiert.

Per Schiff: Eine mögliche Anreisevariante über den Malawisee bietet das Linienschiff M. V. Ilala auf seinen wöchentlichen Fahrten zwischen Monkey Bay und dem Norden des Sees. Dabei läuft die Ilala auch die Inseln Likoma und Chizumulu und die mosambikanische Ortschaft Metangula an. Fahrplan: siehe S. 263.

Von Tansania

Die einzige Landesgrenze nach Tansania liegt bei Mwandenga/Songwe Bridge am Nordende Malawis, 127 km südlich von Mbeya, und sie wird mit Minibussen angefahren. Bei der Einreise wird meistens ein Gelbfieberimpfnachweis verlangt. Von der Grenze fahren Minibusse nach Karonga (50 km, siehe auch S. 136). Zwischen Tansania und Malawi besteht eine Stunde Zeitdifferenz.

Von Zimbabwe (und Südafrika)

Malawi grenzt weder an Zimbabwe noch an Südafrika, doch bestehen regelmäßige direkte Busverbindungen zwischen diesen Ländern. Die beste Fernverbindung zwischen Südafrika und Malawi bieten die Busse von Intercape (Tel. +27-21-3804400, E-Mail: info@intercape.co.za, http://www.intercape.co.za). Sie bieten tägliche Verbindungen von Johannesburg nach Lilongwe (und Mzuzu) und nach Blantyre (und Mangochi). Fahrpreis pro Strecke ab 80 Euro.
Info & Reservierung in Lilongwe: Tel. 0881-433638 und 0999-403398, in Blantyre: Tel. 099-876238.

Anreise mit einem Fahrzeug

Der Fahrer muss zusätzlich zum nationalen einen **Internationalen Führerschein** mit sich führen.

Als **Zolldokument** wird bei ausländischen Fahrzeugen das **Carnet de Passages**, das der ADAC in München ausstellt, anerkannt. Bei einem Mietwagen, oder wenn kein Carnet vorliegt, benötigt man einen Internationalen Zulassungsschein, mit dem man sich beim Zoll an der Grenze eine zeitlich limitierte Importlizenz für das Fahrzeug ausstellen lässt, die „**Temporary Import Permit**“ (TIP) heißt und derzeit 10 000 MK kostet. Wer kein malawisches Geld hat, kann diese Gebühr in US$ bezahlen.

Zudem fällt eine Straßenbenutzungsgebühr für ausländische Fahrzeuge an. Diese **Road Access Fee** beträgt pauschal 20 US$ pro Privatfahrzeug. Für Commercial Cars, worunter manchmal auch mit einem Lkw reisende Touristen fallen, wird eine gesonderte Gebühr erhoben, deren Höhe sich nach der geplanten Fahrtstrecke innerhalb Malawis richtet. Betroffene sollten deshalb als Reiseziel nur kurze Fahrstrecken angeben, z. B. von Mchinji nach Lilongwe anstelle von Mchinji nach Karonga.

Ferner ist eine **Haftpflichtversicherung** (Third Party Insurance) abzuschließen. An den Hauptgrenzen sind Agenten der Versicherungsgesellschaften stationiert. Eine 30 Tage gültige Haftpflichtversicherung kostet an der Grenze ca. 25 Euro für Pkws, 30 Euro für Geländewagen und 40 Euro für Minibusse. Sog. „Commercial Cars“ sind erheblich teurer. Landcruiser und Minibusfahrer erreichen manchmal erst nach längerer Diskussion die Einstufung als Privatfahrzeug (hartnäckig bleiben!). Reisende, die mehrere Länder bereisen, können alternativ vorab eine COMESA-Versicherung (auch Yellow Card genannt) für mehrere COMESA-Staaten abschließen, die bei 30 Tagen Gültigkeit ca. 9–12 Euro pro Land kostet. Versicherungsgebühren sind nach Gewichtsklassen gestaffelt und in einheimischer Währung zahlbar. Die Gebühren an den Grenzfilialen sind höher als bei den städtischen Versicherungsbüros. Kleine Grenzposten haben keine Versicherungsagenten vor Ort. Als Autofahrer muss man unverzüglich in der nächstgelegenen Zweigstelle eine Versicherung besorgen (strenge Kontrollen).

Mietwagenfahrer sollten unbedingt vorab mit dem Vermieter abklären, ob die Einreise nach Malawi überhaupt gestattet und versichert wird. Der Vermieter muss dafür die Zollpapiere, eine Einverständniserklärung (Letter of Authorization), die Internationale Zulassung und etwaige Versicherungsunterlagen aushändigen, damit der Grenzzöllner bei der Einreise das Temporary Import Permit ausstellen kann.

Transport vor Ort

Flugverbindungen

Die nationale Fluggesellschaft **Malawian Airlines** bedient die Flughäfen in Karonga, Mzuzu, Likoma Island, Salima, Lilongwe, Club Makokola / Mangochi und Blantyre (www.malawian-airlines.com).

Ulendo Airlink (www.flyulendo.com) ist eine Privatgesellschaft von Ulendo Safaris, die Lilongwe mit touristischen Destinationen wie Likoma Island, Liwonde NP, Majete WR, dem Southern Lakeshore und sogar Mfuwe im sambischen Luangwatal verbindet.

Die Charterfluggesellschaft **Bush & Lake Aviation** (www.bla.mw) von Robin Pope Safaris hat ein vergleichbares Angebot.

Busverbindungen

Das Busnetz innerhalb Malawis ist relativ dicht. Weil das breite Angebot vornehmlich von einem Großteil der Bevölkerung genützt wird, herrscht starker Andrang. Unter den verschiedenen Busunternehmen Malawis nimmt **Axa Coach Services** (Tel. 01-820100, E-Mail: axa@axamalawi.com, www.axacoach.com) mit Zweigstellen in Lilongwe (siehe S. 88), Blantyre (siehe S. 180), Mzuzu (S. 117), Salima und Karonga einen dominierenden Rang ein. Hier stehen verschiedene Transporttypen zur Auswahl. In den komfortabelsten „Executives", die für rund 16 Euro nonstop zwischen Lilongwe und Blantyre verkehren, sind Sitzplatzreservierung, Toiletten, Klimaanlage und Softdrinks während der Fahrt selbstverständlich. Einfacher und preiswerter sind die „City Trouper". Sie befahren ganz Malawi bis in den Norden und stoppen unterwegs in größeren Städten. Axa-Busse sollte man in den Zweigstellen stets vorreservieren.

Ingwe-Busse fahren fast täglich mehrfach zwischen Lilongwe und Blantyre: Lilongwe, ab Kalikuti Hotel, Tel. 01-726899 und Blantyre, ab Blantyre Lodge, Tel. 01-822313.

Darüber hinaus fahren die einfacheren **Ulema**-Busse und im Süden des Landes Minibusse von C. Z. Tours. Landesweit werden die Sammelbusse zunehmend von Sammel-Pkws ersetzt.

Die **National Bus Company** verfügt über einfache, ältere Überlandbusse, die wie Sammeltaxis erst dann losfahren, wenn sie voll belegt sind. Regionalstrecken im Hinterland werden zumeist nur mit solchen Bussen und privaten Sammeltaxis befahren. Abfahrts- und Ankunftszeiten sind flexibel, einen Sitzplatz muss man sich erst mühsam erobern, klimatisiert sind die Fahrzeuge auch nicht, aber die Preise dafür deutlich niedriger.

Buchungsbüros der Reederei

Malawi Lake Services: Ilala-Bookings, Monkey Bay. Tel. 01-587361, 587411, Fax 587309, E-Mail: ilala@malawi.net und mary.zulu@msc.mw.

Malawi Shipping Company: Nasra House, City Center, Lilongwe 3. Tel. 01-773738/9, Fax 773735/6.

Ulendo Safaris: siehe S. 88.

Schiffsverkehr auf dem Malawisee

Das Linienschiff **M.V. Ilala** fährt seit 1951 wöchentlich von Monkey Bay bis in den Norden des Sees und läuft unterwegs nach festem Fahrplan elf Häfen und in beiden Fahrtrichtungen auch die Insel Likoma an. Die Ilala stellt für viele Fischerdörfer entlang der Nordküste die einzige Verbindung zur Außenwelt dar. Das Schiff kann 100 Tonnen Fracht und bis zu 450 Passagiere aufnehmen, und fast immer ist es auch berstend voll mit Menschen, Tieren und Gepäck.

An Bord werden verschiedene Klassen angeboten: Eco, Second, First und die Cabin Class. Die Fahrpreise beginnen mit 2,50 bis 12 US$ pro Strecke und steigen in der Owner's Cabin auf 42 bis 120 US$.

Am günstigsten reist man in der Economy-Klasse, hat dann aber keinen Zugang zum Deck und muss sich seinen Sitzplatz selbst erkämpfen. Die sechs Standardkabinen verfügen jeweils über zwei Betten, ein Waschbecken und gemeinsame Duschen/Toiletten. Die schönste Kabine an Bord, die Owner's Cabin, bietet eine privilegierte Aussicht und ein eigenes Bad. Luxus sollte man nicht erwarten, doch eine vernünftige Verpflegung, ein großes Sonnendeck mit einer Bar, ein Salon und saubere, zweckmäßige Kabinen gehören zur Ausstattung.

Die wenigen Kabinen sind immer stark gebucht, eine frühzeitige Reservierung ist daher unbedingt anzuraten. Dafür stehen zwei Adressen zur Verfügung: entweder direkt bei der Reederei in Monkey Bay und Lilongwe oder bei Ulendo Safaris in Lilongwe, einem offiziellen Agenten für die Ilala. Alle Fahrpreise werden in Malawi-Kwacha abgerechnet. Sollten alle Kabinen belegt sein, besteht noch die Möglichkeit auf den Bänken des Oberdecks zu nächtigen.

Weitere Mitfahrgelegenheiten

Die kleinere **M.V. Chambo**, ein Frachtschiff, das 2013 seinen Dienst aufnahm, verkehrt wöchentlich zwischen Malawi und Mosambik und läuft dabei turnusmäßig die malawischen Häfen Makanjira, Senga Bay, Chipoka, Likoma Island, Nkhata Bay und Chizumulu sowie die mosambikanischen Häfen Metangula, Meponda und Chiwindi an. Fahrplan: http://www.malawitourism.com/downloads/ILALACHAMBO%20ADDITIONAL.pdf

2014 kam die kleinere **M.V. Lamani** hinzu und 2015 folgte die **M.V. Chilembwe**, zwei Motorschiffe, die beide ein bis zwei Mal wöchentlich zwischen Nkhata Bay und Likoma pendeln.

Vorsicht: Die Ankunfts- und Abfahrtszeiten (siehe rechts) ändern sich relativ häufig aufgrund von Ladeverzögerungen, zeitraubenden Reparaturen und anderen Unwägbarkeiten.

Bitte bedenken: Der Malawisee ist berüchtigt für mitunter plötzlich auftretende Stürme, die den See in ein unruhiges Gewässer mit meterhohen Wellen verwandeln und viele Reisende seekrank werden lassen. Die ruhigsten Monate sind tendenziell von März bis Mai.

Fahrplan der M. V. Ilala

Hafen	Tag	Ankunft	Abfahrt
Monkey Bay	Freitag		8.00
Makanjira	Freitag	11.00	12.00
Senga Bay	Freitag	13.30	14.30
Nkhotakota	Freitag	21.30	23.00
Likoma	Samstag	10.30	17.00
Chizumulu	Samstag	18.30	20.30
Nkhata Bay	Samstag	24.00	
Nkhata Bay	Sonntag		5.00
Usisya	Sonntag	8.00	9.00
Ruarwe	Sonntag	10.00	10.30
Tcharo	Sonntag	11.30	12.30
Mlowe	Sonntag	14.00	14.30
Chilumba	Sonntag	17.30	
Chilumba	Montag		2.30
Mlowe	Montag	5.30	6.00
Tcharo	Montag	7.30	8.00
Ruarwe	Montag	9.00	9.30
Usisya	Montag	10.30	11.30
Nkhata Bay	Montag	14.30	
Nkhata Bay	Dienstag		1.30
Chizumulu	Dienstag	5.30	7.30
Likoma	Dienstag	9.00	15.00
Nkhotakota	Dienstag	22.00	
Nkhotakota	Mittwoch		5.00
Senga Bay	Mittwoch	12.00	13.30
Makanjira	Mittwoch	15.00	17.00
Monkey Bay	Mittwoch	20.00	

Donnerstags ankert die Ilala in Monkey Bay

Rechts: Beladung der M. V. Ilala im Hafen von Monkey Bay

Praxistipps für den Alltag in Malawi

Reiseerfahrung in Südafrika und Namibia verleitet gerne dazu, sich afrikaerfahren zu fühlen. Dabei werden die gravierenden kulturellen Unterschiede und geografischen Entfernungen der afrikanischen Länder oft nicht in Betracht gezogen. Deshalb möchten wir Ihren Blick einmal auf die Landkarte Afrikas lenken. Kaum ein Tourist ist sich bewusst, dass die Entfernung von Paris nach Moskau (2487 km) kürzer ist als die von Kapstadt nach Lilongwe (2708 km). Und die Strecke von Windhuk nach Nacala in Mosambik in etwa der von Hamburg bis nach Damaskus entspricht. Niemand kommt hierzulande auf die Idee, wenn er viele Male in Frankreich gereist ist, seine dortigen Erfahrungen und seine Erwartungen automatisch auf Moskau oder die Tundra übertragen zu können. Und dass Hauptstädte im Nahen Osten ein anderes Reiseverhalten erfordern als ein Städtetrip in Hamburg wird auch jedem verständlich. Doch in Afrika fällt diese Erkenntnis vielen schwer.

Unser Anliegen ist deshalb, Sie mögen unvoreingenommen bleiben und nicht der Versuchung erliegen, Malawi mit Südafrika oder Namibia gleichzusetzen. Was dort vielleicht selbstverständlich ist, z. B. überall fließendes Wasser, reparierte Straßen, verbindliche Aussagen bei den Behörden und eine nahtlose Treibstoffversorgung, das mag hier ganz anders ablaufen. Lassen Sie sich überraschen!

Wenn Sie mit offenen Ohren und Augen auf die Menschen zugehen, werden diese Sie immer wieder in Erstaunen versetzen. Sie werden vermeintliche Widersprüche entdecken und Dinge, die Sie für unmöglich halten. Sie begegnen der Armut und Menschen, die trotzdem strahlen und lachen. Sie können sich die Haare raufen über den Gleichmut, mit dem die Menschen Wälder abbrennen oder wertvolle Straßenbaumaschinen, die vielleicht nur einen Platten haben, vor sich hin rosten lassen. Gleichzeitig aber werden Sie die afrikanische Fähigkeit bewundern, mit bloßen Händen in die Glut des Lagerfeuers zu fassen oder fieberkrank viele Kilometer weit zum nächsten Krankenhaus zu laufen. Sie können an der Frage verzweifeln, warum in Afrika Wasserhähne schon mal quer eingebaut und Schlaglöcher einfach mit Teer ausgepinselt anstatt aufgefüllt werden, aber Sie werden über andere Dinge schmunzeln. Und bestimmt werden Sie auch nachdenklich, wenn Sie die geballte Lebensfreude und verhaltene Neugier in den Kinderaugen sehen.

Bitte berücksichtigen Sie, dass Afrikaner ein anderes, in mancher Hinsicht freieres Verhältnis zur Zeit haben als wir Mitteleuropäer. Vermeiden Sie außerdem belehrende politische Diskussionen und versuchen Sie lieber, durch Fragen und Zuhören neue Dinge zu erfahren.

Links: Welcome Drinks in der Tongola Lodge
Rechts: Freiluftmetzgerei

Kleiner Knigge für Malawi

Jenseits der Safarigebiete und Badestrände ist **ordentliche Kleidung** ein Zeichen des Respekts gegenüber dem Gastland. Offenkundig wohlhabende Touristen – denn wer sich einen Urlaub leisten kann, ist für Afrikaner reich – in zerrissener, verdreckter oder nachlässiger Kleidung werden mit Unverständnis zur Kenntnis genommen. In der afrikanischen Gesellschaft ist es üblich, die persönliche wirtschaftliche oder soziale Stellung mit sichtbaren Attributen zu unterstreichen; durchaus auch, um sich als gebildeter oder erfolgreicher Bürger von der großen Masse abzusetzen. Ein Schullehrer, Arzt oder Staatsbeamter wird also stets auf eine tadellose Erscheinung Wert legen. Lumpen sind hier etwas für Bettler und Arme; wer es zu etwas gebracht hat, zeigt dies mit sauberer, modischer Kleidung. Deshalb ist den Menschen ein allzu lässiges Auftreten von Touristen unbegreiflich.

Frauen stoßen darüber hinaus auch an gesellschaftliche Kleidergrenzen. Zwar sind nackte Arme und Schultern völlig unproblematisch, dafür sollten die Beine einer Frau bis zum Knie bedeckt sein. Es bringt Ausländerinnen, die sich nicht an diese Kleiderordnung halten, nirgendwo in Bedrängnis oder peinliche Situationen, vielmehr haben sich die Menschen an Touristinnen in Safarishorts gewöhnt, empfinden die „Nacktheit" aber als unpassend.

Ein Tabu sind **Zärtlichkeiten** zwischen Mann und Frau in der Öffentlichkeit. Eng umschlungene Touristenpaare fallen auf, wirken in der afrikanischen Kultur unanständig. Wenig Anstoß erregt dagegen, wenn befreundete Männer (keine Homosexuellen) Händchen halten. Homosexuelle und Lesben leben in Afrika weitgehend inkognito, da sie gesellschaftlich nicht anerkannt werden. Politik und Gesellschaft empfinden die gleichgeschlechtliche Liebe noch als höchst peinliche (und mitunter sogar als ansteckende) Krankheit.

Fotografieren: In manchen Regionen stellen sich die Menschen begeistert in Pose, um mit auf das Bild zu kommen. Anderswo sind sie stolz und fühlen sich geehrt, wenn man sie fotografieren möchte. Es gibt aber auch Menschen, die nicht fotografiert werden wollen. Dies ist unbedingt zu respektieren.

Die sprachliche Verständigung

Sprachschwierigkeiten sind im Grunde kein Argument, um mangelnde Kontaktbereitschaft zu erklären. Wer sich Mühe gibt, wird den Menschen seines Gastlands auch ohne Sprachkenntnisse ein Lächeln abringen. Es gibt Leute, die erfolgreich ohne eine gemeinsame Sprache miteinander kommunizieren. Viele Afrikaner zeigen die Bereitschaft dazu und gehen spontan und kontaktfreudig auf Fremde zu. Und viel Zuspruch erntet der Reisende, wenn er zumindest ein paar Grußformeln in der Sprache seiner Gastgeber beherrscht.

Deutsch	Chichewa	Chitumbuka
Wie geht's?	Muli Bwanji?	Muli Uli?
Danke, gut!	Ndili Bwino, zikomo	Nili Makora
Wo gehst du hin?	Mukupita Kuti?	Mukuruta Nkhu?
Woher kommst du?	Munachokera Kuti?	Mukufumira Nkhu?
Ich bin krank.	Ndikudwala	Nkhulwara
Wasser	Madzi	Maji
Wieviel kosten die Bananen?	Mukupanga bwanji nthochi?	Nthochi Mukugulisyia Uli?
Alles Gute!	Zabwino Zonse	Viwemi vyose
Danke!	Zikomo	Yewo

Typische Ausdrücke im Südlichen Afrika

Ablution Block	Sanitäreinrichtung (auf einem Campingplatz)
A-Frame Chalet	Chalet mit dem lang gezogenen Spitzdach, wie ein „A“
Attendant	Hauspersonal, Platzwart
Biltong	Trockenfleisch in Streifen, Spezialität aus Südafrika
Boerewors	„Burenwurst“, fettreiche, würzige Grillwurst
Boma	Haupthaus, zentraler Mittelplatz, regionales Stadtzentrum
Braai	Grillen, Barbecue
Breeze Bed	Luftkühlung über dem Bett in einer Luxuslodge
Bush	Wildnis
Caretaker	Aufseher, Platzwart bzw. Hausmeister
Dam	Stausee, Wasserreservoir
Donkey	Vorrichtung zum Anwärmen von Duschwasser durch Feuer
Dormitory	Mehrbettzimmer
Ensuite-Zimmer	Zimmer mit eigenem Bad (Dusche/WC)
Escarpment	Steilabbruch eines Höhenzugs oder Plateaus
Four Wheel Drive	Allradantrieb
Fullboard	Vollpension (VP)
Game Drive	Pirschfahrt zur Wildbeobachtung
Game Park	Wildpark
Gorge	Schlucht
Guide	Reiseleiter, Safari-Führer
Hide	Beobachtungsstand
full full	bedeutet „sehr voll“ (Steigerung)
any time from now	irgendwann, wann auch immer...
now now	bald...
just now	jetzt bestimmt ganz bald...
Khonde	malawischer Ausdruck für Veranda oder Terrasse
Kill	Riss eines Raubtieres
Kraal	traditionelle, umschlossene Wohneinheit
Lift	Mitfahrgelegenheit
Mealie Meal	Maismehl
Overlander	Touristen-Lkw auf Campingsafari
peri peri	sehr scharf (Peperoni)
Power Cut	vorübergehender Stromausfall
Rondavel	runde Hütte/Ferienhaus
Warden	oberster Wildhüters eines Parks
Robot	Ampel (anstelle von Traffic lights)
Self Catering	Selbstversorgung (z. B. in Chalets)

Essen und Trinken

In Malawi wird häufig gegrillt, was man im südlichen Afrika „Braai“ nennt. Das Fleisch ist meist von guter Qualität. Kartoffeln und Reis werden viel gegessen, Nudeln dagegen selten. Am Malawisee bekommt man gelegentlich auch frischen Fisch, z. B. Chambo.

Brot kennt man hauptsächlich in Form von englischem Kastenweißbrot. Die Mittagsmahlzeit ist etwas kleiner, dafür wird abends meistens mit mehreren Gängen oder Buffet diniert. Zur Vorspeise gibt es oft Kürbis- oder Erbsensuppe, als Hauptgericht Steak oder Stew, als Dessert werden tropische Früchte und süße englische Kuchen wie Malvapudding gereicht.

Die **traditionellen afrikanischen Gerichte** Nsima (Maisbrei), getrocknete Kapentafische und geröstete Mopanewürmer werden manchmal als Spezialitäten in Touristenhotels angeboten. Biltong ist ein getrocknetes Wild- oder Rindfleisch, das als Zwischenmahlzeit beliebt und eine südafrikanische Spezialität ist.

Die Getränke: Tagsüber haben sich Softdrinks wie Sprite und Coke durchgesetzt. Beliebte, erfrischende alkoholfreie Getränke sind „Rock Shandy“ und „Malawi Shandy“, die zu gleichen Teilen aus Sodawasser und Limonade (beim Malawi Shandy Ginger Ale), drei Spritzer Angostura und Eis bestehen. Ansonsten trinkt man viel

Bier, „Green" (hell), „Brown" (dunkel) und „Kuche Kuche" (weniger Alkohol), alle drei von Carlsberg mit farbigen Etiketten. Weine aus Südafrika werden in den Hotels und größeren Supermärkten angeboten. An der Bar trinkt man ebenfalls Bier, Whiskey oder Liköre wie Amarula. Malawi produziert eigenen Gin, Brandy und Kaffeelikör. Von hoher Qualität sind auch die malawischen Tees und der Kaffee. Tipp: Im Lokal „Mzuzu Coffee" oder „Satemwa Coffee" bestellen, sonst wird meistens Instantkaffee serviert. Kohlensäurehaltiges Wasser heißt übrigens Soda Water, und unter Mineral Water versteht man ein stilles Wasser. Die Marke „Bwino" ist zu empfehlen. Wer es scharf mag, wird sich mit der malawischen „Nali"-Chilisauce anfreunden. Gute indische Lokale findet man in den Städten. Probieren Sie einmal die heißen, dreieckigen Samosas als Snack! Restaurants sind etwas günstiger als in Deutschland, in den Einkaufszentren gibt es auch allerlei südafrikanische Fastfood-Filialen. In Restaurants hat der Kellner üblicherweise kein Geld bei sich. Stattdessen geht er mit dem Geld zur Kasse und bringt wenig später das Wechselgeld zurück.

Bilder links: Lunchbuffet im Livingstonia Hotel; traditionelles Bier; Relish-Variationen zum Nsima; Maniok

Oben: Pommesbude am Straßenrand

Unten: gesunde Kost im Lukwe Eco Camp

Die einheimische Kost

Die einheimische Küche sieht freilich anders aus: In vielen Familien gibt es morgens, mittags und abends Nsima, einen festen Maisbrei. Abwechslung bringt oft nur die Beilage (Fleisch, Soße, Gemüse oder Fisch). Vegetarische Beilagen heißen zusammengefasst Relish. Kohl, Tomaten, Zwiebeln, Bananen und Mangos ergänzen die Küche. Zu trinken gibt es oft nur Wasser, obwohl viele Afrikaner Bier lieben. In den Dörfern wird noch ein traditionelles Bier aus Mais, Hirse oder Honig hergestellt. **Chibuku**, ein einfaches Maisbier, kann man fast überall bekommen. Es wird in Papptüten verkauft, die aussehen wie unsere Milchtüten zu Hause. Auf den Märkten findet man zu Beginn der Regenzeit auch getrocknete Raupen.

Die Situation für Selbstversorger

Die südafrikanischen Supermärkte Shoprite und SPAR haben in den meisten Provinzhauptstädten Malawis Filialen eröffnet und damit das Lebensmittelangebot deutlich angehoben. Obst und Gemüse aus der Region sind landesweit auf den Märkten zu bekommen; das Angebot variiert ganz nach Saison. In moderneren, städtischen Regionen sind Blattsalate, Avocados, Auberginen und Pilze deutlich leichter erhältlich als in ländlichen und armen Landesteilen, wo es im Extremfall nur Tomaten, Erdnüsse und Zwiebeln zu kaufen gibt. Frische Milchprodukte sind in ländlichen Regionen fast nicht zu bekommen, und auch Fleisch sollte man in den Städten auf Vorrat kaufen. Wer sich am Malawisee mit Fisch verköstigen möchte, sollte seine Kaufbereitschaft schon am Vortag bekannt geben. Es spricht sich schnell herum, dass Touristen Fisch kaufen möchten, und die Fischer kommen am nächsten Morgen mit ihrem Fang vorbei.

Tipps & Infos für Autofahrer

Verkehrsregeln

- Höchstgeschwindigkeit in Ortschaften: 46 km/h, außerhalb von Ortschaften: 100 km/h, in Nationalparks: 40 km/h.
- Es besteht Anschnallpflicht und herrscht Linksverkehr. Geschwindigkeitsübertretungen und die Missachtung der Anschnallpflicht werden mit hohen Bußgeldern geahndet.
- Es gilt trotz des Linksverkehrs die Rechts-vor-Links-Regel.
- Es besteht striktes Alkohol- und Telefonierverbot beim Autofahren.
- Jedes Fahrzeug muss einen Feuerlöscher und zwei Warndreiecke mitführen.
- Kreisverkehr: In den Städten gibt es anstelle von Kreuzungen manchmal „Roundabouts". Die Fahrzeuge im Kreisverkehr haben Vorfahrt vor denen, die in den Kreisverkehr einbiegen wollen.
- Wenn an einer Kreuzung jede Zufahrtsstraße ein Stoppschild hat, darf der zuerst losfahren, der als Erster die Kreuzung erreichte.

Checkliste für Ersatzteile & Werkzeug

- Ersatzteile: 2 Ersatzräder, Starthilfekabel mit Klemmen, Sicherungen, Keilriemen, Zündkerzen, Ölfilter, Treibstoff-Filter, Motoröl, Zündkontakte/Verteilerfinger.
- Bergungshilfen: Bergegurt/Abschleppseil, Spaten oder Axt, Schekel.
- Werkzeug für Reifenpannen: Radmutterkreuz, Wagenheber, Holzunterlage, 12-Volt-Kompressor oder Handluftpumpe, Reifenflickzeug, Reifendruckprüfer.
- Sonstiges hilfreiches Werkzeug: Draht, Isolierband, Stromkabel, Schlauchschellen, Schrauben und Muttern, Gummischlauch, Klebstoff, Dichtmasse, Kriechöl, Spanngurte, Taschenlampe, Batteriemessgerät, Kabelbinder.

Allgemeine Wartungsmaßnahmen

Wer mit einem Auto durch Malawi reist, sollte Grundkenntnisse der Fahrzeugtechnik haben, um kleinere Pannen und regelmäßig anfallende Wartungsmaßnahmen selbst beheben zu können:

- Bremsen und Reifenzustand regelmäßig prüfen. Eine Reifenpanne bei hoher Geschwindigkeit kann bei Schlauchreifen verheerende Auswirkungen haben.
- Luftfilter regelmäßig überprüfen und ggf. ausklopfen. Ölstand prüfen.

Afrikaspezifische Empfehlungen

In Afrika legen viele Fahrer bei Pannen **statt Warndreiecken** Zweige an den Straßenrand und verhindern ein Abrollen des Fahrzeugs durch das Unterlegen von großen Steinen. Diese bleiben oft auch dann noch liegen, wenn das betreffende Fahrzeug wieder fort ist.

Rechnen Sie bei Gegenverkehr immer mit überhöhter Geschwindigkeit und einem übermüdeten Fahrer, der womöglich die Kurven schneidet. Außerdem scheint auf den Fernstraßen oft das Recht des Größeren zu gelten: Busse und Lkws beanspruchen mitunter mehr als die Hälfte der Fahrbahn.

Als kleineres Fahrzeug sollte man deshalb immer besonders defensiv fahren und notfalls ausweichen können.

Wenn der **Motor** zu **überhitzen** droht, hilft es, das Warmluftgebläse einzuschalten.

Legen Sie die typisch deutsche Autofahrermentalität ab und führen Sie sich stets vor Augen, welch verheerende Folgen ein Autounfall in Afrika haben kann – auch wenn man „prinzipiell" Recht hätte.

Nach Regenfällen sind nasse Erdstraßen oft gefährlich glitschig. Auch Schlaglöcher können jederzeit unvermutet auftreten; Warnhinweise sind selten.

Nachtfahrten: Fahren Sie grundsätzlich nicht nachts. Menschen, freilaufende Tiere, Straßenschäden und unbefestigte Seitenränder sind im Dunkeln kaum zu erkennen.

Fahrradfahrer: Viele fahren in der Straßenmitte oder zu zweit nebeneinander und registrieren von hinten kommende Fahrzeuge erst sehr spät. Dann weichen sie mitunter unkontrolliert aus oder stürzen sogar. In unklaren Situationen also immer lieber rechtzeitig hupen und abbremsen.

Fahren im Konvoi: Wenn man mit zwei Fahrzeugen unterwegs ist, muss der zweite Fahrer stets aufpassen, ob Passanten, Fahrradfahrer oder Tiere, die vor dem ersten Wagen ausgewichen sind, nicht plötzlich wieder zur Straßenmitte laufen, weil sie das nachfolgende zweite Fahrzeug nicht wahrgenommen haben.

Verkehrskontrollen

Es gibt in Malawi aktuell sehr viele Verkehrskontrollen, besonders entlang der Fernstrecken und an den Zufahrten großer Städte. Mitunter werden hier die Fahrzeuge auf ihre Verkehrssicherheit und die Fahrer auf die Vollständigkeit ihrer Dokumente überprüft.

Wer in einer solchen Kontrolle angehalten wird, muss meistens zuerst die Fahrzeugversicherung und den Internationalen Führerschein vorzeigen. Hartnäckige Kontrolleure führen einen Lichtfunktionstest durch und fragen nach den beiden obligatorischen Warndreiecken. Die meisten Polizisten verhalten sich dabei höflich und korrekt gegenüber Touristen.

Sollte es wegen eines Verkehrsvergehens zur Bußgeldzahlung kommen, sind alle Beamten verpflichtet, sich namentlich auszuweisen, eine Quittung auszustellen, und sie dürfen nur Beträge in der lokalen Währung verlangen. Wenn US$ verlangt werden, ist dies ein Zeichen polizeilicher Wegelagerei und illegal.

Auf Safari und in der Wildnis

Auf Safari trägt man **Kleidung** in Naturfarben (keine knalligen Farbtöne, und dunkle Farben ziehen Tsetsefliegen stärker an als helle Töne). Sonnenschutz und Kopfbedeckung nicht vergessen. Den besten Schutz gegen Bisse und Stiche von Schlangen, Skorpionen, Spinnen oder Zecken bieten knöchelhohe Schuhe. Im Busch niemals barfuß laufen!

Bei **Pirschfahrten** und im Camp verhält man sich leise. Lassen Sie sich nicht täuschen; wenn Sie keine Tiere sehen, heißt das nicht, dass Sie nicht genau beobachtet werden!

Niemals im offenen Zelt oder unter freiem Himmel schlafen! Raubtiere greifen keine geschlossenen Zelte an. Dagegen führt leichtsinniges Verhalten wie Schlafen im unverschlossenen Zelt immer wieder zu Todesfällen, weil Raubkatzen so ins Zelt eindringen können.

Lassen Sie über Nacht keine **Nahrungsmittel** im Freien und deponieren Sie diese auch nicht im Zelt, sondern ausschließlich im Fahrzeug. Nachts locken die Gerüche Hyänen und Elefanten an, tagsüber richten Meerkatzen und Paviane Chaos an, um an die begehrten Nahrungsmittel zu gelangen. Hyänen zerbeißen auch Kühlboxen, Stühle und Schuhe.

An **Flussufern** ist erhöhte Vorsicht geboten wegen der Krokodile (außer im Nyika NP).

Versorgung: In keinem der Parks sind Lebensmittel und Treibstoff erhältlich. Auch Pannendienste, Wechselstuben und öffentliche Verkehrsmittel sucht man vergebens. Man ist auf sich allein gestellt und sollte auch entsprechend ausgerüstet sein.

Vogelfreunde kommen oft direkt in den Camps und Lodges auf ihre Kosten. Viele Vögel haben sich an die Anwesenheit der Menschen gewöhnt und kommen nahe heran. Das gleiche gilt für Buschhörnchen, Mangusten, Warzenschweine etc.

Wildtier-Gefahren: Tiere haben eine Fluchtdistanz, die man nicht unterschreiten darf. Sollte es zu einer unliebsamen Begegnung kommen, ziehen Sie sich langsam und ruhig zurück, auf keinen Fall rennend. Joggen Sie niemals im Busch und entfernen Sie sich nicht allein vom Camp oder Auto. Achten Sie ganz besonders auf kleine Kinder, die beim Toben und Schreien Raubtiere reizen könnten.

Buschbrände können im trockenen Gestrüpp durch kleinste Funken ausgelöst werden. Lagerfeuer sind vor Verlassen des Camps daher stets sorgfältig zu löschen. Vorsicht auch mit Zigarettenkippen!

Hilfsbereitschaft im Busch ist eine generelle, manchmal lebensrettende Grundregel. Es sollte selbstverständlich sein, sich in der Wildnis bei Pannen oder Notfällen zu helfen.

Begegnung mit Wildtieren

Elefanten: Elefantenattacken passieren oft, weil der Mensch die Körpersprache des Elefanten nicht richtig eingeschätzt hat. Fächelnde Ohren und ein schwingender Rüssel sind keine Gefahr. Ein verärgerter Elefant legt die Ohren an und den Rüssel nach unten. Spätestens wenn dunkle Feuchtigkeit aus der Drüse zwischen Augen und Ohren tritt, wird es ernst und es ist mit einem Angriff zu rechnen. Handelt es sich um eine Herde mit Kälbern, der man zu nahe gekommen ist, ist sofortiger langsamer Rückzug angesagt, hier besteht höchste Gefahr! Bullen sind weit weniger aggressiv und selbstsicherer.

Büffel: Die bulligen Tiere sind in Gemeinschaft sehr viel friedfertiger als alleine. Größere Herden flüchten meist vor dem Mensch, ein alter Einzelgänger zögert jedoch nicht, sofort zum Angriff überzugehen. Bei unerwarteten Begegnungen sofort den Rückzug antreten, notfalls auf einen Baum flüchten!

Flusspferde: Kanuten müssen sich vor ihnen sehr in Acht nehmen, Fußgänger begegnen ihnen kaum. An Land grasende Hippos sind nicht aggressiv, außer wenn sie ihren Fluchtweg abgeschnitten wähnen. Also sich nie zwischen einem Hippo und seinem Gewässer aufhalten!

Löwen: Für alle Großkatzen gilt: Der natürliche Trieb, davonzurennen, ist die schlechteste Wahl in einer prekären Situation. Wenn Sie Löwen begegnen, sofort stehen bleiben und dann einen langsamen Rückzug einleiten. Bleiben Sie als Gruppe eng beisammen, zeigen Sie weder Angst noch Aggression. Sollte es zu einem Angriff kommen, versuchen Sie die Tiere mit Lärm und drohenden Bewegungen abzuschrecken.

Informationen von A bis Z

Eintrittspreise der Nationalparks

Eintritt für Touristen: 10 US$ für 24 Std.
Ausnahme:
Majete WR und Liwonde NP: je 20 US$

Fahrzeuge bis 2 Tonnen:
Malawische Kennzeichen: 3 US$/Tag
Ausländische Kennzeichen: 5 US$Tag
bis 5 Tonnen: 10 US$/Tag

Die Kinderermäßigung beträgt für 12–18-jährige 50 %, Kinder unter zwölf Jahren sind frei.

Für Einheimische und im Land lebende Ausländer sind die Gebühren deutlich niedriger.

Feiertage

01. Januar	Neujahr
16. Januar	John Chilembwe Day
03. März	Tag der Märtyrer
März/April	Karfreitag bis Ostermontag
01. Mai	Tag der Arbeit
14. Juni	Freedom Day
06. Juli	Tag der Republik
17. Oktober	Muttertag
21. Dezember	Tag des Baumpflanzens
25. Dezember	Weihnachten

Schulen, Banken, Ämter und Behörden haben an Feiertagen geschlossen. Fällt ein Feiertag aufs Wochenende, wird er am folgenden Montag nachgeholt.

Fotografieren

Die besten Lichtverhältnisse zum Fotografieren bieten die Monate von Ende der Regenzeit bis in den August. Für die diesige Luft, die ab August/September einsetzt, empfiehlt sich der Einsatz eines Polfilters. Auch leisten UV-Filter gute Dienste, und bei Sonnenuntergang- oder Teleaufnahmen erzielt man mit einem Stativ gute Ergebnisse. Menschenaufnahmen gelingen übrigens auch tagsüber am besten mit Blitzlicht.

Öffentliche Einrichtungen wie Häfen, Bahnhöfe, Flughäfen, Regierungssitze sowie alle militärischen Fahrzeuge, Personen und Gebäude dürfen nicht fotografiert werden. Zwar lockern sich die Bestimmungen zusehends, doch sollte man im Zweifelsfall unbedingt erst um Erlaubnis fragen, ehe man solche Objekte ablichtet.

Auch Menschen sollte man erst nach erteilter Erlaubnis fotografieren. Die meisten Malawier lassen sich gerne fotografieren, wenn man sie höflich fragt. Ein Nein muss man aber ebenso akzeptieren. Eine riesige Freude macht man den Fotografierten, wenn man später einen Abzug der Bilder schickt. Bieten Sie dies aber nur an, wenn Sie auch ernsthaft dazu bereit sind. Wenn man eine Sofortbildkamera dabei hat, erntet man helle Begeisterung, wenn man einen Abzug davon verschenkt.

GPS-Satellitennavigation

Malawi hat eine sehr übersichtliche Infrastruktur. GPS-Geräte sind daher nicht wirklich notwendig.

Für Navigationsgeräte kann man sich im Internet frei verfügbare Karten von OSM (Open Street Map) herunterladen, welche das ganze Land abdecken.

Internet

Die einfachste Methode, in Malawi ins Internet zu kommen, läuft über derzeit mehr als hundert „Skyband Public Wi-Fi Hot Spots" vor allem bei Restaurants, Hotels und den Backpackerunterkünften. Infos zu den Gebühren und Hot Spots: www.skyband.mw. Internetcafés sind auf die großen Städte und wenige touristische Zentren beschränkt.

Post

Die Post ist unter der Woche ganztägig geöffnet, am Samstagvormittag und in manchen Orten auch sonntags für etwa zwei Stunden. Die Gebühren für Briefe und Postkarten nach Europa sind niedrig und der Service zuverlässig, solange keine dicken Briefe, die Wertsachen oder Geld enthalten könnten, verschickt werden. Sammler finden hier eine vielfältige Auswahl schöner Briefmarken.

Stromversorgung

220/240 Volt Wechselstrom (englische 3-Pol-Stecker werden benötigt; Adapter mitbringen). In vielen Safaricamps besteht kein Stromanschluss, manchmal wird nur abends ein paar Stunden ein Generator eingesetzt. Daher gehört bei allen Safaris eine Taschenlampe ins Gepäck. Zum Aufladen von Kamera- und Handyakkus ist ein Ladegerät/-kabel für den Anschluss ans Auto-Bordnetz vorteilhaft.

Taxi

In Malawi haben nur die Taxis der großen Städte einen Taxameter. Die Preise variieren stark, je nach Region und Verhandlungsgeschick. Als grobe Richtlinie kann man in touristischen Zentren von ca. 7 US$ für 10 km ausgehen. Malawische Taxifahrer erwarten ein kleines Trinkgeld.

Telefon

Die deutsche Vorwahl aus Malawi lautet 0049. Die Länderkennung Malawis lautet: 00265.

In Malawi gilt landesweit die Ortsvorwahl „01“ vor der sechsstelligen Teilnehmernummer (bei Auslandsgesprächen die „0“ weglassen). In Lilongwe beginnen die Rufnummern mit einer „7“, in Blantyre mit „8“, teilweise auch noch mit „6“.

Handyempfang ist mit dem deutschen D1-Netz, D2-Netz, E-Plus und O2 in allen größeren Ortschaften möglich. Beim Versenden von SMS gibt es eine Besonderheit: man wählt dafür als deutsche Vorwahl 0049, fürs Telefonieren dagegen 10149.

Günstiger ist es, in Malawi eine SIM card von einem lokalen Dienstleister wie Airtel und entsprechendes Gesprächsguthaben zu kaufen, die man dort ohne persönliche Registrierung erhält (Infos unter http://africa.airtel.com/malawi). Noch einfacher ist es, auf die entsprechenden Skyband Hot Spots im Land zurückzugreifen. Zahlreiche Hotels und Restaurants bieten solche Hot Spots (siehe „Internet“, S. 275).

Trinkgeld

Ein kleines Trinkgeld wird überall erwartet, wo jemand einen besonderen Service oder eine Gefälligkeit leistet. Ist in Restaurants der Service im Preis enthalten (als 10 %ige Service Charge), wird meistens nur ein wenig Wechselgeld am Tisch liegen gelassen. Ansonsten sind 5–10 % in Restaurants sicherlich die Obergrenze, üblicherweise rundet man den Betrag leicht auf. Die Höhe des Trinkgelds sollte sich stets nach der erbrachten Leistung und den Landesverhältnissen richten, also der Situation angemessen sein.

Wasser

Leitungswasser sollte nie pur getrunken, sondern entweder abgekocht oder gefiltert werden. Hilfreich sind Mikropurtabletten oder -pulver, die das Wasser entkeimen.

Zeitungen

Tages- und Wochenzeitungen werden an den Hauptstraßen der Großstädte und in Läden verkauft.

Ausländische Zeitungen und Zeitschriften werden nur wenige eingeführt, am ehesten aus Südafrika, und nur in guten Stadthotels und Buchläden angeboten (keine deutschsprachigen).

Zeitverschiebung & Tageslicht

In Malawi gilt MEZ + 1 Stunde. Während der mitteleuropäischen Sommerzeit besteht also kein Zeitunterschied, im Winterhalbjahr ist Malawi um eine Stunde voraus.

Tageslicht herrscht im Juni/Juli zwischen ca. 6.30 und 17.30 Uhr (elf Sonnenstunden), und im Dezember zwischen 5.30 und 18.30 Uhr (13 Sonnenstunden). Sonnenauf- und -untergang erfolgen rasch mit kurzen Dämmerungszeiten.

Zoll

Alle Gegenstände des persönlichen Bedarfs dürfen zollfrei eingeführt werden und darüber hinaus 200 Zigaretten oder 225g Tabak, 0,75 l Spirituosen, 1 l Wein und 1 l Bier.

Jagdwaffen dürfen nur mit Lizenz eingeführt werden, der Besitzer muss sich mit einem Waffenschein ausweisen. Für Haustiere wird neben der Tollwutimpfung ein aktuelles amtstierärztliches Zeugnis verlangt.

Für die Heimreise: Die EU-Reisefreimengen bei der Rückkehr aus Afrika lauten: Bei der Einreise dürfen pro Person 200 Zigaretten, 2 l Wein, 1 l Spirituosen, 50 g Parfüm und 500 g Kaffee zollfrei eingeführt werden. Die Freigrenze liegt bei 430 Euro. Es besteht ein striktes Einfuhrverbot für alle Fleischprodukte aus afrikanischen Ländern.

Achtung bei **der Einfuhr von Trophäen** und geschützten Produkten (alle Elefantenprodukte, Reptillederprodukte, Schildkrötenteile, Muscheln etc.): Vor Ort ist eine Ausfuhrgenehmigung erforderlich, um Trophäen legal aus dem Land zu exportieren. Aber trotz dieser afrikanischen Ausfuhrgenehmigung macht man sich wegen des strengen Artenschutzgesetzes bei der Einfuhr solcher Produkte in die EU schnell strafbar. Vorsicht ist vor angeblich echten CITES-Zertifikaten geboten (Ausfuhrgenehmigungen), die manche Händler ausstellen, denn diese werden vom EU-Zoll nicht anerkannt, wenn es sich um streng geschützte Produkte handelt.

Weitere Informationen zum Thema Artenschutz und Zoll erhalten Sie im Internet unter www.zoll.de/index.html, www.artenschutz-online.de und www.bfn.de (dem Bundesamt für Naturschutz).

Literaturverzeichnis

(e) = englischsprachig (d) = deutschsprachig

Geschichte

- McCracken, John (2012): „A History of Malawi: 1859-1966", James Currey Publishers, Suffolk, GB. (e)
- Phiri, D. D.: „Malawians to Remember – John Chilembwe" (1976), Longmans, Malawi. (e)
- „From Nyassa To Tanganyika, The Journal of James Stewart 1876-1879",Central Africana, Blantyre, Malawi. (e)
- Wotte, Herbert (1973): „David Livingstone", Brockhaus, Leipzig, D. (d)
- Ki-Zerbo, Joseph (1981): „Die Geschichte Schwarz-Afrikas", Fischer Verlag, Frankfurt, D. (d)
- Pakenham, Thomas (1991): „The Scramble for Africa", Avon Books, New York, USA. (e)
- Ansprenger, Franz (1992): „Politische Geschichte Afrikas im 20. Jh.", Beck'sche Reihe, D. (d)
- Iliffe, John (1997): „Geschichte Afrikas", Beck Verlag, D. (d)
- Elmslie, W. A. (1899): „Among the Wild Ngoni", Oliphant, Anderson & Ferrier, GB. (e)
- Ogez, J-M. (1991): „Where it all began", Missionaries of Africa, Rom, Italien. (e)

Reise- und Naturführer

- Corbyn, Drew (2017): „Hiking Guide to Mount Mulanje", Mountain Club of Mulanje, Malawi. (e)
- Eastwood, Frank (1988): „Guide to the Mulanje Massif", Lorton Communications, Z.A. (e)
- Ted Sneed (1998): „Lake Malawi's Resorts", Lilongwe, Malawi. (e)
- Visitor's Guide to Malawi (1995), Southern Book Publishers, Z.A. (e)

Sprachführer

- Jordan, Susanne (2007): „Chichewa für Malawi", Reise Know-How Verlag, Bielefeld, D. (d)

Natur & Tierwelt

- Main, Michael (1990): „Zambezi–Journey of a River". Southern Book Publishers, Z.A. (e)
- Palgrave, Keith Coates (2003): „Trees of Southern Africa", Struik-Verlag, Cape Town, Z.A. (e)
- Sinclair, Ian (1996): „Field Guide to the Birds of Southern Africa", Struik-Verlag, Cape Town, Z.A. (e)
- „Säugetiere Afrikas" (1977): BLV Bestimmungsbuch, München, D. (d)
- „Pflanzenreich der Tropen" (1981): Schröder Verlag, Leichlingen, D. (d)
- „Field Guide to the Larger Mammals of Africa" (1997): Struik-Verlag, Cape Town, Z.A. (e)
- Field Guide (1996): „Snakes and other Reptiles", Struik-Verlag, Cape Town, Z.A. (e)
- Williams, John (1987): „Die Vögel Ost- und Zentralafrikas", Parey-Verlag, Hamburg, D. (d)
- Frandsen, Robin (1998): „Säugetiere des Südlichen Afrika", Sandton, Z.A. (d)
- Smithers, Reay (1996): „Land Mammals of Southern Africa", Southern Book Publishers, Z.A. (e)
- Stuart, Chris & Tilde (2011): „Field Guide to the Mammals of Southern Africa", Struik Publishers, Cape Town, Z.A. (e)
- Lindsay, Gordon (2005): „Roberts Birds of Southern Africa", CTP Book Printers, Cape Town, Z.A. (e)
- „Field Guide to Roberts Birds of Southern Africa" (2010), CTP Book Printers, Cape Town, Z.A. (e)
- Newman, Kenneth: „Birds of Southern Africa" (1994): Macmillan, GB. (e)
- Sinclair, Ian: „Birds of Africa" (2003): Struik Publishers, Cape Town, Z.A. (e)
- Sinclair, Ian: „Sasol Birds of Southern Africa" (2009): Struik Publishers, Cape Town, Z.A. (e)
- „Field Guide to the Trees and Shrubs of Miombo Woodlands" (2004): Compass Press, GB. (e)
- Dowsett-Lemaire, Francoise (2006): „The Birds of Malawi: An Atlas and Handbook", Tauraco & Aves, GB. (e)

- F. M. Benson (1977): „The Birds of Malawi“, Montfort Press, Limbe, Malawi. (e)
- „Wild Flowers of Malawi“ (1975), Moriatry, Cape Town, Z.A. (e)
- Judy Carter (1987): „Malawi: Wildlife, Parks and Reserves“, Mac Millan, Johannesburg, Z.A. (e)
- „Zomba Mountain – A Walker's Guide“ (1975): K. E. Cundy, Montfort Press, Limbe, Malawi. (e)
- Spreinat, Andreas (2002): „Malawisee-Buntbarsche – Erfolgreiche Pflege und Zucht“, Dähne Verlag, D. (d)

Kunst

- Heide, Kristina (2016): „Myths of Malawi: Ein Dialog in Bildern“. Wasmuth Verlag, D. (d)
- Alvin, Emmanuel (2016): „Malawi Art and Culture: Tourism Sites and Information, Environment, People and Ethnic Relationship“, GB. (e)
- Schaedler, Karl-Ferdinand (1997): „Afrikanische Kunst“, Heyne Verlag, München, D. (d)
- Schaedler, Karl-Ferdinand (1988): „Africana“, Battenberg Verlag, München, D. (d)
- Förster, Till (1988): „Kunst in Afrika“, DuMont, D. (d)

Kultur

- Soko, Boston (2014): „Vimbuza the Healing Dance of Northern Malawi“, Mzuni Press, Malawi. (e)
- Lindgren & Schoffeleers (1995): „Rock Art and Nyau Symbolism in Malawi“, Department of Antiques, Malawi. (e)
- „Heritage of Malawi“, Department of Antiques, Malawi. (e)
- Juwayeyi & Phiri (1992): „The State of Rock Art in Malawi“, Montfort Press, Limbe, Malawi. (e)
- King, M. und E. (1992): „The Story of Medicine and Disease in Malawi“, Blantyre, Malawi. (e)
- Salaun, Rev. Fr. N. (1993): „Chichewa – Intensive Course“, Lilongwe, Malawi. (e)
- Explizit: „Frauen in Afrika“ (1993): Horlemann Verlag, Bad Honnef, D. (d)
- Kamkwamba, William (2010): „The Boy Who Harnessed the Wind“, Harper Collins Publishers, London, GB. (e)
- Gronemeyer, R. (1991): „Der faule Neger“, RoRoRo Verlag, Reinbek, D. (d)
- Tembo, Mwizenge: „Mythologie der Afrikaner“, Athenaion Verlag, Kettwig, D. (d)
- Garland , Vera(1996): „Ryalls –A Woman and her Hotel“, The Society of Malawi, Montfort Press, Limbe, Malawi. (e)

Literatur

- „Afrikanissimo – Ein Lesebuch“ (1994), Piper Verlag München, D. (d)
- Lamb, David (1991): „Afrika, Afrika“, Kyrill und Method Verlag, München, D. (d)
- Van der Post, Laurens (1995): „Vorstoß ins Innere“, Diogenes Verlag, Zürich, CH. (d)
- Fuller, Alexandra (2002): „Don't let's go to the Dogs tonight“, Random House, NY, USA. (e)

Landkarten

- **Landkarte Mosambik & Malawi**, 1:1.200.000, Auflage 2015, Reise Know-How Verlag, Bielefeld, D.
- **Malawi Adventure Road Map**, 1:750 000, Auflage 2013, Map Studio, Z.A.

Tipps für umweltschonendes Reisen

Das Ökobewusstsein der Gesellschaft steigt, und die Diskussion um die Umweltschäden ist heute in aller Munde. Gerade Luxusurlaub und Fernreisen können die Umwelt stark belasten: die Anreise per Flug, ein verschwenderisch luxuriöses Hotel und womöglich noch ein Helikopterflug. Doch zahlreiche Anbieter und Hoteliers berücksichtigen heute bereits den Umweltgedanken und stellen sich entsprechend um. Alle Welt spricht jetzt von der Klimaneutralität – doch was bedeutet das eigentlich?

Klimaneutral ist eine Reise dann, wenn dieselbe Menge an Treibhausgasen (z. B. Kohlendioxid CO_2), die man verursacht hat, an anderer Stelle eingespart wird, wie durch die Anpflanzung von Bäumen. Ein Baum bindet bis zu 150 Kilo CO_2 pro Jahr.

Flugzeuge geben sehr viel CO_2 in großer Höhe ab, was dessen schädigende Wirkung verdreifacht. Eine Tonne CO_2 reicht bei Flugzeugreisenden für 3000 Kilometer, mit dem Auto 7000 km und mit der Bahn 17000 Kilometer! Jedoch: Allein die Verschmutzung durch die Computernutzung ist weltweit noch höher als durch den gesamten Luftverkehr.

Was jeder Gast beitragen kann

- Fernreisen mindestens für eine Dauer von zwei Wochen unternehmen, besser für drei Wochen, damit das Verhältnis zwischen CO2-Emission und Reisezeit eher vertretbar wird
- Kleine Pensionen verursachen bis zu zehnmal weniger Umweltschäden als Luxusresorts
- Ausgleichszahlungen bei Atmosfair oder Myclimate leisten, wodurch die verursachten Schäden beim Flug klimaneutral ausgeglichen werden (siehe unten)
- Mit wenig Gepäck reisen (das reduziert den Kraftstoffverbrauch beim Flug)
- Vor Ort öffentliche Verkehrsmittel anstelle eines Mietwagens nutzen
- Wandern! Die die ökologischste und zugleich gesündeste aller Freizeitbeschäftigungen
- Eigene Wasserflasche zum Nachfüllen mitnehmen, anstatt Plastikflaschen zu kaufen
- Lebensmittel aus der Region bevorzugen, Importwaren möglichst meiden
- Handtücher im Hotel mehrmals benützen und nicht ständig austauschen und waschen lassen
- Klimaanlagen nicht unnötig laufen lassen
- Wasserverbrauch reduzieren, z. B. im Badezimmer

Um nicht künftig auf alle Urlaubsreisen verzichten zu müssen oder vor schlechtem Gewissen die Freude daran zu verlieren, gibt es Möglichkeiten, durch bewusste Verhaltensänderungen und durch aktive Ausgleichszahlungen einen positiven Beitrag zu leisten.

Die Idee ist, dass Flugreisende die durch ihren Flug verursachten Klimaabgase ausgleichen durch eine Geldzahlung, die in Solar-, Wasserkraft-, Energiespar- oder Biomasseprojekte in Entwicklungsländern investiert wird. Der gespendete Betrag sollte dabei die gleiche positive Klimawirkung erreichen, wie sie der Flug negativ belastet. Im Internet können Sie unter www.atmosfair.de Ihren Start- und Zielflughafen eingeben und erhalten dann eine Berechnung der Klimaabgase für diesen Flug. Solche Ausgleichszahlungen sind ein sinnvoller Beitrag zur Schadensbegrenzung und zur Sensibilisierung für umweltschonendes Verhalten – leider sind erst wenige Reisende bereit, einen entsprechenden Betrag zu spenden. Dabei ist dies recht einfach: Viele Fluggesellschaften und Reiseveranstalter bieten die Zahlung gleich bei Buchung mit an, auch im Internet. Alternativ kann man dies auf der Website von www.atmosfair.de veranlassen oder eine Banküberweisung ausführen. Für einen Hin- und Rückflug nach Malawi wird eine CO2-Emission in Höhe von 86 Euro angesetzt. Die Spenden werden zu 100 % vom Finanzamt anerkannt. Kontakt: Atmosfair GmbH, Kaiserstr. 201, 53113 Bonn, E-Mail: info@atmosfair.de, www.atmosfair.de.

Abbildungsnachweis

Anke Guthöhrlein, München: S. 142

David Mkandawire, Liwonde: S. 166 u.

Jürgen Tiefenthaler, Opfingen: S. 74 u., 100 o., S. 107, S. 130 o., S. 143, S. 154 u., S. 166 o., S. 214 o., S. 215 u., S. 217 u., S. 218 u., S. 253 u. und S. 277

Alle anderen Fotos: Ilona Hupe und Manfred Vachal

Informative Webseiten

www.malawitourism.com

http://www.visitmalawi.mw/index.php/en/

https://www.liportal.de/malawi/

http://www.theeyemw.com/index.php

https://malawicichlids.com/

https://www.malawiflora.com/index.php

https://avibase.bsc-eoc.org/checklist.jsp?region=MW

Entferungen

	Blantyre	Nyika Plateau	Chintheche	Kasungu	Lilongwe	Livingstonia	Mangochi	Monkey Bay	Mulanje	Mzuzu	Salima
Blantyre	–										
Nyika Pl.	915	–									
Chintheche	550	282	–								
Kasungu	439	453	357	–							
Lilongwe	311	592	492	127	–						
Livingstonia	783	44	304	404	543	–					
Mangochi	191	824	569	344	245	775	–				
Monkey Bay	253	877	570	305	206	819	63	–			
Mulanje	66	927	645	505	378	878	251	314	–		
Mzuzu	676	189	93	240	367	140	516	477	742	–	
Salima	269	559	277	173	103	510	184	133	335	346	–
Zomba	64	799	517	413	286	750	127	189	125	650	243

A

B

C

D

K

L

M

T

U

V

Bibliografische Information der Deutschen Bibliothek
Die Deutsche Bibliothek verzeichnet diese Publikation in der Deutschen Nationalbibliografie: Detaillierte bibliografische Daten sind im Internet abrufbar über http://dnb.ddb.de.

Liebe Leserinnen und Leser,

Danke, dass Sie unseren Reiseführer ausgewählt haben.
Wir freuen uns darauf, Ihre Meinung zu diesem Malawi-Reiseführer zu erfahren.
Bitte schreiben Sie uns, wenn Ihnen Veränderungen und Korrekturen auffallen, gerne auch Tipps und Verbesserungsvorschläge, damit dieser Reiseführer auch künftig aktuell und leserfreundlich bleibt.

Alle Angaben und Daten in diesem Reiseführer wurden gewissenhaft recherchiert. Dennoch sind diese Angaben und Preise häufigen Veränderungen unterworfen, auch mögliche Auslassungen sind nicht völlig auszuschließen.
Für eventuelle Fehler können der Verlag und die Autoren keinerlei Verpflichtung oder Haftung übernehmen.

Impressum

1. Auflage August 2018

Volkartstraße 2, 80634 München, Deutschland
Tel. +49-89-16783783 Fax +49-89-1684474
E-Mail: info@hupeverlag.de
www.hupeverlag.de

Text & Fotos: Ilona Hupe, Manfred Vachal
Karten & Grafiken: Manfred Vachal
Layout & Design: Ilona Hupe
Druck: Fa. Beltz Bad Langensalza GmbH, 99941 Bad Langensalza, Deutschland

Haftungsausschluss: Verlag und Autoren haben keinen Einfluss auf die Inhalte von in diesem Buch genannten Internetseiten und deren weiterführenden Links.

Printed in Germany

ISBN (13) 978-3-932084-80-5 / (10) 3-932084-80-2 [19,90 Euro]